U0126522

中國政治哲學

上冊

馮滬祥　著

臺灣學生書局印行

先師孔子行教像

德侔天地道冠古今

刪述六經垂憲萬世

公元前五五一—四七九

唐吳道子筆

孔子是中華文化的指標性人物，公認其為「萬世師表」，並且「德侔天地，道冠古今」。

唐太宗的「貞觀之治」，是三代以下的最盛世，《貞
觀政要》則公認是中國的治國寶典。

孫中山先生是華人世界共同尊敬的偉人,他的遺願
「振興中華」也是兩岸應共同追求的目標;其思想繼
承了孔子政治哲學,堪稱為孔子思想的現代結晶。

自序
——沿聖垂文，振興中華！

美國大哲學家桑他亞那（George Santayana），曾經有句名言：「不能從歷史吸取教訓，永遠是膚淺的。」

本書宗旨，就是盼從中國歷史之中，吸取各代政治興衰的教訓，並從孔子到孫中山的政治哲學中，擷取重要的政治智慧，闡揚恢宏的政治風範，做為今後兩岸「振興中華」的借鏡。

因此，本書盼能達到三項目標：

第一，以學理結合實際；

第二，以傳統結合現代；

第三，以中國結合西方。

所以，本書並不只是「為學術而學術」的著作，而是為了「振興中華」的著作；不是只在書房分析抽象概念的著作，而是胸懷神州、盼能經世致用的著作；不是停在故紙堆的著作，而是希望吸取教訓、放眼未來，為中華民族尋求光明的著作！

因此本書主軸，是以中華民族歷代聖哲，做為論述的主要對象，並弘揚他們的政治哲學，申論他們的現代意義，做為今後仁人志士救國救民的效法榜樣。

因此，本書前六章，包括中國哲學在先秦的「孔子」、「孟子」、「老子」、「莊子」、「管子」、「韓非子」，分別代表中國「儒家」、「道家」、「法家」、「法術家」的傳統。

另外，本書第七章分析「三國時代」，在大時代的風雲際會中，三國英雄共同演出沈雄悲壯、千古流芳的歷史大戲，當時英雄人物精彩絕倫的成功故事，均可做為後人寶鑑。

第八章，則分析中國盛世唐太宗的治國寶典《貞觀政要》，做為今後兩岸「納諫任賢」的重要典範，以期共同為中華民族，開創更璀璨的光明盛世！

第九章，則是分析曾文正公的中興成功之道；因為他同時深受兩岸領導人推崇，生平智慧與經驗，均很有可觀之處，很值得今人共同研究。

第十章，則論述孫中山先生的政治哲學，他推翻了清廷、建立亞洲第一個民主共和國，不但是中華民族的偉人，也是世界性的偉人，闡揚其政治哲學特色，對今後兩岸均很有重要的啟發性。

第十一章，為了讓讀者們，更清楚中華民族歷代聖賢的精神特色，本書特別根據曾文正公的推薦，列舉先聖先賢三十三位，論述他們的精神風範，做為兩岸有志之士學習榜樣。

最後，第十二章，總結歷史教訓，論述未來兩岸「振興中華」之道，從「面對大陸」、「反省臺灣」，到「雪恥興國」，分析今後應該如何振衰起弊，才能使中華民族揚眉吐氣！

總的來說，本書心志，在於論述「從孔子到孫中山」的政治哲學成功之道，如同《文心雕龍》所說：「道沿聖以垂文，聖因文而明道。」（原道篇）並且弘揚他們的現代啟發，做為今後振興中華

民族慧命的借鏡。

劉勰在《文心雕龍》中，曾形容其心志：

「本乎道，師乎聖，體乎經，酌乎律，變乎騷；文之樞紐，亦云極矣。」❶

本書的心志，也可說是「本乎道，師乎聖」，本源出自中國哲學的道論，師法聖人的教誨，並且以歷代興衰為經，以中外比較為緯，再弘揚其中的現代啟示。

劉勰評論他那時代文章的弊病，「未能振葉以尋根，觀瀾而索源」，所以要深入尋其根源。

本書也是效法這種精神與方法，從中國歷代聖賢經典中，先入乎其內，探究其政治哲學真諦，再出乎其外，論述其現代意義，均以經世致用、振興民族慧命為宗旨。

換句話說，本書的基本心志，在以「振興中華民族」為己任，以「論述政治哲學」為方法，並以「中外比較研究」為特色，同時運用「解釋學」的方法，申論歷代聖賢哲人智慧，對今天政治哲學的現代意義。

筆者曾經有幸兼任經國總統秘書，並有機會擔任行政院顧問，國大代表與立法委員，因而除了任教，同時略有問政經歷；深深感受，今後如果人民要有幸福生活，國家要能富強正義，民族要有光明前途，最直接有效的途徑，仍賴兩岸領導人能有政治智慧與仁心仁政，尤其新生代的青年人才需有胸襟遠見。

因此謹以至誠，將這本拙作，獻給所有有志氣、有朝氣、有豪

---

❶　劉勰，《文心雕龍》〈序志〉。

氣，並且有胸襟、有遠見、有宏願的中華兒女們！

筆者從青年起就以「振興中華」為己任，並且敬佩孔孟思想，認同孔子所說民族大義，心儀孟子所講國家統一。所以向來旗幟鮮明的反對臺獨，並以孟子精神「正人心，息邪說」自勉，而且明知山有虎，偏向虎山行，經常「雖千萬人吾往矣」！

因此很自然地，筆者就成為李扁兩任臺獨總統的「欽命要犯」，身上充滿打壓、迫害、誹謗、污衊、以及屈辱的傷痕。

然而，莎士比亞有句名言非常中肯：

「真正勇敢的人，應當能夠智慧地忍受最難堪的屈辱。」

多年以來，筆者在臺獨政權打壓迫害之下，忍受種種最難堪的屈辱，堪稱「一人受辱，三代受傷」，真是椎心泣血，令人痛心萬分！

但是，這些打壓迫害的「綠色恐怖」，也促使我們家人，更加珍惜親情，更加同心奮鬥！筆者雖然沒有什麼智慧，但仍決心效法司馬遷的堅忍精神，所以埋頭闡述中華先聖先賢的智慧，做為自我惕勵的動力，也做為矢志「振興中華」的棉薄心意。

孔子做《春秋》時曾經強調：「知我者春秋，罪我者春秋。」孟子更進一步說明，「孔子作《春秋》，亂臣賊子懼。」筆者對此精神心嚮往之，所以秉承孔孟同樣心志，撰寫本書，但因資質愚鈍，才疏學淺，敬請各界高明共同指正。

方東美先生曾經比喻希臘悲劇英雄，「彷彿是一叢驚采絕豔的玫瑰，其芳菲綺麗的生命純為從荊棘的枝幹上，吸取甘汁營養而成的華鬘」❷，這也可說是對中華民族英雄堅忍奮發的最好寫照！

---

❷　方東美，《生生之德》（臺北：黎明公司，1979 年），頁 45。

　　尤其，中華民族歷經憂患，而能在苦難中更加堅強，歷代聖哲英豪就彷彿是一株株寒冬中怒放的梅花，其亭亭玉立的生命，均是從冰冷的風雪中，吸吮生機，淬煉而成。因此比起玫瑰，更加驚豔生動，更加令人感動！

　　所以放眼未來，只要中華民族今後人才，都能效法歷代聖哲的梅花精神與政治哲學，化壓力為動力，化苦難為美感，相互砥勵，團結努力，就必能再造光輝燦爛的中華新盛世！

　　本書能夠順利出版，要感謝學生書局的熱心，也要感謝學生陳明心、與助理阮筱琪、黃灝寓的辛勞打字。

　　同時，筆者更要特別感謝家人的支持；尤其內人彭業萍，三個女兒馮復華、馮國華、馮文與小兒馮安華，在我飽受打壓的苦難歲月中，給我很大的精神力量，讓我倍感溫馨，愈挫愈勇，才能夠化悲憤為力量，完成本拙作，特此要表達由衷的最大謝忱！

　　展望今後，若能因為拙作的拋磚引玉，吸引更多仁人志士，共同研究中國政治哲學真諦，進而共同奮鬥，有助兩岸和平統一，並且弘揚中華文化於世界，相信，將何只是中華民族之幸，更是世界和平之福！

　　是為自序。

馮滬祥

2008.1.15

於中央大學

中國政治哲學

目　次

第一章　孔子的政治哲學

一、孔子政治哲學的重要性

　　孔子（551-479B.C.）是中國的至聖先師，也是世界性的偉人，弘揚聖者氣象，永為世人榜樣。在 1979 年，全世界一百多諾貝爾獎得主，因為關懷世道人心，共同發表聲明，就曾明白呼籲世人與各國領袖，應多從孔子哲學，吸取人生智慧與治國理念。

　　根據中國歷史經驗，凡能誠心用孔子政治哲學治國的時代，如唐代「貞觀之治」，就能開創輝煌盛世；反之，凡是貶抑孔子思想的時代，如「文革」時期，則必為悲慘衰世。這就充分證明，孔子政治哲學，對國運興衰深具重要性！

　　唐代著名的《貞觀政要》，記載唐太宗成功治國的哲學，基本上就是以儒學精神為主；宋代司馬光《資治通鑑》分析歷代興衰原因，也是以儒家政治哲學標準。

　　另外，宋范祖禹所寫《帝學》，更是列舉從上古到漢、唐，到宋神宗，所有聖君治國的寶典，更是以儒家為中心思想；清楚證明，凡是明君，均因遵從孔孟精神治國，才能振興國運！

　　孔子的政治哲學，主要在弘揚人文理想，彰顯民本精神；落實在政治上，即展現為王道風範，形成「內聖外王」的特色，至今仍

然深具啟發性！

事實上，法國啟蒙運動大哲學家伏爾泰（M. Voltaire, 1694-1778）很早就曾公開表達對孔子的尊敬；他在《科學辭典》中認為，當人們遵從孔子法規的時代，就是最值得尊敬的時代：

「在這個地球上，曾有過的最幸福的，並且人們最值得尊敬的時代，那就是人們遵從孔子法規的時代。」

因此他明確主張：

「在道德上，歐洲人應該成為中國人的徒弟。」❶

為什麼呢？

因為，中國受到孔子學說薰陶，成為「舉世最優美、最古老、最廣大，人口最多和治理最好的國家。」❷

他也明白感嘆，當中國已經成為繁榮文明的時候，「我們（歐洲各國）還是一小撮在阿爾登森林中流浪的野人哩！」

所以，他公開的呼籲，應該「全盤華化」！並且認為，每個法國人都應該把孔子「己所不欲，勿施於人」的格言，做為自己的座右銘。❸

另外，德國大哲萊布尼茲（G.W. Leibnize, 1646-1716），因為曾經在巴黎住過四年，接觸過中華文化，所以成為第一個欽佩中國哲學與孔子的德國哲學家。

所以，他曾經在《論中國哲學》中強調，中國哲學「遠在希臘

---

❶　引自《儒家與全球化》，王殿卿文，〈中國儒學與歐洲啟蒙思想〉（山東：齊魯書社，2004年），頁8，上句亦同。

❷　同上，頁9。

❸　同上，頁9。

人的哲學很久以前」，而且提醒世人：

　　「我們從前誰也不信在這個世界上，還有比我們倫理更完善的立身處世之道，更進步的民族存在，現在東方之中國，竟使我們覺醒了。」❹

　　德國大哲康德（Immanuel Kant, 1724-1804）也曾經指出：

　　「和平境遇並不是自然境域。適得其反，自然境域乃殊為一種戰爭境域；人們雖非永在敵對行為之下，卻總受此種危險之威脅。」❺

　　因而他強調：「和平境域必經努力而成。」康德認為，政治的「至善」（das höchste Gut），亦即道理之窮極，蓋在建設大同世界之永久和平。❻

　　這是康德對「永久和平」與大同世界的期盼。

　　然而，孔門的《大學》，比康德早約二千二百多年，已經提到，「大學之道，在明明德，在止於至善」；而且只有透過仁政，才能到達永久和平。此即他所論述的「大同」世界政治理想，那不但有永久和平，而且真正「天下為公」。

　　孔子「大同思想」對今後世道，具有極大的啟發性。如果世界能達到大同，杭廷頓教授（S. Hungtinton）就無須擔心世界文明衝突，基督教、回教及儒教不致對立，而能相互尊重，和樂融融。

　　所以在聯合國的大廳中，放有一塊大理石，上面刻有孔子的

---

❹　同上，頁 10。

❺　浦薛鳳，《西洋近代政治思潮》（北京：北京大學出版社，2007 年），頁 366。

❻　同上，頁 336。

〈大同〉篇，象徵今天全球公認的普世價值與文化理想，充分證明孔子政治哲學，對於促進世界和平，也有很大的重要性。

孔子在〈大同〉篇中首先就強調，「大道之行也，天下為公」，代表在任何國家政治，領導人均應公天下，而不是私天下，也不是家天下，更不是獨夫的天下，而是全民的天下，這就為現代民主樹立了最根本的基礎。

所以孫中山先生在《民權主義》中指出：

「兩千多年前的孔子孟子便主張民權；《禮運》中說：『大道之行也，天下為公。』便是主張民權的大同世界。」

孫中山先生生前，經常用「天下為公」題字贈人，可見孔子這種精神，至今仍令人欽佩，深值落實力行。

然後，孔子指出，「選賢舉能，敦睦修信」，前句代表民主的基本要件，要用選舉產生賢能人才，用人要能唯才，不能唯私，也不能有金錢與暴力介入，至今都仍有重大的啟發。

因為，今天在很多國家的選舉，仍然充斥著「黑金」與「賄選」的問題，孔子簡單的四個字，卻代表很重要的公平正義與政治理想！

至於「敦睦修信」，強調人與人之間要能彼此和睦，相互誠信，也是舉世公認的普世價值，不只是和諧社會應有的態度，也是國際關係應有的規範。

雖然現實政治中，國際關係由叢林規則支配，弱肉強食，仍賴大家共同改進，然而，這恰好證明孔子理想性的可貴！

另外，孔子所說，務期「老有所終，壯有所用，鰥寡孤獨皆有所養」，代表最人道的社會福利政策。至於「物惡其棄於地也，不

必為己。」更代表物盡其用、人盡其才，每個人均能充分自我實現，這與人文社會主義的理想「各盡其能，各取所需」，可說完全相通。

最後，孔子強調，要能達到「路不拾遺，夜不閉戶」，這不但代表了社會治安良好，更代表成為君子國，人人能從內心自覺自悟、克己復禮，在精神上達到最高理想境地，這才可稱為「大同」。

平心而論，我們放眼全世界，在任何國家都沒看到如此完備的政治理想；而且，比起柏拉圖（Plato）的「共和國」（Republic），要更真切可行；比起英國湯瑪士（Thomas）的「烏托邦」（Utopia）更為務實；即使在今天，也深具啟發意義，很可形成人類共同的政治理想。

另外，美國近代著名思想家，顧立雅（Creel 1905-）在 1945 年，也出版《孔子與中國之道》，首先很清楚的指出：

「眾所周知，哲學的啟蒙運動開始時，孔子已經成為歐洲的名人。」❼

然後他緊接著強調：

「歐洲一大批哲學家包括萊布尼茲、沃爾夫、伏爾泰以及一些政治家和文人，都用孔子的名字和思想，來推動他們的主張，而在此過程中，他們讓人們承受了教育和影響。」

他提醒世人，很多人都忽略了，孔子思想還成為批判英法世襲特權的武器，甚至孔子對法國大革命，還起了重大作用，因而間接

---

❼　同❶，頁 110。

影響美國民主的發展，充分證明他的貢獻與重要性。

他說：

「法國和英國的實情是，中國在儒學的推動之下，早就徹底廢除了世襲貴族政治，現在儒學又成為攻擊這兩個國家的世襲特權的武器。」❽

然後他指出：

「在歐洲，在以法國大革命為背景的民主理想中，孔子哲學起了相當重要的作用。通過法國思想，它又間接影響了美國民主地發展。」

上述這些內容，對於崇洋媚外、認為「外國月亮比較圓」的部份國人，的確是深值省思的重要參考！

英國近代大哲羅素（B. Russell）在訪問中國後，曾出版《論中國問題》，對中國今後出路，有三項觀察非常中肯，均與孔子很有關係，可以證明孔子思想多麼重要。

他首先說：

「中國首先應當注重的是愛國主義。」❾

事實上，這正是孔子在《春秋》大義中，所展現的民族主義精神。

另外，羅素又強調：

「外國對中國主權的種種侵犯，遲早必須消除。」

---

❽　同上，頁 10。

❾　《羅素談中國》，沈益洪編，摘自羅素所著《中國問題》（杭州：浙江文藝出版社，2001 年），頁 357。

　　這更是孔子在推崇管仲時，所表現的價值標準。

　　然後，羅素提醒國人：

　　「中國要真正實行民主，就必須普及教育。」❿

　　這也正是孔子被尊稱「至聖先師」的最大特色！他在全世界第一個提倡平民教育，「有教無類」，對於提高民智、增進國力，形成最根本的動力，至今仍然深具重要性！

　　另外，羅素並曾強調：

　　「中國文化在三方面優於西方文化，一是象形文字高於拼音文字，二是儒家人本主義高於宗教的神學，三是『學而優則仕』優於貴族世襲制度。」

　　上述三方面，除了象形文字外，有關人本主義、以及「學而優則仕」的傳統，均來自於儒家。三項中佔兩項，充分可以看出孔子思想的重要性。因此羅素在著作中，特別強調他「不只一次地提到，中國人在某些方面比我們高出一籌」⓫。

　　所以孫中山先生才說，外國要能像羅素一樣的大哲學家，才能看出中華文化很多地方優於西方。

　　孫中山先生並曾指出：

　　「中國領先於歐洲和美洲幾千年，就發展了一種民主哲學。」

　　這種民主哲學，就是從孔子開始的民本傳統，經歷各代先賢發揚光大，成為完善的制度；所以孫中山先生說：

　　「我們需要向歐洲學習的是科學，而不是政治哲學。因為在真

---

❿　同上，頁360。

⓫　同上，頁357。

正的政治哲學原理方面，歐洲人需要向中國學習。」

英國著名史學家湯恩比（A.T. Toynbee, 1889-1975），在《展望 21世紀中》，也明確指出：未來世界統一，不會經由軍事，而是以地理和文化主軸為中心，進而不斷結晶，擴大影響。所以他認為，將來「以中國為主體的東亞，成為這一中心，中國將起主導作用。」❷

他曾分析，從前中國也有「自我中心」，如猶太人自認是上帝的唯一「選民」，清代乾隆也自認「天朝」，均為類似情形；但是因近代中國受到列強「以輕蔑的態度」、「無所顧忌地欺負中國」，反而激發中國人民奮發圖強的毅力與潛能，使其可以成為地理與文化上的主軸。

因此，湯恩比特別指出：「過去的中國，拿破崙曾說『不要喚醒酣睡的巨人』。英國人打敗了拿破崙，馬上就發動了鴉片戰爭，結果使中國覺醒了。」❸

所以，湯恩比強調：「將來統一世界的，大概不是西歐國家，也不是西歐化的國家，而是中國。」❹

這就形成湯恩比有名的預言：「十九世紀是英國人的世紀，二十世紀是美國人的世紀，二十一世紀則是中國人的世紀！」

湯恩比並曾進一步提醒世人：

「正因為中國有擔任這條未來政治任務的徵兆，所以今天中國在世界上才有令人驚嘆的威望。」

---

❷　《中國印象——世界名人論中國文化》，下冊，湯恩比部份（桂林：廣西師範大學出版社，2001 年），頁 120。

❸　同上，頁 133。

❹　同上，頁 133。

　　湯恩比文中所說的「今天中國」，當時是 1972 年，中國大陸還為「文革」內耗惡鬥，還很貧窮落後，兩岸關係也很緊張。

　　然而，時至今日，大陸經過猛省糾正、改革開放，經濟開始蒸蒸日上，到 2007 年，外匯存底已經擁有美金一兆三千多億，高居世界第一名，甚至可能進逼二兆；各國對大陸的投資高居世界第一，成為世界最大工廠、最大商場、與最大市場；加上兩岸逐漸加強交流，國共甚至突破六十年內戰恩怨，重新開始和解合作……終能形成種種突破！

　　所以展望未來，湯恩比說的很中肯：

　　「中國從公元前 221 年以來，幾乎在所有時代，都成為影響半個世界的中心。最近五百年，全世界在政治以外的各個領域，都按西方的意圖統一起來了。」

　　然後他再強調：

　　「恐怕可以說，正是中國肩負著不止給半個世界、而且給整個世界帶來政治統一與和平的命運。」**⓯**

　　今後世運，中國若想「政治統一」，當然並非易事，而且也不妥當，反而容易貽人口實、授人以柄，被霸權主義以及軍國主義者說成「中國威脅論」，以此藉口鼓動分裂，造成「五獨亂華」（亦即臺獨、藏獨、疆獨、蒙獨、滿獨等），企圖讓中國四分五裂；如日本人中島嶺雄所稱「七塊論」，即為典型例證。

　　所以，今後世界已不可能用「政治力」統一，但若稱因為「文化力」，用孔子的政治哲學，促進世界和平、形成世界大同，則很

⓯　同上，頁 133。

有可能。

因此，在中國的文化力內，最有指標性的孔子思想，今後便帶有世界和平、與仁愛幸福的責任，更加可以突顯其重要性！

另外，湯恩比曾經中肯的分析，中華文化精神遺產，以「儒家世界觀中存在的人道主義」，以及「儒教和佛教所具有的合理主義」均為重要關鍵，確有重大的現代啟發，深深值得發揚與推廣！❶

湯恩比並且明確指出：

「世界統一是避免人類集體自殺之路。在這點上，現在民族中具有最充分準備的，是兩千年來培育了獨特思想方法的中華民族。」❶

從湯恩比這段內容，可知他所講的「世界統一」、避免集體自殺，並不是指政治統一，而是促進世界和平、形成世界聯盟，孔子在此便可扮演重要的關鍵角色。

因為，只有中國孔子，早在二千五百多年前，就已經有世界「大同」思想，可稱世界第一、也是迄今世界唯一的世界和平與幸福藍圖。

尤其，湯恩比這段三十多年前的預言，從今天看，明顯非常正確。他當時說：

「中國已經把佛教中國化了。這次似乎要把共產主義中國化。然而中國化了的共產主義和中國化了的佛教一樣，會對中華民族的

---

❶　同上，頁131。
❶　同上，頁137。

世界觀和生活方式有很深遠影響，並會使其有很大的改變。」⓲

中國大陸自從改革開放以來，開始重新肯定中華文化，並且大力弘揚孔子思想，因而從以前在文革時強調的「鬥爭哲學」，已經轉變成建設「和諧社會」，即為明顯例證。

美國麻省理工學院名教授白魯恂（Lucian Pye, 1921-）曾任美國政治科學協會主席，他在論述〈共產主義和中國傳統〉中，即曾明白肯定中國文明；他說：

「難道中國文明不是世界上所知道的最古老、最自給自足、最頑強持久和不變的文明嗎？」⓳

他特別強調，中國文明最基本的價值是「和諧」，但「在毛的領導下，階級衝突和無休止的鬥爭，成了政府和社會生活的主題」⓴；所以他也指出：「預料中國共產主義之前途，是非常困難的。」㉑

然而，如今事實證明，中共已經開始回歸「中國」文化基本價值，不再提倡毛氏「鬥爭哲學」，轉而強調「和諧社會」，也就是儒學價值以及中華文化。從前僵化的政治教條意識形態，也經由鄧小平提倡的「思想解放」、「實事求是」，逐漸鬆綁轉化。

如今，孔子思想在大陸，更已逐漸取代形式化的馬列主義，而成為中國大陸推廣的重點，「振興中華」更成為全民努力的共識！

這也證明，作者 1979 年在美國波士頓大學的博士論文，曾經

⓲　同上，頁 135。
⓳　同上，頁 292。
⓴　同上，頁 297。
㉑　同上，頁 305。

預判，中國終必同化馬克斯主義，恢復以孔子為主流的人本主義，證明非常正確！

根據杜維明轉述，「新儒家」老前輩梁漱溟生前曾經告訴他，自從 1923 年，他在北大教過儒家哲學以後，便沒有人再開過這門課；直到杜維明重開，已是 1985 年，整整過了六十年，整整一甲子！❷

在這一甲子中，正是中國近代史充滿動盪與戰亂的歲月，從思想文化看，也正是孔子飽受攻訐與污衊的黑暗年代！

然而，鄧小平改革開放之後，孔子重新被重視，甚至孫中山也重新被發現，從孔子到孫中山的際遇改變，充分印證了中華民族從衰世轉向盛世的象徵！

在公元 2004 年底，筆者曾應邀到北大哲學系講學，題為「新儒家在臺灣」，距杜維明到北大講儒學，又過了近二十年；筆者親自看到大陸學界對儒家的重視，由此更加肯定，今後振興中華很有希望，並很能弘揚中華文化於全世界！

因為，中國大陸從改革開放以來，已經從中華文化的破壞者，轉為中華文化的維護者；也從文革時的「批孔」，改變成為「尊孔」；近年以來，大陸更在全世界成立近二百個「孔子學院」，真正弘揚中華文化於全球各地，並以中華語文為先，引導世界各國學習中華文化，孔子已重新成為中華文化的指標性偉人！

相形之下，德國雖然也有「德歌學院」研究德文，但經過幾十年，只有七十多所；西班牙「塞凡提斯」學院，也只有二十多所；

---

❷　《杜維明文集》（武漢出版社，2001 年），第四卷，頁 433。

可見孔子象徵中華文化的精神，廣受世界歡迎，更可見全世界已認同中華文化的重要性！

甚至今天，連流行歌曲 S.H.E.，唱的「中國話」，都已強調「孔夫子已經國際化，全世界都學中國話！」

由此足證，湯恩比所說的「統一」，從語文看，很有可能性，正如英文從前為世界統一的共同語，今後假以時日，中國話也可望成為世界通用的共同語！

印度大哲拉達克里希南（S. Raehaksihnam, 1888-1975），曾任印度總統，為世界聞名的哲學家，他在《論中國的宗教：儒家》中，也曾特別列舉孔子的「大同論」全文，並且指出：

「在這裡，我們看到了一篇社會主義世界聯邦（World Commonwealth）的藍圖，一個以整個世界為其轄域的超國家組織，政府由人民群眾選出，並基於友情來管理。這裡沒有分裂的考慮，不得因一己私利而剝奪自然權利。」❷❸

當然，孔子所說的政治理想，不只上述幾項，而且他也並非一定要「以整個世界為轄域的超國家組織」；任何國家、甚至任何省份或地方，只要根據上述人文精神與人文關懷，做為政策宗旨，化為具體施政措施，那就必能安定幸福，和平發展！

尤其，孔子所說的政治修養，從個人的「修身」到齊家、治國、平天下，如此從內而外，精微開展，既真切又有理想性，誠如孫中山先生所說，正是「任何外國政治哲學」所未講過的內容。

所以，孫中山先生曾強調，講到政治哲學，「歐洲人需要向中

---

❷❸　同上，頁384。

國學習」；此中真諦，即向孔子學習，一方面學習孔子所提的「修齊治平」之道，二方面即學習孔子所提的「世界大同」之道。

所以孫中山先生強調：

「堯舜的政治，名字上雖然是用君權，實際上是行民權，所以孔子總是崇仰他們。」

另外，孫中山先生在 1924 年 7 月 28 日對廣州農民聯歡會演說時，也曾指出：

「從前是一人做皇帝，現在四萬萬人作主，就是四萬萬人做皇帝，雖然沒有見過，但是老早便有這種思想，如孔子說天下為公，還有人說天下者，是天下人之天下也，就是這個思想。我們革命實行三民主義，也是這個理想。」

然後，孫先生進一步指出，時代進展到今天，當然也要把中國固有的民本思想，轉化為現代制度：

「當孔子那個時代，只有思想，沒有事實，到了現代，世界上有了這個思想，也有了這個事實。」

因此，今後如何發揚孔子民本精神，落實在現代民主制度中，即為仁人志士的主要責任！

換句話說，今後如何發揚「從孔子到孫中山」的政治哲學精神，將是振興中華的重要關鍵，同時也是中華兒女的共同神聖使命！

二、孔子政治哲學的形上學基礎

眾所皆知，任何博大思精的哲學體系，必定有其形上基礎作為

根源，亦即包括「本體論」（ontology）、「宇宙論」（cosmology）、然後落實到人間世，產生「價值哲學」，包括倫理學、美學、政治哲學、人生哲學等等。

因此，研究孔子的政治哲學，應該避免只見小不見大、只見現象不見本質，那會淪於膚淺的毛病；所以首應探討其背後的形上學基礎，然後才能中肯的掌握其本質，了解其精義。

此即孔子在《易經》中所說的「形而上者之謂道，形而下者之謂器」。

他在《論語》中，更清楚強調「君子不器」，就是不能畫地自限，不能流於膚淺。

因此，研究孔子，同樣不能流於狹隘，也不能流於膚淺，必須深入背後的形上學基礎，才能掌握真正的孔子大道。

這正如同要瞭解大樹的生命力，必需先追溯其樹根，因為紮根越深，才能枝葉越盛。若要瞭解活水的來源，必要先追溯其源頭，源頭愈深，才能活水越盛！

然而，很多人講孔子哲學，卻只看重《論語》，未能從流溯源，論述孔子哲學的根源所在，這是最常見的毛病。

方東美先生在《中國哲學精神及其發展》英文鉅著中，曾以「時際人」（Time-man）形容儒家❷，代表在時間之流中，生生不息、賡續不已的創造精神。這種精神印證在政治哲學上，即為「文化使命感」與「時代責任感」，形成儒家對於政治人物的重要期

---

❷　方東美，《中國哲學精神及其發展》（臺北：黎明公司，2005 年）上冊，頁 118。

許,要有文化理想,要有創新精神,在今天仍然深具啟發性!

因而方東美先生曾特別提醒,要瞭解孔子,須要能「貫串群經」,特別是要領悟《尚書》中的政治理想與文化理想,以及《易經》中的創造精神與天人之理,否則,把孔子只看成「好好先生」,《論語》只成為「言行錄」,「而不是思想錄」,就忽略了孔子博大精深的哲學體系,這就會把孔子小化與矮化。

方先生很早曾指出,從〈太史公自序〉與〈仲尼弟子列傳〉,可以看出孔子晚年很喜歡研讀《易經》,非常用功勤奮,「晚而好易,韋編三絕」,甚至把串連書簡的皮帶,都唸得磨損斷掉,甚至斷了三次!由此足證他用功之深。

孔子晚年,如此花費苦功,研究《易經》,後人對其心得與思想,怎能不重視呢?

孔子晚年傳易給商瞿 (子木),商瞿為孔門七十二弟子之一,但在《論語》中根本未見其名;子貢並曾說過:「子罕言性與天命」,但《易經》中很多均為性與天命之學,這足以證明《論語》為孔子中壯年以前弟子所記;等孔子到晚年,智慧更圓融時,主要在傳《易經》,所以瞭解孔子,絕對不能忽略《易經》!

尤其,若要瞭解孔子政治哲學,先要從《尚書·洪範》篇箕子論治國之道談起,輔以《易經》的形上學與生命哲學、《春秋》的歷史哲學,與《論語》的生活哲學,才算完整瞭解孔子的政治哲學。

所以,方東美先生提醒國人,應把《尚書·洪範》篇看成中國政治哲學最早的理想典範。

因為,那是周武王在勝利之後,以帝王之尊,向前代的遺賢箕

子，請教治國大計，如何「維持政治生命的偉大思想」，後來並且成為周公治國的根據。孔子對此非常推崇，當然需要對其非常重視，才能真正明白孔子政治哲學的根源。

近代德國大哲雅士培（Karl Jaspers）在《大哲學家》（The Great Philosophers）一書中，便曾同時論述孔子的「歷史哲學」、「人性哲學」與「終極意識」，堪稱西方少數能深入孔子思想根源的大哲學家，值得國人深研。

雅氏首先就曾指出：

「孔子勾畫了一副歷史圖景，它能使那唯一的真理得以實現……真正的歷史開始於那些社會、政治、倫理和秩序的締造者。」❷⁵

換句話說，這正是孔子推崇堯舜禹湯文武周公的原因：

「在歷史的源頭，屹立著的是堯、舜、禹的理想形象，他們體現了上天的永恆願望。」因此他（孔子）給予他們崇高的評價：「惟天為大，惟堯則之。」（〈泰伯〉）

雅氏進一步指出：

「孔子對歷史的根據，首先是『批判的』，他區別善惡，懲惡揚善。」這正是孔子作《春秋》，「亂臣賊子懼」的原因。

因此，雅氏講的很中肯：

「在那樣一個黑暗時代，孔子試圖以這種永恆思想來充實自己，使它重放光芒。」❷⁶

---

❷⁵　同❶²，上冊，頁318。

❷⁶　同上，頁319。

「永恆思想」，正是孔子在《尚書》洪範篇所強調的治國理想，也正是他心目中認為，真實存在過的理想政治，所以他希望能「重放光芒」！

然而，在孔子思想中，並不只有尚書中的「永恆思想」，同時還有易經中的「創新精神」，此即所謂「周維舊邦，其命維新」。

所以雅氏在此觀察，非常中肯：「他（孔子）指出：保守的生活方式，由於敞開的自由心靈而充滿活力。」❷❼

《易經》從充滿創造力的「乾」元開始，最後殿以「未濟」，就代表一種生生不息的創新精神。尤其，整個易卦系統是個「旁通」與「開放」系統，正足以說明孔子靈活開放的胸襟、與活躍創新的精神，這正是孔子政治哲學形上基礎的重要特色！

這也正如同波普（Karl Popper）所說「開放社會」（open society）中的心靈；因為，孔子本身就是「開放心靈」，用今天的話說，強調「思想解放」、追求創新，並且能夠「與時俱進」。

德國社會學家韋伯（Max Weber）曾經在《中國宗教》（*The Religions of China*）中，認為孔子教人「移孝作忠」，導致君主與父親均要求臣子與兒女「絕對服從」，形成政治的「家長制」專制來源，可稱大錯特錯。

因為，孔子在《孝經》中，早就曾經指出，若要使君不陷於不仁，父不陷於不義，則「臣不可以不諍」、「子不可以不諍」！

另外，孔子在《易經》中，所推崇的，也是生生不息的開放思想，要一代比一代強，所以絕對不會用僵化的禮教，要求兒女絕對

---

❷❼　同上，頁 319。

服從，以此箝制思想。

孔子這些開明與開放的精神，明顯表現在他《易經》哲學之中。所以，如果忽略了《易經》，或不懂得《易經》，就明顯不能瞭解真正的孔子。

很可惜的是，雅氏對於《易經》並未深入研究，以致他對此並未論述，甚至只有籠統的錯誤印象：「孔子避免對任何形而上問題作任何直接陳述。」❷❽

然而事實上，孔子在《易經》中所論，很多均為形而上的天人之道，正如他在易經所說：「形而上者之謂道，形而下者之謂器」，以及「一陰一陽之謂道，存之者善也，成之者性也。」

因此，如果不瞭解孔子在政治哲學中的創造精神、革新精神與批判精神，便很容易形成荀子〈儒效〉篇所說，本來的「大儒」，淪入「俗儒」，甚至「腐儒」、「陋儒」。

在《尚書》中，箕子以夏禹承受天命，說明「洪範九疇」——正如摩西承受天命「十誡」，治理猶太人民。所以方東美先生曾經比喻，《尚書・洪範》篇可說是中國的「啟示錄」❷❾。

只不過，「洪範九疇」內容均為治國大計，比起「摩西十誡」以個人修身為主，範圍更為恢宏。

綜觀箕子所論「洪範九疇」，「初一曰五行，次二曰敬用五事，次三曰農用八政，次四曰協用五紀，次五曰建用皇極，次六曰乂用三德，次七曰明用稽疑，次八曰念用庶徵，次九曰向用五福，

---

❷❽　同上，頁 322。

❷❾　方東美，《原始儒家道家哲學》（臺北：黎明公司，1980 年），頁 54。

威用六極。」即使今天，仍有很大的啟發性。

很多中國學者，因為未能上溯《尚書》，也未能上溯《易經》，只以《論語》為主，所以只從偏狹的角度，論述孔子政治思想，因而未能看到孔子政治哲學整體全貌；也未看出，孔子將政治提昇為文化與教育園地，進而形成「天人合德」的理想境界，所以未能體會張載所說「大其心則能體天下之物」的氣魄！

此中存在嚴重缺憾，只有方東美先生這種大哲學家，才能貫通群經，清楚看出孔子浩然與萬物同體的生命精神，並且落實在政治哲學，論述從政應有的胸襟與氣魄。

因此，就此而言，「洪範九疇」各項範疇，均有深意在內。

第一，在瞭解宇宙五行生剋的道理。

第二，由宇宙論到人生論，表達人格修養；所以方先生特別稱頌孔子「把尚書保存下來，特別推崇洪範，實在有大功於中國民族。」❸⓪

第三，從民生到宗教、建設、社會、國防，申論國家大計。

第四，論述天文時氣等等內容。

第五為「皇極」，可稱「洪範九疇」中最重要的核心價值；亦即「大中」之道；如同易經所說，「大中以正」，才是天心；此亦《漢書・谷永傳》所說：「建大中，以承天心」，與《左傳》的「民受天地之中以生」相通。

這就代表，治國必須根據天心天命，正直正大，「領導者無偏無頗」，「尊王之義」，應以最高道德標準，自我要求；並且對於

---

❸⓪　同上。

人民，如孔子所說，「道之以德，齊之以禮，有恥且格」。

第六，則為「三德」，要能「正直、剛克、柔克」。方師稱頌周公，正如同柏拉圖所說「哲王」（Philosopher-king），能根據上述內容，用制禮作樂，建立政治文化制度。

因此，國家不僅僅是個政治機構，還是文化園地、教育園地。「六典」中除了「治典」，均以文化理想為官制的精神基礎，這才是孔子政治哲學，最精彩的特色所在！

尤其，《尚書》中強調「民本」思想，更是中華民族富有民主精神的重要證據，遠遠早於外國，可稱中華民主寶典！

《尚書》中明確指出：「民為邦本，本固邦寧」，非常中肯的提醒世人，人民為國家的基礎，人民比國家優先，堪稱極為先進的人權思想。

另外，《尚書·皋陶謨》中也強調，「皇天無親，惟德是輔。民心無常，惟惠之懷」，再次肯定在殷周之際，中國已有民本的核心價值。

到西周初年，《尚書·泰誓》更強調：「民之所欲，天必從之」，上天也要聽從人民聲音，人民位階更在天之前，「天視自我民視，天聽自我民聽」，均為極可貴的民本思想！

所以方先生在此，特別創造了一個英文新字「德治」（Ethiocracy），以取代原有的「神治」（Theocracy）**❸**，這才是孔子政治哲學「通天地人」的最高精義！

宋哲宗時期，大臣范祖禹曾經特別撰寫《帝學》八篇，從上古

---

❸　同**❷**，頁 59。

到漢唐二卷,從宋太祖到神宗六卷,內容均以帝王治國之道為主。

其中宗旨,一言以蔽之,就是勸勉帝王能「行儒學」,並用各種例證,說明正心修身的重要;書中經常引用《尚書》、《易經》、《論語》,充分證明孔學對治國、興國的重要性,至今仍有的重大啟發性!

例如,該書談到周文王,即指出文王演周易,並引孔子說「文王既沒,文不在茲乎?」說明「孔子學文王者也」,突顯了其中一脈相承之道。❸

另外,在論述周公時,書中也引《尚書》:

「惟聖罔念作狂,惟狂克念作聖。」❸

這段強調聖人重視民心,絕不會去做狂妄之事。只有狂人才自命聖人、犧牲人民,至今仍很有警惕性!

再如,書中提到,宋太祖定天下之後,「曾幸國學,謁款先聖,次日之幸,尊師重道,如恐不及,儒學復振,實自此始。」
(同上)

這段說明,因為宋太祖尊重儒學、復興儒學,所以才能夠啟迪後世,護佑後人,「立太平之基」!

另外,宋太祖還命大臣都要多讀儒學,並強調「宰相須用讀書人」,亦即要用儒學治國,「貴知為治之道」。然後,他首先請人講說《易經》,可見他很懂治國之道,在通儒學,而儒學之興,在

---

❸ 《歷代帝王治學事蹟》,宋代范祖禹著,《帝學》(湖南人民出版社,1999年),頁204。

❸ 同上,頁215。

先通《易經》。

另外，書中又記載，宋太宗時，同樣強調研讀《尚書》以及《易經》的心得，並且舉例，《易經》中的〈泰卦〉，啟發大家要注重「君臣相應之旨」。❸❹

〈泰卦〉宗旨，在說明上下溝通的重要，所以太宗即曾指示，「足為君臣警戒，朕與卿等當遵守勿忘。」❸❺就是一項很好證明。

除此之外，書中還列舉很多帝王聽講《易經》的心得，充分說明《易經》對於帝王領導治國，很有啟發性。

另外，宋仁宗聽講《尚書‧洪範》時，還曾詢問：「王者之用事，皆本於五行乎？」等他聽完大臣王洙回答，還感慨的指出：「人君奉天，在於修德，夙夜兢兢，戒慎於未形。」可見很有慧根。

凡此種種，均可看出，歷代聖君治國，必定注重尊儒，而尊儒之道，必定先從根源研讀，所以必需要從《尚書》、《易經》開始，再精研《論語》、《中庸》等。這就提醒後人，即使身為現代領導人，也應對此多加重視與力行！

當然，很多人詬病，認為中國只有「民本」，沒有「民主」；但事實上，外國當時很多均為君主政體，連「民本」都沒有，更遑論民主？

民主政治為近代歐美所崛起，我們固然對其民主制度值得借鏡，但也不能完全模仿，更不能妄自菲薄、自我否定中國固有特色

---

❸❹　同上，頁 245。
❸❺　同上，頁 245。

的民本傳統。

孫中山先生在此論述，就很符中國國情。

他一方面指出，中國古代「不可謂無民權思想矣，然有思想而無制度，故以民立國之利，不可不借資於歐美。」❸

然而另一方面，孫中山同時也強調，中國以儒家為主的政治哲學，從修身、齊家，到治國平天下，如此「由內而外，精微開展」，無論是哪一國政治哲學，也沒如此精采。

所以他說，說到民權，中國無須盲目仿效歐美；中國要學的是西方科學，但若講到政治哲學，歐美還應向中國學習！

另外，連湯恩比也曾指出：

「實際上現代英國的官吏制度，是仿照帝制中國的官吏制度而建立的。同羅馬制相比較，中國的這種制度取得了很大的成功。」❸

湯恩比並強調，中國這種文官制度，「在二千年的時間裡，壯大成為完成了統一中國和鞏固秩序的支柱。」

因此，英國人經過研究之後，「同樣在英國，也確立了通過考試選拔任用行政官的制度，今天已經廣泛普及。」❸

由此可以證明，中國本身政治哲學與制度，有很多足以自豪之處。

例如，文官經由考試任官，足以讓貧窮的子弟有空間與希望，並可以讓社會流動充滿活力，防止特權世襲，僵化呆滯。因此孫中

---

❸　《孫中山全集》卷七，1923 年 1 月 29 演講，頁 60。

❸　同 ⓬，頁 130。

❸　同上，頁 130。

山先生在五權憲法，把「考試」權列為政府一環，形成中國在全世界獨特的重點。

此外，中國御史制度，也是外國所未見，這來自儒家的批評精神與風骨氣節，形成孫中山所說「監察權」，同樣在今天很值得弘揚！

另外，熊十力先生更極推崇春秋大義，他曾強調：「《春秋》於法理上之闡明，與法條之創立，蓋極詳盡。」❸❾

然後他指出，《春秋》宗旨，「太史公所謂貶天子，退諸侯，對大夫以達王事云云」，其中「王不謂君主也」，而是王者：

「天下人所共嚮往的最高理想、與最適於共存共舉而極完備之法紀、制度，是《春秋》之所謂王事也。」

換句話說，熊先生認為「民主法典，莫妙於《春秋》一經」❹⓿，在《讀經示要》第三卷，他更強調春秋經取《禮運‧大同》加以疏釋，成為儒家最高政治理想。

另外，康有為也曾在《春秋大義微言考》，卷二中指出：

「國主所立，以為民也……故民為本而君為末，此孔子第一大義，一部《春秋》，皆從此發。」

更重要的，孔子透過《春秋》，成為中華文化弘揚民族大義的根源；所以孔子後來特別推崇管仲，就因為管仲能夠捍衛民族，免於外族入侵，此其所謂「微管仲，吾其被髮左衽矣！」

孔子雖然對管仲的小毛病也曾批評，例如認為他生活奢華等，

---

❸❾　熊十力，《韓非子評論》（臺北：臺灣學生書局，1984 年），頁 5。
❹⓿　同上，頁 5。

但從民族大節看，孔子卻毫不保留地稱讚管仲。

這正是孔子所說，「大節不踰矩，小節出入可矣」！其精神特色，對今天很有啟發性。

因為，今天有人自外於中華民族，主張分裂中國，鼓吹「一中一臺」，從孔子眼光看，對此必定會持譴責態度！另如李登輝竟去朝拜日本靖國神社，完全不顧民族立場，孔子如果再世，肯定也會用枴杖怒責，並且會要求全民「鳴鼓而攻之」！

東京大學博士許介麟雖然留日，但很有民族氣節，所以曾以「臺史公名」，撰寫《戰後臺灣史記》；他在 2001 年就明白批評李登輝：

「身為現代的政治領導人，還在稱讚當時日本帝國的殖民統治，時代錯亂（anachronism）到如此，真讓臺灣的子民蒙羞！」❹

《尚書·湯誓》中，也曾引述人民對夏桀的詛咒：「時日曷喪？予及汝皆亡。」意旨人民痛恨夏桀很多罪行，因此當夏桀仍自稱太陽時，人民心中在罵：「這個太陽何時喪亡？我情願與你同歸於盡！」可見民眾憤慨的程度！

同樣情形，如果一個昏君完全背棄民族大義，不顧民生死活，根據商湯革命的精神，自然應該本於天命與民意，毅然將其推翻！

此即孔門在《易經》中〈革卦〉所說，湯武革命「順乎天，應乎人」，可見孔子政治哲學，非常注重天理人心！

由此可證，熊先生與方先生在此英雄所見略同，均一致認為，

---

❹　許介麟，《戰後臺灣史記》（臺北：文英堂出版社，1996 年），頁 356。

要瞭解孔子，必須貫串群經，融貫其中微言大義；並且提醒領導人，應該根據儒家理想，視國家整體為文化教育的園地，才能實踐每個人的生命價值與潛能！

此所以熊先生曾強調：

「吾國聖人以國家為一文化團體。絕不利用國家為侵略他國之工具，但亦絕不受侵略者之侵略。」❷

嚴復翻譯法哲孟德斯鳩的《法意》，強調民主問題在制度，而不在人，其中也指出：

「國之所以常處於安民，所以常免於暴者，亦恃制而已，非恃其人之仁也。」（《法意》十卷，19章）

然而，孟子說得也很重要，「徒法不足以自行」，如果沒有「人」的誠心守法與切實執法，徒有法制也沒有用；甚至可能有人知法玩法、硬拗強辯，並且鑽研法律漏洞，從中破壞法制！李扁統治臺灣的作風，即為明顯例證。

孟德斯鳩在《法意》中說得很好：「各種法律之中，最重要的，不是刻在銅板石表之上，而是雕在國民心坎之中！」

今以臺灣為例，雖然民主法制大體健全，但卻仍然黑金盛行、高層貪污不斷，甚至政治經常踐踏司法，何以故？就是因為高層從中扭曲司法，心術不正，足見「德治」與「法治」，兩者缺一而不可！前者從內而外，後者則從外而內，兩者同樣重要！

否則，若統治者以及家人涉及貪瀆，竟然可以利用特權，自行核定所有證據均為「國家機密」、「絕對機密」、「永久機密」，

---

❷　同❸，頁45。

因而不能作證據，如此假公濟私，即為明顯知法玩法的實例。

美國尼克森早在「水門案」中，即因企圖用總統身份干預司法，將錄音帶列為「國家機密」，結果被迫下臺。

臺灣過了三十多年，仍然無法保障司法獨立，足證如果總統私心自用，良法仍會被破壞！

此即荀子在〈致士〉篇中所說：「有良法而亂者，有之矣；有君子而亂者，自古至今未嘗聞也。」

因此，若以韓非為例，表面看似「法治」，其實淪為「術治」，甚至還冒用「聖人」之名，就應加以批評。熊先生在駁斥韓非濫用「聖人治道」時，曾經同時論述孔子治道，很有啟發性。

韓非認為，聖人之所以為治道者三，「一曰利，二曰威，三曰名」（〈詭使〉篇）。熊先生批評為：

「韓非以此為聖人之治道，豈不誣哉？韓者所云利，術誘之利也；所云威，術劫之威也；所云名，則行術之具也。聖人何用此術？」❹

然後，熊先生更進一步指出，儒家的治道：「尚書之言治道者三，曰正德，曰利用，曰厚生，而必以正德先，所以立利用厚生之本旨。」

他在此強調，「正德」居先，就是人品優先！如果沒有人品，其他都是空談，立法制度再好，也沒有用！

另外他又指出：

「孔子之言政也有三，曰足食，足兵，民信。又結之曰，自古

❹ 同上，頁67。

皆有死，民無信不立。其言足食，所以遂民之生，而非有陰術於其間也。言足兵，所以禦侵略，而非若霸者將劫之以從吾所大欲也。至其視信重於死，則人道於是乎存，以騙詐為事，人類其可久乎？」

經過上述對照，更可看出熊先生對儒家治道的領悟，很中肯，也高明，深得聖人真諦，同樣深值後人體認！

尤其，孔子主張「仁民政治」，仁民愛物，對民誠信，成為中華民族政治哲學數千年的主流思想，這代表了以民為主、以民為本、以民為先，並且以民為大！這種政治哲學深入人心，成為歷代興亡盛衰的重要指標，深值領導人重視與力行！

西方政治學的鼻祖中，柏拉圖認為，最高明的一流政治，為「哲王」加法治；其次為「精英政治」加法治，亦即「知識貴族執政的賢人政體」。

然後，他曾分析其他四種不理想的政體：一是「斯巴達式的軍人政體」，但因為重視榮譽，還不至於沉淪；二是「寡頭政體」，因為注重財物慾望，比較等而下之；三是「民主政體」，更加任性激情；四是「暴君政體」，以放縱私欲為主，形成最壞的恐怖專政。

根據柏拉圖的分析，民主雖好，但若民智未開，民主政治即無法向上提升，自由也會變質，成為民粹主義、向下沉淪；那還不如由大公無私的「哲王」或「精英」政治，透過法制，再加以監督制衡。

因此，柏拉圖若今天再世，肯定未必認同歐美式民主。因為現代的民主特色在於「一人一票」，票票等值，但是莎士比亞一票、

市井屠夫也是一票，從量上看似乎平等，票票「等值」，但若從質上看，則顯然並不是票票「等質」。

例如臺灣與很多未成熟的民主地區，即有這種問題。即使在美國，民主政治發展已久，但在國際政治，照樣很多並不民主，而將己意強加於人，所以美國民主仍多缺點，值得更深一層反省。

換句話說，民主政治固然已成世界潮流——誠如邱吉爾所說，民主有很多缺點，但仍然是比較好的政治型態，但更重要的是，民主本身還只是過程，是個方法，不是目的，不能只為民主而民主。

否則，人民做主以後，又如何？人民作主，應該走向何處？應如何治國？應把國家帶到什麼境界？這些問題，也應同時有哲學家深入思考。

換句話說，邁向民主，應有更高尚的目標，完成人文價值、完成政治理想、完成人性光明潛能，這才是政治哲學最高的目的！

因此，在民主的方法和基礎上，今後民主品質仍應不斷改革、向上提昇，保持良知良能，才能免於向下沉淪。所以，即使論述民主政治的現代內涵，也應多參酌孔子的深厚智慧才行。

蕭公權在《中國政治思想史》中，曾引述章炳麟講法，稱「孔子於中國為保民開化之宗」❹，認為此論至當。他並認為，孔子「有教無類」，為開創平民化教育的第一人，同時也是打破階級、進平等的第一人，所以章炳麟稱，「由是階級蕩平，寒素上遂。至於今不廢。」（同上）的確相當中肯。

---

❹ 蕭公權，《中國政治思想史》（臺北：聯經出版社，1981年），頁55。

　　換句話說，中國因為孔子率先提倡平民教育，認為人人平等，人人都有偉大的潛能，從此打破冰冷森嚴的階級制度；任何清寒子弟，只要肯努力，便能有出息，便能出人頭地。

　　孔子在此的主張，代表平等心、同情心、與仁愛心，即使在世界文化史上，都有很重大的啟發意義。

　　尤其，孔子的政治哲學，以人文為本，以民本為宗，不只是中國「保民開化」之宗，在世界學術上，同樣也可說是「教民開化」之宗。

　　所以，蕭公權認為：「綜孔子一生之事跡觀之，其最大之成就不在撥亂反正，而在設教授徒。」

　　他是指孔子在教育上的貢獻，大於其在政治上的事功，的確有其道理。

　　然而，我們若深入分析孔子對後世的影響，便知孔子最大成就，還不只是當時設教授徒，也不只是成就一世的教育功能，更在於他高標人文理想、結合政治理想，為後代萬世樹立了人文精神典範！

　　所以他生平強調「郁郁乎文哉！吾從周」（〈八佾〉），此中高尚其志的精神，至今都很能啟迪後人！

　　換句話說，孔子的成就，並不只在一時一世，而在永恆、也在普世！

　　因為，他所闡明的，是普世價值，他論述的「仁」，涵蓋當今民主先進國家所說，平等、人權、自由等普世的核心價值，另外，孔子還更高舉人文理想與大同世界，深深值得世人共同學習！

　　此外，蕭公權也曾評孔子「乃偉大之政治思想家，而失敗之政

治改進者。」㊺他又稱「素王之立功,實遠遜其德言之成績。」並謂孔子強調「知其不可而為之」的精神,乃孔子所以偉大,亦其所以失敗。

這些評論,大部份正確,但也有部份並不正確。

蕭氏稱孔子之偉大,因能「知其不可而為之」,這種堅持理想的精神毅力,不只偉大,而且可佩。

因為,孔子強調直道而行、義無反顧,不計個人毀譽得失,很重視後代歷史評價,所以能夠以凜然風骨抗衡權勢,成為中國傳統知識份子的氣節,非常令人敬佩!

此即孔子所稱「知我者春秋,罪我者春秋」的精神,不爭一時,而爭千秋,也是孟子所說:「孔子作春秋,亂臣賊子懼。」形成中華民族幾千年來的民族正氣。其大無畏的批判精神,足以監督制衡君主與權貴,是非常可敬可佩的文化傳統!

然而,蕭氏在此又稱,孔子因「知其不可為而為之」,乃其「所以失敗」,明顯在邏輯上欠通。

因為,孔子既已「知其不可」,當然在客觀上本來就知道會失敗——正如文天祥對抗元軍的正氣,具有「知其不可為而為之」的精神,並非因其堅持「知其不可而為之」,才導致失敗。此中因果倒置,犯了邏輯上的錯誤。

另外,蕭公權又稱孔子:「所以賢於堯舜者,正以其無堯舜所已得之位,而立堯舜所未有之學也。」

所以蕭公權稱,「就孔子行事論,其最大成就為根據者聞,樹

㊺　同上,頁 58。

立一士君子仕進致用之學術，復以此學術授之平民，而培養一以知識德能為主新統治階級。」㊻

這種說法，也是部分正確，部分並不正確。

正確者，在孔子「有教無類」，的確將君子致用之術，傳授給平民，形成「學而優則仕」的傳統，並且活化了中國社會低層的流動，提供了貧寒子弟升遷的機會。這對中國歷代人才能夠出頭，都是很大的重要貢獻，孔子在此可說，功在中華民族！

然而，不正確者，在於孔子並非只以君子「仕進致用」為目的，因為從政並非目的，只是方法。他真正目的，還是要實現仁政的人文理想。

此所以《大學》稱，「大學之道，在明明德，在止於至善」。清楚可證，「至善」才是目的，從政只是最直接的方法，可以完成理想；但若喪失了理想，則為害會更大！

由此看來，蕭公權所說，「孔子學術的主要內容為政理與治術；其行道的方法為教育，其目的則為從政。」明顯還未深入瞭解孔學的真正目的。

在孔子看來，不但教育是方法，從政也是方法，「治國」、「平天下」、「進大同」、「止至善」，才是真正目的。這種價值理想，是以人文化成的精神為主，其人文性遠遠超過政治性！

孔子的學說到了孟子，更成為監督帝王，制衡「權力政治」的重要傳統。

所以，孔孟精神以氣節與器識為力量，亦手空拳卻能制衡君

㊻　同上，頁 56。

權、導正時弊，形成中國讀書人兩千多年來注重風骨的精神傳統，更形成中華民族重視「正氣」的精神特色，直到今天，仍然深深值得重視與力行！

這是任何其他國家民族所沒有的特色，也是蕭公權在此最大忽略之處。

三、澄清對孔子的誤解

中西學者論述孔子，最常見的誤解，便是忽略孔門對《易經》哲學的高深造詣。

蕭公權為政治學家，但因缺乏哲學訓練，所以他討論孔子政治思想，幾乎從未提到易經。

在西方，雅士培（Karl Jaspers）還算謹守分寸，如同孔子所說，「知之為知之，不知為不知，是知也。」因為他對於《易經》不懂，就不多說。

但黑格爾（G.W.F. Hegel, 1770-1831）就不同了，他明明只看膚淺的德文翻譯，對於《易經》一竅不通，卻強不知以為知，以致形成很大的誤解；偉大的哲學家，在此犯了偉大的錯誤。

例如，黑格爾在《歷史哲學》中，論述孔子哲學，態度非常高傲，自稱只從《論語》得到印象，認為其中「毫無出色」、「一點也沒有思辯哲學」、「我們不能獲得什麼特殊的東西。」❹

他在介紹孔子時，固然先提到：「關於中國哲學，首先要注意

---

❹　同⓬，上冊，頁 195。

的，是基督降生五百年前的孔子的教訓。孔子的教訓在萊布尼茲的時代曾轟動一時。它是一種道德哲學。他的著作在中國是最受尊重的。」

然而，黑格爾緊接著說：

「我們看到孔子和他的弟子們的談話（按即《論語》──譯者），裡面所講的是一種常識道德，這種常識道德我們在那裡都找得到，在那一個民族都找得到，可能還要好些，這是毫無出色之點的東西。」❹

因此他評論：

「孔子只是一個實際的世間智者，在他那裡思辯的哲學，是一點也沒有的──只有一些善良的、老練的、道德的教訓，從裡面我們不能獲得什麼特別的東西。」

黑格爾甚至認為，西塞羅的道德教訓，比孔子所有的書都更好：

「西塞羅留下給我們的《政治義務論》，便是一本道德教訓的書，比孔子所有的書內容豐富，而且更好。」❹

因此，黑格爾根據對論語的片面印象，武斷的批評孔子：

「我們根據他的原著可以斷言，為了保持孔子的名聲，假使他的書從來不曾有過翻譯，那倒是更好的事。」❺

這真是令人驚訝的傲慢與偏見！

---

❹　同上，頁 194。
❹　同上，頁 195。
❺　同上，頁 195。

因為，如此「強不知，以為知」的論斷，出自一位世界級大師，而且出自如此輕佻口吻，的確令人十分吃驚！

事實上，孔子「所有的書」，當然絕對不只《論語》，更還包括易經哲學，亦即孔子晚年，申論文王演易的內容，此即通稱《易傳》的十翼，除了〈雜卦傳〉外，其他〈文言傳〉、〈象傳〉上下、〈說卦傳〉、〈象傳〉上下、〈序卦傳〉、〈繫辭傳〉上下，均為完整的「思辯哲學」，但黑格爾卻連看都沒看過！

方東美先生曾經從比較哲學，論述易經十翼的現代意義：認為〈文言傳〉代表中國最早的「宇宙發生論」，〈象傳〉代表「以生命為中心的本體論」（a bio-centric ontology），〈象傳〉代表「以價值為中心的宇宙論」（a value-centric cosmology），所以均用「君子」或「先王」發語，非常發人深省。

另外，〈繫辭大傳〉則為「易經哲學通論」，均為博大思精的思辨哲學。因此，任何人若要暸解孔子的完整思想，均應深入研讀易經才行。

馮友蘭與胡適所寫的《中國哲學史》，因為均未能追溯孔子的思想根源，所以方東美先生批評為「斷頭的哲學史」，或「斬頭的哲學史」，認為均不足為訓。

中共文革期間，馮友蘭及很多學者因受政治壓力，把孔子說成「頑固維護奴隸主的思想家」，更是強加孔子罪名，後來雖然經過平反，孔子思想得以恢復名譽，但能結合孔子與《易經》的論述，仍然很少。

相形之下，萊布尼茲就謙虛多了；他比黑格爾早生近一百三十歲，屬於前輩中的前輩，但在那時已經注意到易經的翻譯本，甚至

論及易經與他發明的「二進制」時，曾經大表欽佩，內容相當中肯：

「《易經》，也就是變易之書。在伏羲的許多世代之後，文王和他的兒子周公，以及在文王和周公五個世紀之後著名的孔子，都曾在這六十四個圖形中尋找過哲學的秘密……這恰恰是二進制算術。」❺

他並指出：

「這種算術是這位偉大的創造者所掌握，而在幾千年之後由我發現的。」❺

萊布尼茲強調，「在這個算術中，只有兩個符號——0和1，用這兩個符號可以寫出一切數字。」

當他把這內容告訴晉神父，還以為是他獨創發現時，晉神父一下子就認出來，這是中國從伏羲以來的符號。因為「兩者恰恰相符，陰爻『--』就是 0，陽爻『—』就是 1。」他才知道，他只是「發現」者，而不是最早的「發明者」。

因此他的結論：

「由此也可以看出，古代的中國人不僅在忠孝方面（在這方面中國人是到了最完滿的道德標準），而且在科學方面也大大超越了近代人。」❺

萊布尼茲大概沒想到，他的後生晚輩黑格爾，卻在完全無知的

---

❺ 同上，頁 145。

❺ 同上，頁 145。

❺ 同上，頁 145。

情形下，竟然大放厥詞、亂批孔子，並稱易經是「令人看不懂的膚淺東西」；相信他在驚駭之餘，必會指責黑格爾，怎能狂妄到這地步！

黑格爾的錯誤，不僅表現在他對中國孔子的無知，以及對東方的輕視，他甚至說「東方思想必須排除在哲學史以外」！❺他對印度哲學也是如此輕蔑態度。

他對印度哲學，先是「大加讚美」，然後又稱「其實並不知道它的底細」，最後說「現在我們初步知道它了，才很自然地發現它也並沒有什麼特異之處。」

黑格爾等於承認，原先稱讚印度哲學，只是他的主觀臆測，等到看了新材料，就予推翻，認為沒有什麼。事實上，兩者均為輕率之論，因為，印度有很豐富的哲學內容，只是當時德文翻譯仍極有限，但黑格爾還是強不知以為知，逞強論斷，顯然失之偏頗。

另外，就易經而論，孔子在〈繫辭大傳〉中，對於《易經》的「旁通」系統，以及如何構成六十四卦的邏輯問題，曾經特別分析，並且詳盡說明，可惜很多學者均未重視。

直到方東美先生，論述〈易之邏輯問題〉，根據孔子的發現，運用現代邏輯完整的推演，才讓世人理解，易經絕非天書或迷信，而有非常嚴謹的數學與科學系統在內，並有非常高明深厚的天人之學在內。

因此，任何人對孔子在《易經》中的創造思想與開放系統，如果缺乏正確瞭解，便無法正確瞭解孔子在政治哲學中，深具創新精

---

❺　同上，頁 191。

神以及開放心靈。

例如，很多人常誤以為孔子是「保守」、「復古」或「崇古」，其實都是誤解。

因為，孔子是「信而好古」，並非「復古」，但孔子的「好古」，並非盲目的崇拜古代，而是言之有據的喜好古禮。

尤其，他為什麼好古？是因為《尚書·洪範》篇論述的政治理想，確實開展了周代八百多年盛世，那不是空話，也不只是理論，而是確實存在的人文盛世！

所以孔子才會說，「郁郁乎，文矣哉，吾從周」！

孔子這種心意，用張載的話說明，最為中肯：

「為天地立心，為生民立命，

　為往聖繼絕學，為萬世開太平！」

他前兩句，涵蓋了天地人的「三才」之道，便是《易經》中的特色。

由此再次可證，論述孔子政治哲學，除了論語，必須同時精通《易經》與《尚書》，才能追溯其思想根源，不致淪為膚淺。

黑格爾雖然也嘗試分析易經哲學，但因對中國文化與文字素養太差，完全無法瞭解，所以他只能說，易經圖形「只停留在最膚淺的思想裡」，並稱「在這一套具體原則中，找不到對於自然力量或精神力量最有意義的認識。」**55**

但事實上，易經乾坤二卦形成的〈文言傳〉，就是以乾元代表上天的「大生之德」，以坤元代表大地的「廣生之德」；乾坤合

———————————————

55　同上，頁 196。

建，最能代表宇宙生生不息的至理。黑格爾對此完全不懂，居然狂妄的自稱，他舉出八卦，是為了「以表示它們是如何的膚淺」。

另外，黑格爾對《尚書》也完全不懂，他雖然表面上也說到五行、洪範與敬用五事等名稱，但稱「並沒有包含任何有意義的東西。這就是所有中國人的智慧原則，也是中國學問的基礎」；令人驚訝，他的用語如此武斷，內容如此荒謬！

綜合而言，黑格爾對中國文化，充滿傲慢與偏見，他只認為孔子思想「不能出於平凡以上」❺，又說「人民把自己看做是最卑賤的，自認生下來是專給皇帝拉車的。」這更完全無視於孔孟的「民本」精神與「民貴」傳統！

尤其，黑格爾竟稱中國人民認為：

「逼他們掉到水深火熱中的生活擔子，他們看做是不可避免的命運，就是賣身為奴吃苦奴隸的苦飯，他們也不以為可怕。」

這就簡直把中國人看做是天生的「奴民」，如同奴隸道德一般，甘心被奴役，並視此為命運。然而，那又如何說明湯武革命順天應人的思想呢？更如何解釋孟子所說「說大人，則藐之」呢？

另外，德國大哲謝林（F.W.J. Schelling, 1775-1854），對中國文化的理解，比黑格爾稍好，但也有很多錯，如同五十步笑百步。

他有些理解還算正確，例如他提到：「中國兩次被征服，但中國都以他們的法則和生活方式，戰勝了征服者。」

此外，他並指出，「在這裡起決定作用的，不是人為構造的東

---

❺　同上，頁 208。

西，而是某種強而有力的東西。」❺事實上，這「強而有力的東西」，就是中華文化的力量，特別以是孔子為主流的中華文化。

然而，謝林仍是只知其然，而不知所以然；因此他承認，雖然知道「某種強而有力的東西戰勝同化征服者，但仍然無法理解孔子思想的精義。」

而且，在謝林心目中，孔子思想只是「重新建立舊有準則，並將其維繫在舊有的基礎之上。」❺

就此而言，謝林也誤解了孔子所說的「信而好古」，而且完全不懂孔子在《易經》所表現的「與時偕進」創新精神。

尤其，謝林認為孔子「再現了他的民族對一切超乎現在狀態的東西，冷漠和迴避的性格。」❺可說因為不瞭解《易經》，既誤解了孔子，也誤解了中華民族！

所以當謝林說：「如果說孔夫子致力於把一切學說和智慧退回到中國國家的舊有基礎，那麼老子卻在無條件地，普遍地探索存在之最深層」❻，他對老子還略熟悉，但對孔子卻錯得很離譜，深深值得中華兒女奮起，努力為孔子澄清誤解，並且全力激濁揚清！

尤其，有些日本人的誤解，因為心存侵略與污衊，更加惡毒與過份！促進日本現代化的推手福澤諭吉（Yukichi Fakuzawa, 1834-1901），便是重要例子。

雖然他對日本富強有功，但卻同時鼓動日本侵略中國與韓國；

---

❺　同上，頁 19。
❺　同上，頁 235。
❺　同上，頁 235。
❻　同上，頁 237。

對日本，他可稱「現代化之父」，因此在日圓萬元鈔票有其肖像，但從中國與韓國立場看，他對日本的「軍國主義」推波助瀾，嚴重傷害中華民族與大韓民族，可稱貽害無窮！

尤其，他為了幫日本侵略中國，找合理化藉口，所以對於中華民族指標性人物——孔子，曾進行一連串攻訐，可稱是所有對孔孟的誤解中，最不公平、最沒良心、也最惡劣的一人！

他在《福澤渝吉自傳》之中，就曾公開指出：「中國文明開化不可期」，認為即使出現一百個李鴻章，也無濟於事；雖然孫中山先生推翻滿清，他仍認為，中國能否順利走向日本「皇政維新」之路，也是很難保證。❻

他先以全面否定中國文明的手法，刻意醜化中國形象，其意即在鼓動日本政府，侵略中國政府。這種技倆，正如同希特勒在屠殺猶太民族之前，先全面醜化。我們要瞭解他的居心與策略，才能明瞭他攻訐孔子的背後目的。

他在《文明概論》中，更曾公開強調：「不可根據孔孟之道尋求政治途徑。」並認為孔孟主張堯舜的治風，只是「以抽象道德，教化天下的學說，當然實際上是行不通的。」

然而，眾所皆知，孔孟政治學說，非常平易與生活化，非常可行，而且人人均可做到，時時均可做到，哪能稱為「抽象道德」？

尤其，福澤渝吉宣稱，孔孟二人「不識時務，竟想以他們的思想來左右當時的政治，不僅被人嘲笑，而且對後世也無益處。」❻

---

❻　同⓬，下冊，頁 310。

❻　同上，頁 311。

更是對中國歷史無知到了極點！

　　事實上，孔孟政治哲學對中華民族的影響，非常深遠；試看《資治通鑑》，均以儒學評論歷代興衰，足以說明一個定律：能行儒學者，強；不能行儒學者，弱；違背儒學者，亡！

　　再如唐代貞觀之治，明確推行儒家精神，國家即能大治，成為中國第一盛世，怎能說儒家對後世「無益」呢？

　　另外，宋代《帝學》一書，由大臣范祖禹所寫，上至三代，下至宋神宗；同樣證明，凡遵行儒學的朝代，必能昌盛，反之則必衰微，各種證明歷歷在目；再向上推，綜觀中國漢代盛世，均以儒術為主，怎能說對後世無益處呢？

　　另外，福澤渝吉甚至說：

　　「尊奉孔孟二人，即便是讀萬聖卷，如果不從政，就絲毫沒有別的用處，只好私下鳴不平而已。這能說不是卑劣嗎？」❸

　　然而，如果人人都能用孔孟立身之道，修身、齊家，並以此做人處事，則國家必能長治久安，政治也能符合公義，怎麼能說沒用？

　　孔孟所說聖君，正如柏拉圖所說「哲王」（philosopher-King），具體的例證，即首推周公。

　　因此，只要領導人奉行孔孟之道，效法周公精神，就能同樣大治，並不一定要孔孟之徒本身從政；這正如同柏拉圖所說，只要領導人深具哲學智慧，同樣能夠大治，不一定由哲學家本身去治國。

　　更何況，這與「卑劣」有何關係？福澤在此恣意進行人身攻

❸　同上，頁 311。

擊，明顯有失風度，更有失理性！

尤其他說：「終因求之不可得，反而招來喪家之犬的譏誚，我真為聖人感到可恥。」❻他在此用「可恥」攻擊孔子，更證明存心污衊，實在非常惡劣！

另外，福澤諭吉又說：「要是把孔子學說實施於政治上，我認為有很大的弊病。」其理由是「隨著民智的逐漸開化，它的功效必然逐漸喪失。」❻

然而孔子思想，本質上就是通過人文教育，大幅提升民智，這樣才能促進民利，並且伸張民權；怎麼可能因為民智開化，反而喪失功效呢？

福澤在此，明顯把孔子看成愚民的政治思想，這種含血噴人，更是欺人太甚！

福澤諭吉進一步並說：

「假使現在還想以內在的無形道德，施於外在有形的政治，想用古老的方法處理現代的事務，想用感情來統治人民，這未免太糊塗了！」❻

他並自說自話：

「這種不考慮時間和地點的情況，恰似想在陸地行舟，盛夏穿毛裘一樣，事實上是根本行不通的。」

然後，他再度昧於事實，公然的扭曲中國歷史：

---

❻　同上，頁 312。
❻　同上，頁 312。
❻　同上，頁 312。

　　「事實證明數千年來一直到今天，從沒有過由於遵行孔孟之道而天下大治的事例。」❻

　　然而，從中國歷史事實看，中國最興盛的「貞觀之治」，明顯就是活用孔子之道的事例。從貞觀二十二年唐太宗所撰《帝範》十二篇，以及吳兢所撰《貞觀政要》，均可清楚對此證明。

　　除此之外，宋代司馬光所撰《資治通鑑》中，均是以儒家標準論歷代興衰；宋范祖禹所撰《帝學》八卷，從上古漢唐二卷，自宋神宗六卷，均以論述「孔學」做為「帝學」典範，證明福澤謬論純屬其偏見，形成韓非所說「非愚即誣」，若非愚昧，就是污衊！

　　更何況，孔子之道，雖然是二千多年前的教誨，但正如同《聖經》的教訓，也有二千多年歷史，佛經也有二千多年歷史，因為深具超越時空的普世價值，所以今仍然能深入人心，廣受普世推崇！

　　如果福澤之說成立，那麼，小布希總統何必用聖經宣誓？佛教信徒何以全球增多？從政治看，美國憲法也有二百多年，當初地點只在美東，怎能適用現代的全美國？怎能「用古老方法處理現代事務」？

　　更進一步說，日本天皇制度也行之超過千年，怎能繼續維持運作？照其說法，如果日皇「想用感情統馭人民」，豈不「未免太糊塗了」！

　　事實證明，孔子學說的基本原理，有其超時空的普遍性，只要與時俱進，用新的詮釋、活學活用，不但仍可適時、適地、適用，而且更因薪火相傳，可以承先啟後，更加發揚光大，形成中華民族

---

❻　同上，頁312。

根植深厚的精神遺產！

由此可知，福澤只是為了侵略中國，就先詆毀中華文化，拚命醜化孔子；對此，任何中華兒女均應「鳴鼓而攻之」！

福澤諭吉在結論中強調：

「理論家的學說（哲學）和政治家的事業（政治）是有很大區別的，後世的學者，切不可根據孔孟之道尋求政治途徑。」⑱

方東美先生曾經批評，日本只有文學家，沒有真正大哲學家，由此可見非常正確！福澤號稱日本大思想家，卻是如此無知狂妄、目光短淺，只看到日本的近利，只見權謀霸術，自然只會害人害己！

除此之外，福澤諭吉又說：「孔孟之教對這個制度（集權專制）最有利，所以只讓它流傳後世。」⑲

這更是完全不懂孔孟的批評精神、與民本民貴傳統，純屬一派胡言！孟子曾經直言，湯武革命，他只聽到殺一「獨夫」，而非「弒君」，顯然福澤諭吉不懂此中精神！

尤其過分的是，福澤諭吉認為，「儒教在後世愈傳愈壞，逐漸降低了人的智德，惡人和愚者愈來愈多」⑳；並稱「這樣發展下去，簡直變成了禽獸世界」㉑；這更真令人難以想像，真正聖賢之徒，怎會變成禽獸世界？

事實上正好相反，我們只看到，福澤諭吉給日本軍國主義的侵

---

⑱　同上，頁 312。
⑲　同上，頁 313。
⑳　同上，頁 316。
㉑　同上，頁 316。

略製造藉口，結果造成南京大屠殺，進行種種慘無人道的暴行，這種行徑，才是來自「禽獸世界」！

福澤諭吉又說，儒家「如此迷信古代崇拜古代，而自己絲毫不動腦筋，真是所謂精神奴隸」㊶，更是為日本侵略中國、奴役中國、殖民臺灣而強加的謬論！因為唯有如此，他才能將中國人都看成奴隸，用高壓統治。這種謬論，與希特勒先醜化猶太人、再大肆屠殺，手法完全相同！

福澤諭吉並且強調：

「使今天的社會也受到這種支配，促成了社會停滯不前的一種因素，這可以說是儒家的罪過。」㊷

從學術上看，這段話顯然不懂《易經》中的創新精神；從政治上看，更是再次為侵略中國所製造的謬論！

福澤諭吉將孔子醜化後，再將日本侵略中國合理化，所以他曾公開說：

「我們必須從內心深處與東方的惡友──中國、朝鮮斷絕關係。」

然後，他更赤裸裸的為侵略脫罪，展現出真正「禽獸的哲學」！所以他說：

「野獸相遇必相吞食他國，不論如何所倚賴的只是獸力。能食別國者，就是文明之國，被食者就是落後之國。」㊸

㊶　同上，頁 316。
㊷　同上，頁 316。
㊸　轉引自阿修伯，《從紐約看臺獨》（海峽學術出版社，1999 年），頁 303。

　　另外，他更倒咬一口，說臺灣駐軍是要侵略日本，以此做為侵臺的藉口。這種手法，與日本發動「七七事變」、卻反誣為中國軍隊開槍，情形完全相同！

　　福澤諭吉在此，混淆黑白的說：

　　「清國……即將欲以臺灣為駐軍根據地，侵略（日本）邊境的野心，為多年來歷歷不可欺的事實。」

　　然後他更假借「和平」之名，而行侵略之實：

　　「因此臺灣為臥榻旁的鼾聲。為維持永久的和平，將之收為我有，乃日本國之要務，誰將以為非邪？」❼❺

　　臺灣人民當年堅決抗日，福澤諭吉即根據其「能食別國即文明之國」的謬論，竟「獸性」大發的說：

　　「臺灣島民為冥頑不靈，非可以恩能懷柔之輩，應將全島視為蠻民之災窟，應以此騷動為良機，以兵力進行無容救之掃蕩。枯其葉、絕其根，殲滅一切醜類，土地等物皆予接收，舉全島為官有地！」❼❻

　　正因日本奉行福澤謬論，視臺灣人為「醜類」，並視臺灣全島為「蠻民」，強調「枯其葉、絕其根」的瘋狂禽獸行為，所以用趕盡殺絕方式屠殺全島，實行種族滅絕的大屠殺！

　　總計日本人統治臺灣時前後屠殺臺灣人，數字竟高達 60 萬人！臺灣全部人口當時只有 300 萬，這高達全臺人口的五分之一！是可忍，孰不可忍？

---

❼❺　同上，頁 303。

❼❻　同上，頁 303。

福澤諭吉並且宣稱：

「臺灣若為全無住民之無人島，對我而言，則為無上之幸運……苟有抵抗我者，不問兵民、全數誅戮！」⑰

這就是日本軍國主義者，從臺灣大屠殺、到南京大屠殺的「禽獸哲學」！

因此，美國《新聞週刊》曾經指出：「日本國為披著文明皮膚，而具有野蠻筋骨的怪獸」！中華民族血淋淋的災難，可以對此做出最真實的見證！

日本迄今，政府大員仍然膜拜供奉戰犯的靖國神社，並且拒絕認錯道歉，軍國主義者還在不斷鼓動臺獨、分裂中華民族，支持臺灣獨立！凡此種種，證明中華兒女仍要非常警惕，全面團結才行！

這正如同以色列人，足可見證法西斯主義如何殘忍滅絕 600 萬猶太人！因為本身團結，才更贏得舉世尊重！

最後，福澤諭吉因為不能不承認，日本長期受儒家教化的事實，竟將之扭曲成「從前用儒學來教化日本人，如同把鄉下姑娘送到府裡服務一樣。」

他的意思，雖然孔子儒學教人舉止文雅，但完全喪失活潑精神，因此日本做為高貴的國家，也應對此廢除。

殊不知，儒家除了注重舉止文雅，同樣注重各種生機活潑的人文教育，怎麼可能喪失活潑精神？

凡此種種，均可看出，福澤諭吉為了侵略中國，不惜全面否定孔子，甚至否定日本本身學習儒家的歷史！在軍國主義仍然蠢蠢欲

---

⑰　同上。

動的今天，凡是中華兒女，對於這種陰謀，應該特別警惕與小心！

今後展望未來，尤需仁人志士精誠團結，根據孔子《春秋》大義精神，一致對外、奮發圖強，才能真正振興中華民族，以慰孔子與民族歷代先賢在天之靈！

四、孔子政治哲學的現代啟示

(一)為政以德

孔子在〈為政〉篇裡提到：「為政以德，譬如北辰，居其所而眾星拱之。」明白強調，領導人要能以人格風範爭取民心，才能如同北極星，受到眾人擁戴；尤其，領導國家，方向要很明確，願景要很清楚，旗幟要很鮮明，才能爭取民心！

這就提醒領導人，對國家認同與奮鬥目標，要有很清楚的論述，不能模糊、不能曖昧，更不能搖擺不定，反覆無常。

然而，今天在臺灣，卻有個奇怪現象，「臺獨」明明行不通，卻好像目標很明確；反之，「統一」明明前程遠大，卻很少人敢正面論述；這就形成很多人心苦悶、士氣低迷；歸根結柢，就是缺乏「北極星」做方向指標，眾星無從拱之，自然人心渙散、人心消沉。

所以，孔子曾舉堯、舜、大禹，做為具體例證：

「巍巍乎，舜禹之有天下也，而不與焉。」（〈泰伯〉）

這段內容，代表舜禹大德的巍巍然，正如同北極星的指標性，只要大家共同效法，便能蔚成良好風氣。因此舜看似無為而治，但

實際在激發人民高尚其志，進而各自完成潛能，所以能蔚然成風，形成興盛治世！

另外，孔子又曾稱讚：「大哉，堯之為君，巍巍乎！唯天為大，惟堯則之；蕩蕩乎，民無能名焉！」

他把堯比喻天之大德，正如《易經》所稱「天地之大德曰生」，可見他很重視領導人的品德，要能效法上天有好生之德的特性；身為領導人，更應效法上天照顧萬民、生長萬物的大德，整個國家才能生氣勃勃，欣欣向榮！

蕭公權對此說的很中肯：「孔門之教，意在以德取位。」**⓲**

「孔子目的之有二，一曰化德位兩缺之小人，為有德無位之君子，二曰致有德無位之君子，為德性兼備之君子。」

中國分析政治興衰，最有名的《資治通鑑》，稱君子為「才德兼備」，而稱小人為「有才無德」。基本上，便以孔子此意為根源。

所以蕭公權稱，孔子此意「理想略似柏拉圖的哲君」，有其道理存在。

因為，在柏拉圖《理想國》中，治國者本身要有很高明的哲學智慧，以及很高尚的政治品德，並且要能夠有精神高度；這種美德與高度，恰如孔子所比喻的「北辰」。因此「哲王」能為民眾謀福利，而不重私利，雖然掌有權力，但絕不沉溺於權力慾！

此即柏拉圖所說：

「在凡是被定為統治者最不熱心權力的城邦裡，必定有最善最

⓲　同**⓰**，頁 57。

穩定的管理，凡有與此相反的統治者的城邦裡，其管理必定是最惡的。」⑲

另外，柏拉圖的「哲王」，也要進行協調工作，這也如同孔子所說的「北辰」，眾星拱之，均以其為效法對象。

此即柏拉圖所說，哲王「運用說服或強制的手段，使全體人民彼此協調和諧……把他們團結成一個不可分割的城邦公民集體。」⑳

所以，孔門在《易經》十翼的象傳中，均用「君子」或「先王」為發語詞，代表的德上的理想人格。例如，「天行健，君子以自強不息」，「地勢坤，君子以厚德載物」等等，均為明顯例證。

另如《易經·繫辭傳》中，孔子用「德」為中心，詮釋了很多卦象，也是明顯例證：

「是故〈履〉，德之基也，〈謙〉，德之柄也，〈復〉德之本也，〈恒〉德之固也，〈損〉，德之脩也，〈益〉德之裕也，〈困〉德之辨也，〈井〉，德之地也，〈巽〉德之制也。」

凡此種種，均證明孔子以「德治」為本，強調「以德治國」的重要性！

王船山在《周易外傳》卷二，也明白的強調：「君以民為基」、「無民而君不立」，明顯指出民為邦本、民為君基的民主精神。領導人要能體認這項核心精神，才算真正符合「德治」與「德政」。

---

⑲　柏拉圖，《理想國》（商務印書館，1986 年），頁 82。
⑳　同上，頁 279。

另外，王船山也在《讀通鑑論》卷十七指出，「一姓之興亡，私也；而生民之生死，公也」。領導人要能以民眾的生死為念，才是大公無私，才是天下為公，也才是真正化私德為大德的「德治」與「德政」！

尤其，孔子所說德政，是以仁者愛民、親民為主要內容，因而他非常強調：「仁者愛人」、「汎愛眾」，並且明確主張：「己欲立而立人，己欲達而達人」，「己所不欲，勿施於人」（〈雍也〉）。

換句話說，孔子認為為政之道，應該推展仁心，並且將心比心，普遍的施仁政於民眾；惟有這樣，才能己立立人、己達達人，促使人人可以充分自我實現，進而發揮善根潛能，並且足以參贊化育，與天地合德。歸根結柢，就是要為政以德，以德行政！

因此，孔子曾經強調：

「志於道，據於德，依於仁，游於藝。」

實際上，這正是孔子治國的主要理想：促使人民都能以弘道為志向，高尚其志，然後行事能都根據德性、依據仁心，並且培養藝術的情操。

這是治國之道，也是教育之道；從孔子看來，整體國家均應成為文化理想的實踐園地，並不只是統治者壓迫被統治者的工具。這種慧眼與胸襟，深深值得大家重視！

所以，儒家強揚《尚書》中主張「正德，利用，厚生」，就是要把高尚的理想性，具體在人民生活中實踐；即使在今大，都很有重大的啟發性！

㈡民無信不立

子貢問政，孔子回答：「足食、足兵、民信。」

子貢又問，若要刪除其中一項，要刪那一個？孔子回答「去兵」，也就是說，民生比軍事更重要。

那麼，如果再去一項呢？孔子認為，應該「去食」。也就是說，孔子把經濟、國防都去掉，最看重誠信！所謂「民無信不立」，在他看來，政府要有公信力，一定要有誠信，這比一切其他都重要！

另外，衛靈公問陣於孔子，孔子曰：「俎豆之事，則嘗聞之矣；軍旅之事，未之學也。」顯示他對軍事，並不放在治國的優先順序。

同樣情形，《左傳·哀公十一年》，孔文子之將攻大叔，訪於仲尼。仲尼曰：「胡簋之事，則嘗學之矣；甲兵之事，未之聞也。」

這兩段話，都在強調，孔子並不重視「軍旅」、「甲兵」，因為他深知，勝負之道在正義，不在武器。孔子認為，「軍旅」、「兵甲」這些軍事力量，只是治國工具，不能任意使用。他認為文子想在國內用兵，違背禮義，所以對甲兵之事避而不答。

由此可見，孔子重視的，是用兵的公信力，而不是甲兵本身。此即他所說：

「軍旅甲兵亦治國之具也，彼以文子非禮，欲國內用兵；此靈公問軍陣，故應不答，非輕甲兵也。」（〈衛靈公〉）

然而，孔子對於正義之師，卻是非常肯定，對於正當保衛國家

的軍隊，更是非常支持：

「孔子曰，能執干戈以衛社稷，可無殤也。冉有用矛於齊師，故能入其軍，孔子曰義也。」（《左傳・哀公十一年》）

所以，孔子強調，「文事」、「武備」要能並重，缺一面不可！在《史記・孔子世家》中，他曾提到：

「有文事者必有武備，有武事者必有文備。」

由此可見，孔子本身對於軍旅，也很重視。冉有曾回答季康子，從孔子學軍旅之事：

「冉有為季氏將師，與齊戰於郎，克之。季康子曰：子之於軍旅，學之乎？性之乎？冉有曰：學之於孔子。」（《史記・孔子世家》）

重要的是，孔子認為，軍事行動要有「堂堂正正」的目標，才能取信於民，這才真正值得肯定。

所以孔子本段，強調誠信第一，代表他對此優先性的重視。

宋代的《帝卷》中，記載宋仁宗讀《論語》，最重視的心得，就是誠信，「所先者無如信也」！

他認為，如果遠方的人不歸服，「則修文德以來之」，要能爭取人心，最根本的原因，就在誠信。這正是實踐孔子在此教誨的最好例證。

英國政治哲學家柏克（Edmund Burke, 1729-1797），對英國政黨政治很有貢獻，他主張自由選舉與政黨相互監督制衡，但最重要的，就是要贏得人民的信任，與此完全相通。

所以他說：

「政府的偉大與唯一基礎，乃是人民的信任。」**❸**

換句話說，政府無論為了選舉得勝，或是平日想得人心，最大的因素，都在贏得人民信任。這正是對孔子兩千多年前，強調「民無信不立」的最好與印證！說明無論古今中外，無論任何政治型態，「人民的信任」才是政府最重要的基礎！

曾有人問雷根總統，年紀那麼大了，怎麼還能管理這麼多政務？成功的秘訣是什麼？他用一個字明快回答：「priority」（優先性）！

雷根在美國深受敬重，華盛頓首都機場即以他名字為紀念，證明對他很肯定。他的治國之道，一言以蔽之，即為掌握「優先性」，亦即儒家所說的「物有本末，事有先後」。由此可見，先分清楚輕重緩急，再做決定，就是最好的領導學，在中外皆相同。

就孔子來說，整個治國之道，最優先的原則，就是「誠信」第一，其重要性還超過經濟與軍事，看似抽象，其實至今仍很重要！

孫運璿被經國先生任命為行政院長時，由於孫院長為理工出身，自謙不懂政治，詢問經國先生，該如何領導行政院？經國先生同樣回答：「把握優先順序！」

因此，孔子在此強調，為政之道，最優先的就是「誠信」，在現代非常有啟發性！

例如，李登輝任內自己承認，「講了反臺獨一百三十多遍，沒人相信」，主要即因言行不一；後來事實證明，他果然是在搞臺獨，原先果然是欺騙人民，毫無誠信！

---

❸ 同**❺**，頁 447。

所以孔子在此**警語**，說的很對：

「聽其言，觀其行！」

民進黨執政之後，最嚴重的問題也就是，人民不相信政府！

典型例證，就是陳水扁公開在 2000 年總統就職時，承諾「四不一沒有」，但後來卻公然背信、廢除國統會，連美國都以此質疑其「公信力、領導力、與政治家風範」有問題，代表在國際上都失去信用！

後來，他更在 2007 年推動「公投入聯」，卻又詭辯自稱沒有違背承諾！另如，他曾經強調當選總統後，絕不參加政黨活動，結果卻去當黨主席！他又曾經承諾要「權力下放」，結果更加強力集權！他還曾經強調「新中間路線」，結果證明走向急獨路線！凡此種種，真是罄竹難書；更令人深信，誠信才是最重要！

羅馬政治哲學家西塞祿（Cicero）很早就有名言：「誠實是最好的政策（Honest is the best policy）。」因此在美國各界，非常重視一個人的「可信度」（Creditability）。一個人如果沒有信用，就無法在社會立足，一個國家如果沒有信用，也無法在國際立足，飛機大砲再多也沒有用！

所以孔子明確指出：「人而無信，不知其可也！」美國傑弗遜總統也強調：「誠實是智慧之書的第一章。」莎士比亞更曾提醒世人：「老老實實最能打動人心」，凡此種種，均深深值得所有自認聰明、卻言而無信的政客們警惕！

(三)中庸之道

孔子曾經感嘆：

「中庸之為德也，其至矣乎！民鮮久矣。」（《論語‧雍也》）

中庸之道可稱儒家很重要的特色，因為儒家認為，這才是可大可久之道，惟有中庸，才能致中和：「不偏之謂中，不易之謂庸。中者，天下之正道；庸者，天下之定理。」

另外堯曰：「咨！爾舜！天之歷數在爾躬，允執其中！四海困窮，天祿永終」。

用現代說法，即堯跟舜說：舜！天命在你的手中，你要好好的掌握中道，「允執其中」，要走中道，不要偏激，這才是真正可大可久之道！這也正是《尚書》所說，上承天心的「大中」之道！

這對今天很多愛走極端、常走偏鋒的政客與政策，都深具警惕性與啟發性！

孔子的孫子子思，困於宋時，奮發圖強而作《中庸》，他曾指出中庸的功用：「喜怒哀樂之未發，謂之中；發而皆中節，謂之和。中也者，天下之大本也；和也者，天下之遠道也。致中和，天地位焉，萬物育焉。」（《禮記‧中庸》）

所以，「君子中庸，小人反中庸，君子之中庸也，君子而時中」，亦即君子才能尊重理性，尊重理性，用其中道，小人只會走極端、反中庸。

柏拉圖在晚年的《法律篇》中，也很推崇中道，他並曾舉波斯和雅典為例：

「古代的波斯和雅典有過中道，但現在一個邁向了極端專制，一個趨向於極端自由。這兩者都是墮落的、有害的。」❷

---

❷　同上，頁 17。

　　另外，亞里士多德更明確崇尚中庸；他認為，「中庸」是一種「無過無不及」的中間境界；而且，「最好的生活方式，就是仍行中庸」。這些都與孔子所說「中庸」精神完全一致。

　　亞里士多德並很強調「節制」，這也與孔子所說「克己復禮為仁」完全相通。

　　曾任美國總統的哈密爾類（Alexanden Hamilton, 1757-1804），也曾任華盛頓的財務部長，因而非常務實。他在經驗中得到的結論，就是「中庸」之道才能長久。所以他曾警惕世人：

　　「權力過多會流為專制，權力過少亦陷於無政府；兩者的結果，都會使人民趨於滅亡。」❽❸

　　中庸之道的重要功能，在於「執兩用中」，所以絕不用二分法治國；這也正是英美第一大哲懷海德（A.N. Whitehead）所說，要能避免「惡性二分法」（Vicious bifurcation）。

　　中共文革十年，就是用二分法，以「階級意識」製造對立，相互鬥爭，所以形成民族浩劫。

　　臺獨執政以來，陳水扁也用文革式的二分法，以「省籍意識」製造對立，鼓動仇恨。另外還更製造「臺灣主體意識」與「大中國意識」的對立，美其名為「認同臺灣」或「唱衰臺灣」之爭，其實都是以文字魔術製造衝突仇恨，以二分法走極端，搞鬥爭，自然終必失敗！

　　2007 年 10 月 4 日，民進黨連號稱「臺獨理論大師」的林濁水，都在中國時報投書，指出民進黨全黨都在「極端化」，這樣怎

---

❽❸　同上，頁 346。

能長久存在？

此時對治之道無他，只有用「中庸」二字，才能真正贏得民心、克服鬥爭！

另外，孔子回答子張的內容，也很有啟發性：

子張問於孔子曰：「何如斯可以從政矣？」子曰：「尊五美，屏四惡，斯可以從政矣。」子張曰：「何謂五美？」子曰：「君子惠而不費，勞而不怨，欲而不貪，泰而不驕；威而不猛。」（〈堯曰〉）

孔子上述的回答中，「惠而不費，勞而不怨，欲而不貪，泰而不驕，威而不猛」等，均為中庸之道，不走極端，這正是亞里士多德所說的「中道」，可見東西方哲人均能相通！

另外，《左傳》也強調：

「政寬則民慢，慢則糾之以猛。猛則民賊，賊則施之以寬，寬以濟猛，猛以濟寬，政是以和。」（〈昭公二十年〉）

均可看出為政之道，不能太寬、不能太猛，需要中庸，才能真正和諧與安定。

此即《禮記》所說：

「張而不弛，文武弗能也；弛而不張，文武弗為也；一張一弛，文武之道也。」

在西方現代政治中，「中道」也是多數中間選民的心態，此亦所謂「鐘擺效應」，如果太偏兩端，選民會自動平衡，走向中道。尤其，中間選民注重穩定、和諧以及安定，所以通常喜歡溫和穩健路線，不喜歡走極端。

由此證明，即使在今日，無論東方或西方，這「中庸之道」，

即「中間路線」，仍有最大的吸引力！

　　例如英國布萊爾，領導工黨時即號召「新中間路線」，因而選舉得勝；美國柯林頓本身是民主黨，但吸納共和黨政見，也強調「中間路線」，同樣得勝。

　　即使臺灣，陳水扁參選總統時，也在口頭宣傳「新中間路線」，而增加很多支持者；只是事後證明他完全背信，言行不一，勝選後更走向急獨，並且政風敗壞，所以急速失去民心。

　　此中原因，主要在於「中產階級」為民主社會的多數，當經濟自由化到成熟地步，形成中產階級為主，政治即會走向民主化。此時「中間選民」成為多數，希望溫和理性的路線，「中庸」之道正好符合這種廣大民心。

　　因而領導人此時，更應自我警惕與節制，體認《禮記》所說，「傲不可長，欲不可從，志不可滿，樂不可極。」領導人惟有戒惕謹慎，在安定中求進步，在中道中求發展，才能給多數民眾安全感。

　　這也提醒領導人，要走中道，就不能夠講極端的話，也不能夠講情緒的話，更不能夠講挑釁的話。

　　領導人如同一位駕駛人，或一位掌舵人，不能突然打著右邊滿檔，或突然又左邊滿檔，這種方式，必將在原地亂轉，非常危險！很不幸的，臺獨政治正是如此走極端，必需及早矯正，才能可大可久！

㈣富而後教

　　孔子到衛國，一看人口眾多，稱道：「庶矣哉」！冉有就問，

「既庶矣，又何加焉？」人口已經既然很多，應該再做什麼？

孔子回答：「富之」！就是先讓大家富起來。然後呢？「既富之，又何加？」孔子的回答很重要：「教之」！（〈子路〉）

這種「富而後教」的精神，至今都很有啟發性。

因為，孔子認為施政之道，首先應該讓人民富起來，此即孔子所說「政之急者，莫大乎使人民富」（〈孔子家語〉）。

換句話說，根據孔子，領導人的政策，要先幫人民改善生活，先富起來，然後還要提高人民教養、提升精神文明。這對今天人口眾多的大陸來說，是非常重要的座右銘！

孔子在此強調，富而後還要重教化，因為唯有如此，才能避免暴發戶的心態，不會紙醉金迷、風氣敗壞；不會物欲橫流，而靈性乾枯；更不致物質生活提昇，而精神生活沉淪！

鄧小平在號召改革開放時，主張先讓部分人民富起來，再求「共同致富」，目前已見績效，所以更應注意教育的重要性。

天下雜誌曾在採訪大陸各地後，發現「全國在學習」、「全黨在學習」，「從破壞中華的角色，變成維護中華文化的角色」，就很能吻合孔子政治哲學的宗旨。

此所以孔子在《易經》也說：

「上慢下暴，盜思伐之矣！慢藏誨盜，冶容誨淫。易曰：『負且乘，致寇至。』盜之招也。」

換句話說，孔子提醒領導人，如果上位者有輕慢心情，輕視精神文明建設，在下者又有暴發戶心態，疏於提昇精神生活，就會盜賊滋生，從中作亂！

另外，如果上位者對於收受賄賂行為輕忽，處理怠慢，就會形

成貪風橫行，招引人民成盜；這就如同容貌裝扮妖冶，就會招引人心淫亂。

臺灣在經濟起飛後，物質生活提高，即有「飽暖思淫」的現象，導致社會風氣墮落。政權轉移之後，因為黑金崛起，更從高層貪腐成風，尤為明顯例證。大陸近年經濟也開始起飛，同樣應引以為戒才行。

尤其，孔子強調，「不患寡而患不均」，「均富」是孔子很重要的特色，深深值得重視！因為，如果貧富懸殊，人心必定不平，人心不平就會社會動盪，就會造成很多問題！

另外，子夏問政，請教領導之道，孔子曾回答：「勿欲速，勿見小利；欲速則不達，見小利則大事不成。」同樣很具警示作用。

因為，臺灣目前「黑金政治」，即是「見小利」與「欲速」的結果，形成「金權政治」（money-power politics）；上位者經常跟大財團來往，以便選舉時有大筆獻金，幫助勝選。

問題是，很多金主會要求回饋，從政策上作出圖利財團的重大決定，中間因為「對價關係」，利益交換的結果，有「權」者與有「錢」者勾結互利，政風就此開始敗壞！

李登輝統治時為了鞏固權位，提名很多黑金人物，此即所以許介麟博士評論李登輝，稱之為「黑金政治」禍首。他說：

「李為了贏得選舉以『民主』，每逢選舉必親自出馬，為國民黨地方之黑道勢力站臺，成為臺灣『黑金政治』之禍首。」⑧⁴

這就是要求「速效」、要求「小利」，雖然很快達到效果、很

---

⑧⁴　同④¹，頁 353。

快見到回收，但後果很慘重！

陳水扁的一貫手法，也都是炒短線，求速效；所以只會選舉，不會治國，經常挺而走險，走偏鋒；要不就挑釁美國，要不就刺激大陸。因為經濟很差，治國無方，所以更大肆宣傳「公投入聯」等偏鋒，企圖轉移內部不滿，製造兩岸緊張，進而凝聚選票。

這些政客技倆，無關國計民生，均非真正政治家的風範，孔子再世，肯定會堅決反對！

孔子在《易經》中曾說，「富有之謂大業，日新之謂盛德」，提醒領導人，政策必須能讓人民富有，才是真正大業；改革必須能夠日新又新，才是真正盛德！

因此，真正大政治家，不能只顧私人小利，要能放眼大局，全力革新進步，才是真正人民之福！

(五)政者正也

季康子問政於孔子，孔子回答的很中肯，也很簡短：

「政者正也，子帥以正，孰敢不正？」（〈顏淵〉）

孔子特別強調，「正派」治國很重要。這裡所說正派，代表為人正派、心術正派、作風正派！

所以《中庸》也說：

「知所以修身，則知所以治人；知所以治人，則知所以治天下國家矣。」

這段表示，只要看領導人是否重視人品、重視修身，便能研判他能否治理國家；至今仍然很有重要啟發。

《大學》裡即強調：

　　「古之欲明明德於天下者，先治其國，欲治其國者，先齊其家。欲齊其家者，先修其身。欲修其身者，先正其心，欲正其心者，先誠其意，欲誠其意者，先致其知，致知在格物。」

　　因此：「物格而後知至，知至而後意誠，誠而後心正，心正而後身修，身修而後家齊，家齊而後國治，國治而後天下平。」

　　這正是孫中山先生所說，如此「由內而外，精微開展」的政治哲學，在全世界都未見到！

　　因為，為政之道，能否正派治國，乃是根本之道；如果領導人心術不正、手段不正，上樑不正下樑歪，必定更加成為亂源！

　　此即《論語》中說：「苟正其身矣，于從政乎何有？不能正其身，如正人何？」（〈子路〉）

　　正派，代表不搞陰謀、不搞詐術、不搞小動作。這種風格，迄今仍然深具重大意義。

　　尤其，今天世界思潮，最新的法律哲學，就是強調「程序正義」，以及「手段正當」；如果不符程序正義，或用不正當手段取得的證物，均不可採用。此即法界所稱「毒樹理論」，由毒樹生的毒果，絕對不可採用；這種強調「正派」辦案的精神，於此也很相通。

　　所以孔子強調：

　　「其身正，不令而行；其身不正，雖令不從！」（〈子路〉）

　　另外，孔子也指出：

　　「上好禮，則民莫敢不敬；上好義，則民莫敢不服；上好信，則民莫敢不用情。」（〈子路〉）

　　凡此種種，都是上行下效之意，深深值得重視。

中國政治哲學

此外，哀公問政；子曰：

「文武之政，布在方策。其人存，則其政舉；其人亡，則其政息。人道敏政，地道敏樹。」（《中庸》）

本段說明，為政之道，「人」的因素仍然很重要。現代民主政治固然強調制度，但仍靠人執行，所以人的本身要能正派，仍是關鍵因素。

此所以孔子曾經說：

「夫政也者，蒲盧也。故為政在人。取人以身，脩身以道。脩道以仁。」（《中庸》）

另外，季康子問政於孔子，曰「如殺無道，以就有道，何如？」

孔子回答：

「子為政，焉用殺？子欲善，而民善矣，君子之德，風，小人之德，草。草上之風，必偃。」

孔子在這段，明顯提倡「上行下效」的道理，無論大小機關，無論古今中外，這仍然是顛撲不破的真理！

所以，孔子很清楚的指出，民眾的特性；上位者如果喜歡逢迎拍馬的部屬，那麼所有部下與民眾都會仿效；但若在上位者，明白禁止阿諛奉承，部屬也就不敢以此悻進。所以，真正要謹慎警惕的，仍然是上位的領導人。

因此，曾文正公才會強調，「風俗之厚薄，繫乎一二人而已矣。」這「一二人」，就是上位有權勢的領導人。

就今天而言，這也是指公眾人物。政治人物固然有影響力，但即使非政治人物，只要對社會有影響力，就同樣要謹慎！

所以孔子在《易經》說：

「易其至矣乎！夫易，聖人所以崇德而廣業也。知崇禮卑，崇效天，卑法地。天地設位，而易行乎其中矣。成性存存，道義之門。」

這就是說，《易經》強調，聖人要能推崇道德理想，擴大志業，唯有不斷激勵民眾奮進努力，完成生命潛能，累積存善，才是道義之門！而其根本方法，就是在上位者必須以身作則，效法上天的崇高理想，以及大地的謙卑精神！

因此，孔子很重視反省精神，即使身為帝王，必要時也應有下詔「罪己」的勇氣。

此即他所說：

「朕躬有罪，無以萬方；萬方有罪，罪在朕躬。」

如周武王就曾強調：「百姓有過，在予一人。」領導人若能從本身反省，凡事能勇於從自己改進，就能更得人心！

在歷史上，漢武帝曾發表著名的「輪己罪詔」，自我批判過於好大喜功，忽略民生務農。所以司馬光在《資治通鑑》稱許他「有亡秦之失，而免亡秦之禍」，即因為他還能勇於反省，立刻改過。這種從上位反省的精神，至今仍然很值得重視與力行！

另外，孔子也曾強調，領導人必須恩威並重，「刑政相參」，才能讓人民知所進退：

「聖人之治化也，必刑政相參焉。太上以德教，民而以禮齊之；其次以政焉導民，以刑禁之。以刑不刑也；化之弗變，導之弗從，傷義以敗俗，於是乎用刑也。」（《孔子家語·三十一篇訓政》）

凡此種種，均可看出，領導者的最大功能，就是在做榜樣，無

論好壞，都是榜樣，此即「言教不如身教」。

因為政者、正也，肯定上行下效，所以唯有領導人本身心術正、行事正，才能有成功的領導。否則，若以詐術、騙術企圖治國，縱然一時得逞，終究必定仍會失敗！

㈥正名優先

《論語》中曾經記載孔子與學生的一般重要對話：

子路曰：「衛公侍子以為政，子將奚先？」

這句話，問到了根本，因為，這也是項「優先性」的問題。

孔子回答，「必也正名乎！」

他強調，先要「正名」，釐清定義，才能名正言順，民眾才有依歸。否則，「名不正則言不順，言不順則事不成，事不成則民無所措其手足。」

這正如同軍隊，必須正本清源，問清楚「為何而戰？為誰而戰？」才能真正有士氣，也才能有戰力！

否則，如果軍隊中心思想錯亂，敵友不分，那槍口方向就不知朝那裡了。

陳水扁在 2007 年為軍中將領授階時，曾經強調，軍隊應為「臺灣的國家安全與發展」而戰，看似名正言順，問題在於「臺灣」是「地名」，並不是「國名」。他這句話隱含是為「臺灣國」而戰，亦即為「臺獨」而戰，後來軍中《青年日報》還將此印在頭版，引起很大反彈！

因為，軍中長期受反臺獨教育，如今若要他們「為臺獨而戰」，進而犧牲生命，這就成了「名不正、言不順」，屆時槍桿方

向就「無所措手足」！

　　所以，當蕭公權認為，孔子所稱正名，在「調整君臣上下之權力與義務之謂。」❽固然有其見解，但也有其局限。

　　因為孔子時代，政治社會秩序紊亂，倫常崩壞，「君不君、臣不臣、父不父、子不子。」經常出現以下犯上、或上級不自重的情形；因此他才要用「正名」加以規範，他在此處是用榮譽感撥亂反正的苦心。

　　然而，蕭公權只從表面看，只看到外在的權力義務。若更深一層看，孔子其實是要恢復君臣自我反省之心，進而能明確自我定位，這才能恢復正常的秩序與太平，這才是務本之道。

　　這從今天看來，就是「國家認同」的根本問題。民進黨經常用文字魔術，籠統的說「愛臺灣就是要認同臺灣」，這句話表面聽，只是認同臺灣這片土地，並非認同臺灣是個國家，自然沒有問題。

　　然而，臺獨人士卻經常混淆視聽，表面說「認同臺灣」，其實是認同「臺灣國」，表面稱「本土化」，其實是「臺獨化」；凡此種種，均需用孔子的「正名」法，才能從根本釐清！

　　所以，孔子所說的「正名」，猶如照妖鏡，必需先問清楚字義定義，才不會被蒙蔽上當！

　　可嘆的是，民進黨明明本身在混淆視聽、錯亂方向，但卻經常假借「正名」運動，做為臺獨運動的過程，明明是「邪名」，卻自稱是「正名」！用孔子的話說，他最厭惡「紫之奪赤」，因為這最容易矇騙人心，最容易混淆視聽！

---

❽　同❹，頁 60。

換句話說，臺獨宣稱的「正名運動」，其實本質就是「去中國化」，進而要「去中山化」、「去中正化」，甚至「去文言文」、「去成語」！

但事實上，臺灣的「本土」文化，根源本來就是中原文化，二者血脈相連，不可分割；除了極少數的原住民，臺灣所謂「本省人」均為漢人，只是移民有先後，但是本為一家，如果硬要分裂，如同硬要分家，卻還自稱「正名」，對這種騙術，必需澄清才行！

尤其，臺獨所稱「公投入聯」，是以臺灣名義加入聯合國，但其前提卻是先消滅中華民國，建立臺灣國。如此先用「臺灣國」消滅中華民國，等於先殺害大家的母親，卻還要大家認同這兇手「臺灣國」為母親！可說顛倒黑白，莫此為甚！

對於這種「認兇手為母親」的行徑，臺獨人士竟還美其名為「正名」，孔子如果再世，必定嚴厲的譴責！

孔子曾經特別稱讚管仲：

「管仲相桓公，霸諸侯，一匡天下，民到于今受其賜。微管仲，吾其被髮左衽矣。」（〈憲問〉）

這就代表，孔子雖然知道管子也有很多缺點，但管子在民族大義上，能夠捍衛民族立場、堅守民族氣節，這種「正名」，能以維護民族大義為優先，所以非常值得欽佩！

孔子今天如果再世，看到臺獨人士竟然自外於中華民族，不承認自己是中國人，並且妄稱此為「正名」，必定會以作《春秋》而「亂臣賊子懼」的精神，對此嚴正批判，絕不鄉愿！

同樣情形，臺獨人士妄稱「去中正化」，也叫「正名」運動，其實也是顛倒是非，混淆視聽！

因為，蔣中正先生領導全民抗戰，**擊退日本外族侵略，並且廢除**不平等條約，使中國從積弱的國恥困境，一躍成為世界四強之一，這些都是客觀的史實。

這正如同若孔子，從春秋大義的民族立場，肯定管仲一樣，今天他若再世，也會對蔣先生肯定：「微中正，吾其披髮和服矣！」

另外，蔣中正先生在臺灣，功績也有很多：第一，因為抗戰勝利而光復臺灣；第二，捍衛臺灣安全，免於中共侵臺，免於「三反」、「五反」、「人民公社」、「文革」等災難；第三，通過土地改革，建設臺灣；第四，通過九年國教，提高民智；第五，通過地方自治，促進民主紮根。

凡此種種，均可說功在臺灣人民，肯定功大於過；尤其蔣中正先生堅持「一個中國」原則，深具民族氣節，連政敵毛澤東都很肯定，怎能對此抹煞？

即使臺獨人士藉口「228 事件」而去中正化，但事實上，228事件中，「本省人」犧牲八百多人，可由申請補償人數、以及前後戶口對照得證，絕非日本與臺獨誇大的二萬多人。但是，外省人也有八百多人犧牲，應該公平對待，不指偏袒一方，更不能變質成為族群仇恨！

此所以，連民進黨前主席林義雄，在「228 紀念文」中也強調，不能將此扭曲成「省籍仇恨」或「族群鬥爭」！

但是，臺獨人士因為想從中華民族分裂出去，寧可做國際的反華勢力馬前卒，所以一直扭曲「228」事件真相，並想以此為藉口，「去中國化」、「去中正化」，如此違背民族大義，怎能冒稱「正名」？孔子再世，必定會強烈反對！

孔子生前曾稱：「知我者其唯春秋乎？罪我者其唯春秋乎？」（《孟子·滕文公下》）

由此可見，他最重視的，乃是春秋大義中的大是大非問題。他用此民族大義做為批判標準，當然對正派人士會肯定，對反派人士也會批評！

這正如同今天在臺灣，若肯定「一個中國」原則，兩岸才能和平，但也必會引起臺獨人士的攻訐、亂扣罪名。

然而，肯定「一中原則」的仁人志士，此時絕對不能退縮，仍應抱著寧可殺身成仁的精神，不怕打壓、不怕迫害，勇往直前，「冒著敵人的砲火前進」，這才符合孔子真正的精神！

尤其，孔子曾說，「天下有道，則禮樂征伐自天子出。天下無道，則禮樂征伐自諸侯出。」（《論語·季氏》）

由此可見，孔子很重視名份與立場，因為這代表了天下有道還是無道。所以對於「一中原則」這立場，怎能任意動搖？

由此可見，孔子所說「正名」的背後，代表了重大的「撥亂反正」意義，在今天更具啟發性，深值正人君子共同互勉與力行！

㈦先之勞之

子路問政，孔子回答：「先之勞之」（〈子路〉）

子路進一步請益，孔子回答：「無倦。」

這段內容，同樣也是要求領導者，要能身先士卒，以身作則，帶動勤政愛民的風氣，而且要能無倦、無怨、無悔！

另外，子張問政，孔子也回答：「居之無倦，行之以忠」。

子張在此，問為政之道，孔子的回答，首先強調，既然居其

位，便應「無倦」，而且應該用忠誠的敬業精神，全力以赴！

所謂「無倦」，即代表「勤政」，也就是不覺其累，很能耐煩，不怕瑣細，對人民的投訴，均能專心、細心、耐心的處理。

從領導人看來，很多投訴、請願案件，都是瑣碎小事，但對人民來看，卻都是切身大事！

所以明代張居正曾強調，「居官第一要義，就在耐煩。」因為，唯有耐煩，才能無倦；只有耐煩，才能真正忠於職守。這種精神，至今都很有啟發性！

例如三國時期，孔明「鞠躬盡瘁，死而後已」，可說就是典型例證。

經國總統任內，經常上山下海，與人民同甘共苦，最後吐血而死，為臺灣滴盡最後一滴血，也可說是同樣精神！

他曾比喻自己身體，彷彿浙江老家農村的煤油燈：「油盡燈枯」，正是「先之勞之」的現代典範。

這句話的精粹，除了「勞之」，更要「先之」，也就是要能走在民眾前面，率先領導民眾。

經國總統從開拓橫貫公路起，一生都是「先之勞之」；在十大建設期間，他就經常親自巡視；平日若逢颱風水災，更是一馬當先，必定走在前面。直到晚年，他仍率先開放大陸探親、進行種種民主改革，均可說是「先之勞之」的現代實行家。

事實上，「亞洲四小龍」的經濟，能夠率先發達，主因均來自儒家這種精神影響。如臺、港、韓、星，從前均重視儒家教育，因此人民也都很勤奮，而且社會重視誠信、政界重視清廉，所以均能成為經濟發展的重要動力。

另如日本，以及目前中國大陸，也均因受到儒家影響，所以人民有勤儉美德，對政治人物也要求清廉勤奮，這些對於經濟發展與政風清廉，均有很大幫助。

另外，孔子在《易經》中也說：「勞謙，君子有終，吉」，然後強調：「勞而不伐，有功而不德，厚之至也。語以其功下人者也。德言盛，禮言恭，謙也者，致恭以存其位者也。」

換句話說，孔子指出，「勤勞而又謙虛」，應是領導人很重要的做人做事原則；唯有如此，才能善存其位。

孔子又指出，勤勞而不自誇，有功而不自認有德，才是真正敦厚，也才是長久之道！

反之，孔子在《易經·乾卦》曾經強調，「亢龍有悔」，即使能力再好，如果太高傲，或居高位而不能謙虛警惕，就會成為「貴而無位，高而無民，賢人在下位而無輔，是以動而有悔也。」

孔子所稱「先之勞之」，另外一層深入意思，就在強調「憂患意識」，能夠居安思危，及早防範問題，那就必須先有各種備案，並且要能不辭辛勞，反覆思考，進而認真執行。

所以孔子在《易經》中強調：「作易者，其有憂患乎？」

他並指出，作易者的時代，「在殷之末葉、周之盛德乎？」由此可見，他很重視居安思危、防患未然的警惕心。

因此，孔子也說：

「危者安其位者也；亡者，保其存者也；亂者，有其治者也。是故君子安而不忘危，有而不忘亡，治而不忘亂，是以身安而國家可保也。易曰：其亡其亡，繫於苞桑。」

這就是孔子強調「居安思危」之道。因為居安要思危，才能防

患未然，所以更須「居之無倦」，除了處理已經發生的各種問題，還要能夠高瞻遠矚，有前瞻性眼光，防患未來的問題。

因此孔子在《易經・乾元》強調，要能「終日乾乾，夕惕若，厲無咎」，平日都要戒惕謹慎，這就必須勤政，「先之勞之」。

另外，孔子強調：

「君子蒞民，不可以不知民之性，而達諸民之情。」（《孔子家語・二十一篇》）

孔子指出，英明的領導人，必須多瞭解民心與民性，才能正確擬定政策，爭取民心。

因此，為達到此目的，領導者必須經常探求民疾民隱，傾聽人民心聲，瞭解民間疾苦，凡此種種，均在證明「勤政愛民」、「居之無倦」的重要性！

㈧各正其位

齊景公問政於孔子。孔子對曰：「君，君；臣，臣；父，父；子，子。」

公曰：「善哉！信如君不君，臣不臣，父不父，子不子，雖有粟，吾得而食諸？」

很多人誤解此中意義，認為這是階級觀念，其實是個錯誤，因為，父與子那有什麼階級可言？

在這裡，必須將《易經》與孔子學說結合起來，用現代的說法解釋，「君，君；臣，臣；父，父；子，子」的涵意，就是「各正其位」的意思。

孔子曾經說過：「不在其位，不謀其政。」這也就是強調，若

是人在其位，就要好好盡其職位的責任。《易經》裡的吉兇，就是以能否「各正其位」為標準。

所以，《易經》中說：「保合太和，各正其命」，就是強調要在各崗位中盡其責任，才能完成生命潛能。「太和」，就是廣大和諧，成為《易經》中的最高理想。

北京紫禁城中，皇帝最重要的議政宮殿，就稱「太和殿」，表示政治的最高理想，就是「廣大和諧」，要能「政通人和」；如果政不通，人就不和，如果「君不君、臣不臣、父不父、子不子」，國家就會動亂，就會逆位，社會也會不安定！

因此，孔子在此深意，就是呼籲各人盡其本分，充份分工合作，就能完成自我，此即現代心理學所說的最高境界「自我實現」（self-realization），充分完成生命潛能；這不但能使國家富強，並且也能參贊化育，到達天人合德的境地。

英國海軍大將納爾遜（Nelson）在打敗拿破崙後，自己也壯烈殉職犧牲。部屬問他有何交代，他說了句很重要的名言：

「英國盼望每一個人都盡其責任！」（England expects every person to do this duty）

這句看似平常無奇，其實大有深意；因為，只要人人都盡其責任、盡心盡力，就能成為最好的富強力量！

英國是個蕞爾小國，當時人口比臺灣還少，竟能成為十九世紀第一強國，就因為此項人生觀，才能勝利成功；這在孔子時代就已提出同樣精神，深值人人重視與力行！

所以在《帝範》中，宋仁宗聽《論語》，楊安國特別指出，「夫子雖不王，然其巍巍蕩蕩，與堯舜一致，經籍垂于萬世。君君

臣臣父父子子，夫子之力也。」此中所列「君君臣臣父父子子」，也就是強調，孔子希望大家各自守分、盡心盡力之意。

另外，孔子評論「同人」卦中，也曾強調：「同人先號咷而後笑。」並且指出：「君子之道，或出或處，或默或語，二人同心，其利斷金；同心之言，其臭如蘭。」

這段內容，指出不同位置的人，均應遵守君子之道，要能同心同德，力量才能切斷金屬，言論也才如同蘭草一般芬芳；這也就是在強調，君子之道要能各正其位、分工合作，才能因團結而成功！

除此之外，孔子明確主張「求賢」，強調明君應該廣泛求才、用才，讓不同性質的人才，都能各盡其才，產生加乘的作用。正如同伊尹之於太甲，周公之於成王，都是「各正其位」的意思。

所以，在《大載禮記》中，曾經特別強調：「仁者莫大於愛人，知者莫大於知賢」（〈王言〉篇），足見領導人除了要有仁心，汎愛民眾，還要有智慧，足以知賢善任；唯有如此，才能得人，也才能得到民心！

因此哀公問政，孔子明確回答：「為政在於得人。」（《孔子家語·第十七篇》）

《孔子家語》第十四〈論政〉也說：

「昔堯舜聽天下，務求賢以自輔。」

《易經》更曾強調：「天地之大寶曰位」，如果在重要的位置，用對了人才，就必能勝利成功。反之，如果在錯誤的位置，放了錯誤的人選，那不但糟蹋人才，也會傷害人民！

另外，孔子也曾指出：

「舉直錯諸枉，則民服；舉枉錯諸直，則民不服。」（〈為

政〉）

這段話代表，孔子要求，以正直的人才做為榜樣，以此教導人民，才能令人心服。同樣代表，用人要能適才適所，放對位置，大家才會心悅誠服。

因此，孔子強調，用人一定要能謹慎考察，無論別人如何好惡，都要自己認真考核，此其所謂：「眾好之，必察焉；眾惡之，必察焉。」（〈子路〉）

這段內容提醒領導人，無論眾人喜歡或討厭一個人，仍然要對其客觀考察。這對今天的人事任用與考核過程，尤其重要；代表此中不能有雙重標準，不能先有成見，而要給予同樣的公平機會，才能各正其位。

此外，《論語》中也有一段對話，非常發人深省：

子貢問：「鄉人皆好之，何如？」

子曰：「未可也。」

「鄉人皆惡之，何如？」

子曰：「未可也。不如鄉人之善者好之，其不善者惡之。」

本段指出，對於考核人才是否適位，不能只用民粹方式，聽信片面之詞，要能好人說他好、壞人說他壞，才是真正可用之才！

因為，真正一個人才，常會遭到嫉妒，所謂「不遭人嫉是庸才」；所以，不能因為有人批評就不用，而要看什麼人批評？批評什麼事？並且要自己查證是否屬實，才能讓大家各正其位，並且讓大家安心工作，不必擔心讒言與嫉妒。

唯有如此，領導人能正確判斷，部屬才能夠各正其位。

因此，孔子在「君，君；臣，臣；父，父；子，子」中，要表

達的涵意，除了「各正其位，各司其職」，同時也提醒領導人，要能明察是非、杜絕讒言，才能讓人才各安其位！

㈨謹言慎行

孔子對領導人一再警惕，應該謹言慎行。所以《論語》中曾記載：

> 「有一言而喪邦乎？有一言而興邦乎？」

這問題是，有沒有領導人講了一句話，就足以興邦或喪邦的例子？孔子的回答，很發人深省。

他先回答：如果領導人非常謹慎，明白領導不易，被領導也同樣不易──「為君難，為臣亦不易」，就應該謹言慎行。如果領導人講的任何一句話，都能經過慎重考慮，大家共同遵守，「不亦善乎？」。

反之，如果當領導人，自認沒有人敢違背他的權威，因而經常亂講話，絲毫不節制，那麼，一言也足以喪邦！

所以，孔子曾經強調，「惡利口之覆亡」！領導人如果只知以利口狡辯為能事，以硬拗強辯為特色，看似很會說話，其實反覆無常，就更會危害國家！民進黨執政，正是這種例證！

所以，孔子在《易經·繫辭》中說：

> 「子居其室，出其言善，則千里之外應之，況其邇者乎？居其室，出其言不善，則千里之外違之，況其邇者乎？言出乎身，加乎民；行發乎邇，見乎遠。」

根據孔子看法，領導人如果講的，是正確的好話，那麼即使在宮中，遠近都有善果；反之，如果領導人講的，是錯誤的謬論，那

麼即使在家中,也會貽害遠方!

因此,孔子特別強調:「言行,君子之樞機,樞機之發,榮辱之主也。言行,君子之所以動乎天地也。可不慎乎?」

換句話說,孔子特別指出,「言行」是領導人的「樞機」,絕對不能不慎重!

因為,歷史經驗證明,「一句話」可以造成很大的後果:一句壞話,可以害民遭殃,一句好話,也可以功德無量!

因為,這「一句話」,可能代表基本政策,存乎一念之間,如果正確,就能有善果,如果錯誤,就會害人害己!

李登輝任內,經常隨性發言,其中有一句話,影響最為重大,那就是他稱兩岸為「特殊的國與國關係」!這種「兩國論」一出,馬上導致兩岸緊張,甚至幾乎產生戰爭!

同樣情形,陳水扁稱兩岸是「一邊一國」,也只是一句話,同樣至今貽害無窮!他後來又一句話,要以臺灣名義「公投入聯」,更導致美國、大陸與聯合國共同緊張,均為明顯例證!

正因如此,孔子非常重視「諍諫」的重要性,孔子在《孝經》強調:「昔者天子有爭臣三人,雖無道不失其天下。」所以「子不可以不爭于父,臣不可以不爭于君。」（爭同「諍」）

換句話說,孔子心胸非常寬大,非常開明,很早就已主張,領導人一定要能容許部層諍諫,否則自己言行無所節制,就會對國對民,造成莫大傷害!

這種諍諫的目的,重點就在提醒領導人,要能謹言慎行,不能任性,一意孤行;否則就會「天下之惡皆歸焉」（〈子張〉）!

唐太宗在此,是歷史上最有名的成功典範,因為他勇於納諫、

鼓勵部屬直言諍議，他本身又能夠包容兼聽，所以能夠改正很多錯誤，形成「貞觀之治」。

反之，秦始皇偏聽李斯，焚書坑儒，排斥異議，結果二世即亡；隋煬帝不聽諫言，也是及身而亡，都是反面例證。

另外，我們也可用李登輝和經國先生做個對比。經國先生一向謹言慎行，遇到重大政策，一定經過多方考慮再考慮、諮詢再諮詢，然後才博採眾議。

尤其，經國先生約見來賓，如果訂半小時，他自己頂多只講 3 分鐘的話，中間提些問題，並不當場裁示，而讓客人充分發揮，平均客人可講 27 分鐘。

但李登輝則剛好相反，見過他的人都知道，他頂多只讓客人講 3 分鐘，他自己足足講 27 分鐘！

正因李登輝平日說話無法自制，果然後來還出現「戒急用忍」、「國民黨是外來政權」、他是「日本人」、「釣魚臺是日本的」等謬論，造成人心不安，經濟停滯，都是重要例證。

至於陳水扁，更還說過「中華民國是什麼碗糕？」「日本人比臺灣更臺灣」等謬論，甚至還會辱及馬英九先父的骨灰罈！

尤其，陳水扁任內多次公開踐踏司法尊嚴，2007 年 10 月 2 日，臺灣各大媒體刊登，連他的恩師司法院長翁岳生，退休交接時，都公然感嘆「身在其位，痛苦萬分」，對此「椎心泣血」！

然而，反過來看，如果李扁都能認同「一中原則」——如同 92 年兩岸的共識，則兩岸立刻可以恢復談判，可以簽訂和平協議，可以直航又見光，一切交流可以正常化，人民生活可以立刻改進！這「一中原則」，就是「一言足以興邦」的例證。

另外，謹言慎行，也代表言出必行，講出來就一定要做到。

經國先生當初強調，對於十大建設，「今天不做，明天就後悔」，所以大家全力去做。反之，陳水扁明知臺獨改國號，「做不到就是做不到」，「不要自欺欺人」，但又推動「公投入聯」，如此矛盾愚民，只有害國害民！

㈩文化建設

子張問政。孔子說：

「言忠信，行篤敬，雖蠻貊之邦行矣；言不忠信，行不篤敬，雖州裏行乎哉？」（〈衛靈公〉）

孔子強調，雖然到一個不文明的國家，但只要言忠信、行篤敬，仍然可以通行無阻；反之，如果言不忠信、行不篤敬，「雖州裏行乎哉」？即使在文明的治區，仍然行不通！

「忠信」與「篤敬」，均為施政風格，也是領導人的文化素養，更可說是文化建設的首要內容。

因為，文化建設不只是文化建築，文化也不只是文物。精神人格的教養與培訓，才是文化建設的重要核心。

另如，顏淵問為邦，子曰：

「行夏之時，乘殷之輅，服周之冕。樂則韶舞，放鄭聲，遠佞人。鄭聲淫，佞人殆。」

「為邦」就是治國之道，顏淵請問孔子，如何領導治國？孔子回答的前二句，現代意義比較小，但後面兩句的意義卻很大。

他前面說，「行夏之時」，代表要實行夏的曆法；「乘殷之輅」，是要乘坐殷朝的車子；「服周之冕」是要戴周朝的帽子；均

代表要能合乎禮節，也就是以禮治國。

後面二句非常重要，「放鄭聲，遠佞人」，就是要去除低級趣味，遠離逢迎之輩。

孔子最後再加二句：「鄭聲淫，佞人殆」。因為，鄭聲會讓人淫蕩，讓人心術不正；另外，佞人太多，更會損害光明正氣，形成逢迎拍馬之風，這些都會導致國家敗亡！

所以，做為一個領導人，要能注意這時代的音樂內容，也要注意政府的用人品格。

根據孔子學說，看一個國家是否有希望，先聽它的音樂，看大家喜歡的音樂內容是什麼？如果是靡靡之音，久而不覺其萎靡，那麼民心風氣就會不振。如果是雄壯威武、充滿進取精神，那就代表民風充滿朝氣，大家充滿幹勁！

例如，聽完「黃河大合唱」，就會令人發憤立志，聽過「中國一定強」，也會令人精神振奮；充份證明音樂對人心的影響，既迅速又重大，荀子在儒家中，對此論述最為完備。

根據孔子思想，文化藝術很能陶冶人心、變化氣質，進而振興國魂，直到今天仍然非常發人深省！

所以，他很鼓勵子弟欣賞詩，因為「詩可以興，可以觀，可以群，可以怨」，這也正是文化建設，亦即精神文明的核心。

孔子認為，一個國家在經濟建設發達後，必須同時對精神文明重視；否則，物質建設的成果，反而會腐蝕精神的動力。

另外，端正「政治文化」，也是一項極重要的文化建設。如果一個單位的政治文化，領導人鼓勵大家講真話、鼓勵大家發掘問題、提供不同意見，那麼這個單位，必能充滿活力與朝氣，大家都

有幹勁，很能自我反省。

　　反之，如果一個單位的政治文化，以逢迎拍馬為能事，以打壓異己為特色，那就一定缺乏反省能力，也就一定衰敗！

　　所以，「政治文化」對於國家興衰，也扮演極重要的角色。

　　從前蔣公撤退到臺灣，經常反省大陸失敗的慘痛教訓；他特別強調，軍中那時流傳一句話：「瞞上不瞞下」，對很多事情瞞來瞞去，結果瞞得了自己，瞞不了敵人。這種政治文化到了最後，就會付出血的代價！

　　經國先生生前也經常警惕部屬，不要講什麼「歌功頌德」的話，不要講什麼「英明偉大」！

　　他並曾親自向筆者說，他「生平最怕的事情，就是聽不到真話。」因而大家都能勇於建言，形成民主改革的朝氣與銳氣。因為這種講真話的政治文化，才能產生「臺灣奇蹟」！

　　但是，這種政治文化，一定要領導人出面強調，嚴格要求部屬不能逢迎拍馬，如此上行下效，才能有用。

　　經國先生為什麼經常接觸民眾，直接詢問老百姓？因為他真的要聽人民的心聲，不要聽一層一層轉上來的話。這就是為什麼臺灣人民到現在，還懷念經國先生的原因。因為，他一方面有治績，二方面他能聽人民聲音。

　　經國先生每到一個縣市，總是要求地方首長，先帶他去看最窮苦的地方，這就不會受到矇蔽，才能真正瞭解民間疾苦，進而真正解決人民的問題，才能真正得到民心！

　　所以由此可見，孔子講的「去佞人」，要去除馬屁精，要能「近君子，遠小人」，至今都很重要！

※　　　　※　　　　※

　　總結上述所論，今後弘揚孔子政治哲學，首應鼓勵人民生生不息的創新精神，以及頂天立地的人格教育，並將國家視為廣大和諧、百花爭鳴的文化園地。

　　另外，各種政策要能達到「富而後教」，並能同時注重物質文明與精神文明；促使人人各盡其能、各盡其才，都能充份完成自我潛力，進而參贊化育，那就能頂天立地，開創充滿光明的新盛世！

　　所以，政府部門對於文化建設，應站在輔助立場，不宜以政治力量直接主控，以免影響民間獨立自主的創新精神以及直道而行的諍諫風氣。

　　方東美先生曾在《中國哲學精神及其發展》的英文鉅作中，以「生命喜悅之禮讚」（Hymn to joy）為其獻詞結尾；其中對儒家精神，以司空圖詩品的「勁健」為代表：

「行神如空，行氣如虹。

　巫峽千尋，走雲連風。

　飲真茹強，蓄素守中。

　喻彼行健，是謂存雄。

　天地與立，神化攸同。

　期之以實，御之以終。」❽❻

　　這段詩品，直把孔子代表的勁健精神，表達得淋漓盡致，更把「通天地人之謂儒」的聖者氣象，宣暢無遺！

---

❽❻　方東美，《中國人生哲學》（臺北：黎明公司，1980 年），頁 247。

　　本段詩品，明確肯定，「人」的生命意義與價值，就在雄健進取，自強不息，進而參贊化育，能與天地合德，追尋止於至善，所以其生命氣象，頂天立地，足以浩然與宇宙同流！

　　因此，這種精神落實於政治哲學，就是提醒領導人，應該要善體天地之仁心、以及天地之正氣，全力施行仁政、維護正義；然後才能激發人民潛能，發揮生生不息的創造力，充分自我實現，進而參贊化育與萬有生命，讓所有國民，都能在雍容恢宏的人文精神中，完成生命理想與文化理想！

　　這種人文精神，正如方東美先生所說❽，肯定人與宇宙渾然一體，同源合流，所以在天地宇宙創進的過程中，能夠天人合一，形成《易經》所說「保合大和，各正性命」的廣大和諧社會❽，進而透過政綱政策，推行「親親而仁民，仁民而愛物」的仁愛精神。

　　這種政治理想，既將國家民族視為人文園地，並將政治人物視為文化園丁，既高明又博厚，深深值得今人體認其中現代意義，進而全體力行！

---

❽　方東美，《中國人生哲學》（臺北：黎明公司，1980 年），頁 247。
❽　《易經·繫辭傳》。

第二章　孟子的政治哲學

一、孟子的創見

孟子（372-289B.C.）在中國思想史上，被稱為「亞聖」，僅次於孔子的「至聖」，但從政治哲學來看，他還有很多創見深值後人重視。

尤其，孟子強調「大丈夫」的風骨精神，以及「上下與天地同其流」的浩然正氣，更形成中華民族重要傳統；所以若論「原始儒家」，或儒家的第一代，通常應將「孔孟」並稱，才更完備。有關其創見，可以要述如後：

(一)責任政治

在現代政治學中，第一要義即是強調「有權者要有責」，此即「責任政治」，在孔子時還未提及，但到孟子卻很重視，也是重大創見。

孟子在〈梁惠王〉下篇，曾向齊宣王比喻，如果大王有個臣子出去遠行，委託其朋友照顧妻子，等到回來之後，卻發現妻子受凍挨餓，該怎麼辦？

齊宣王答：「棄之」，不要這朋友。

孟子再問，如果士師的法官，不能管束部屬（「士師不能治

士」），怎麼處理？齊宣王也回答「己之」，也就是罷免他。

最後，孟子講出他的重點：「四境之內不治，則如之何？」

也就是說，如果國內不治，應該如何？結果，王只好「顧左右而言他」，迴避了孟子這敏感問題。

這問題之所以敏感，因為他觸及了「君權」的來源與正當性，這不但當時是禁忌，也是二千多年帝王專制的禁忌，一直到民主時代，從 1774 年美國《獨立宣言》，才明文公開認定，統治者的權力，應來自人民的同意。

但早在孟子時，就已強調：「民為貴，社稷次之，君為輕」；這是震古爍今的創見，他並且由此推展「責任政治」的精神，非常難能可貴，即使在今天，仍很有啟發性！

例如，經國先生生前提拔李登輝為副總統，等於將中華民國、與中國國民黨託付給他；結果，李登輝竟背離經國先生心志，退休後一面領中華民國退休金，一面在訪美時公開說「中華民國不存在」，應該「趕出臺灣」！

另外，他又向日本作家司馬遼太郎，污衊中國國民黨是「外來政權」，還向日本漫畫家小林善紀表示，他恨透了國民黨，窩藏在內，就是要「搞垮國民黨」！

這種不負責任的言行，從孟子眼光來看，早已達到「棄之」的地步！

所以後來，中國國民黨終於開除了李登輝黨籍，孟子在天上有靈，相信必定認同此舉，非常符合孟子精神！

尤其，孟子強調「大丈夫」的精神，「富貴不能淫，威武不能屈，貧賤不能移」，形成古大臣的凜然風骨，其特色為無欲則剛，

願為政策負責，所以絕不戀棧名位，這對今天政務官應有的風骨，更有重大啟發！

尤其，根據孟子精神，如果君主本身有虧職守，就應該下詔罪己，大臣也應挺身直諫，不畏權勢；因為，「說大人則藐之」，對照今天政壇很多人逢迎拍馬、推卸責任，特別令人感慨萬千！

民國 96 年 7 月 23 日聯合報社論，「李登輝無顏見蔣經國於地下」，正好表達了孟子同樣的精神。

孟子今天若在世，相信非常認同此文，因其極為符合孟子主張，堪稱是現代孟子仗義行俠的例證。

文中首先指出：

「蔣經國為解嚴建構了三大支柱：一、開放黨禁、報禁，使臺灣進入民主政治的憲政改造；二、預告終止動員戡亂時期，開放大陸探視，使兩岸開始和平交流；三、以李登輝為副總統，為國民黨內領導階層的族群解決，與整個臺灣族群問題的解決創造條件。」

然而，李登輝主政 12 年，卻大大違背了上述三大支柱。從孟子眼光看，正如他詢問齊宣王：

「四境之內不治，則如之何？」

李登輝當政時，非但四境之內黑金盛行，並且大力縱容臺獨，導致兩岸關係緊張，尤其憲法被修六次，總統成為有大權而不用負責，明顯破壞「責任政治」的道理。

在他任內，原先憲法的制衡機制，全被踐踏無遺，統一政策也被背叛，變成分裂政策，族群融合更從李登輝起，變成對立仇恨！

凡此種種，正如該文所說：

「李登輝後來快速變形的原因，主要因為李登輝黑金政策，迅

速失去了中產階級的信任，不能支持主流價值，民心遂告流失。」

因此，文中沉痛指出：

「如今回顧，李登輝不只是毀了蔣經國留交給他重新再造的國民黨政權，更是毀了在解嚴後可能重新再造的臺灣前途。」

所以文中強調，李登輝不但是一個失敗的中華民國總統，甚至連「臺獨教父」的角色，也演出得反反覆覆，岌岌不保；含著金湯匙的天之驕子，竟有淪落為歷史辱恥之虞！

面對李登輝這種背棄正道的作法，孟子如果再世，肯定會呼籲大家，發揮「浩然之氣」，根據「民貴君輕」的精神，強烈加以批判，並且加以「棄之」！

另外，蕭公權稱孟子：「不僅以人民為政治之目的，亦且以之為主體，此其為說固非六國時代一般人士所能喻，即孔子亦未嘗雅言以明之也。」❶確可稱孟子的重大特色。

此所以孟子強調，武王伐紂，「聞誅一夫討矣，未聞弒君也」，明白主張對暴君可以推翻。這種革命思想，完全站在人民立場，即使在今天，都深深令人欽佩！

阿奎那本為宗教家，在《神學大全》中就曾指出，暴政的目的「是非正義的」，「因此，推翻這種政治，嚴格說來，並不是叛亂。」❷

孟子這種精神，強調人民有權推翻暴政，比起西方最早提出這

---

❶ 蕭公權，《中國政治思想史》（臺北：聯經出版社，1981 年），頁 95。

❷ 阿奎那，《神學大全》，引自《中國印象——世界名人論中國文化》，頁 167。

種觀念的阿奎那，還早一千五百多年！

事實上，因為孟子最早肯定「民為貴」，人民第一，所以形成中華文化二千多年的信念：「民可載舟，亦可覆舟」！

這正如同西方政治學家李文斯頓（Ken Livingstone）在 1992 出版的大作，書名即為《投票可載舟，亦可覆舟！》

2008 年 1 月 12 日，臺灣人民用選票痛懲陳水扁的種種倒行逆施，就是鮮明例證；說明人民的力量仍然最偉大！只不過在民主時代，要用選票做為更重要的武器！

更早以前，孔子早在《易經》說明「革」卦，就曾強調，只要「順乎天、應乎人」，就可發動革命！可見中國哲學在全世界，是最早主張以民本民貴，可以向暴政革命的思想。

所以，英國名學者李約瑟曾經指出：

「我們不能忘記，二千年來中國主要的社會哲學學派的一條基本原則是：人民有權利和義務『反抗不符合儒教精神之君主』，這比歐洲的宗教改革者提出類似的論點，還要早了近二千年！」❸

由此可證，孟子這種生命精神，至今仍然處處有生氣，充滿凜然正義，深深值得暴君警惕！

㈡制衡君權

孟子認為，君臣之間，應有平等的互動；君要待臣如人才，臣才能平等事君；但若君待臣如奴才，則臣沒有必要扭曲人格，逢迎上意。這也是孔子尚未明言的新義。

---

❸ 李約瑟，同上，頁 171。

此即孟子在〈離婁篇〉指出：

「君之視臣如手足，則臣視君如腹心。君之視臣為犬馬，則臣視君為國人；君之視臣為土芥，則臣視君為寇讎。」

孔子強調「事君盡禮」，畢竟仍講分寸，但孟子則大膽指出，仍有「不召之臣」，大臣要有風骨，不必曲意承歡。

因此，孟子強調的「大丈夫」精神，形成中國知識份子幾千年來重視「浩然之氣」的傳統。即使面臨暴君或昏君的高壓統治，很多仁人志士，仍能保持凜然風骨與昂然人格，堅持真理，不畏強權，並且愈挫愈勇，奮鬥到底！

蕭公權曾經比較孔孟的政治思想，指出「孟子之政治思想遂成為針對虐政之永久抗議」❹，突顯其制衡專制的抗議精神，的確比孔子更為顯豁。

他並指出，「孟子取人民之觀點以言政，孔荀則傾向於君主之觀點」❺。

另外，「孔子之理想乃以君為師，孟子則以師教君，孔子欲君子以德致位，孟子則以德抗位」❻均為相當持平之論。

尤其，孟子「以師教君」、「以德抗位」，比起孔子「以君為師」、「以德致位」或者「以德拒位」，更為積極入世，也與現代民主的「監督制衡」原理，更為接近。

從孔子看來，「邦無道，富且貴，無恥。」所以形成「以德拒

---

❹　同❶，頁 96。
❺　同上，頁 96。
❻　同上，頁 97。

位」，固然清高，但畢竟未能積極的撥亂反正，只能突顯消極的無奈，形成「道不行，乘桴浮於海」，或者「亂邦不居，危邦不入」。

但在孟子，即使道不能行的時候，仍以「道」為標準，抗衡統治者的暴虐無道，類似今天的反對黨精神。這就並非遯世，而是更為入世，所以雖然孔孟在此差異，因為「時代使然」❼，但畢竟孟子更積極，深值今天政治改革者借鏡！

換句話說，孔子主張：「天下有道則現，無道則隱」（〈泰伯〉），但在孟子，則是主張，即使天下無道，也應用「道」加以抗衡，直至其有道為止！

在此期間，若有高壓迫害，則應善用至大至剛的浩然之氣，不屈不撓，不怕坐牢，不怕犧牲，必要時候能夠捨身取義！這種奮鬥精神，堪稱典型的民主人權鬥士，深深令人欽佩！

梁啟超在《先秦政治思想史》中，曾經認為，儒家並無「民權」的主張，明顯是項誤解：

「然則儒家主張民權，證據有之乎？曰：亦無有也。民權言者，人民自動的執行政權之謂。儒家雖言得民而王，得乎丘民為天子。要之，以民為受治的客體，而非能治的主體也。」

然而，「民為邦本」，民既為「本」，正如同大樹之根，即為主體，怎會只成「受治的客體」呢？梁啟超在此，顯然有邏輯上的謬誤。

固然，儒家所說「民本」，從現代民主的「自由選舉」等項標

準來看，並不完全符合要件，但民主政治的標準，本來就並不只是一端，另外還有「監督制衡」、「主權在民」等；就此而言，孟子強調民為貴、主張革命思想，均能相當吻合。

所以，大陸學者紀寶成在《中國古代治國要論》中，認為「我們完全不必將這種『民本』思想過份推崇，更不能將它可笑地等同於近代意義上的『民主』。」❽明顯也是含有誤解。因為，「民本」固然並不全等於「民主」，但其精神仍然極為相通，不能任意否認。

當然，梁啟超所說也有道理，「仁政」的「保民」與「牧民」，都代表君權很大，而不是講民權；而且，「仁政」只是高舉理想，指出君王「應然」之道，但無法使君主「必然」如此。尤其對於「實然」部份，如果君主蠻橫霸道，人民的確無可奈何。

此即他所謂：

「仁政必言保民，必言牧民。牧之保之云者，其權無限也，故言仁政者，只能論其當如是，而無術以使之必如是。雖以孔孟之至聖大賢，嘵音瘏口以道之，而不能禁二千年來暴君賊臣之繼出踵起，魚肉我民。」

另外，蕭公權也認為，「孟子貴民」，不過只「由民享以達於民有。民治之原則與制度，皆為其所未聞。」❾

然而，從另外角度來看，當兩千年前，很多西方國家還在暴君

---

❽　紀寶成，《中國古代治國要論》（北京：中國人民大學出版社，2004 年），頁 56。

❾　同❹，頁 96-97。

專制時、還在野蠻階段時，孔孟卻已經有仁義思想，孟子更認為人民可以有權革命，仍然有其重大貢獻！

縱然當時，中國仍缺乏制衡君權的客觀制度，但孟子能呼籲仁人志士做「大丈夫」，用浩然之氣築起血肉長城，抵抗暴君暴行，已經是無奈中最大可為之處；對於弘揚人格風骨，尤具激勵作用，即使在今天，仍然深深值得肯定！

所以，如果只用今天的民主標準，要求孟子時代，就會形成「古案今判」的時代錯亂現象，顯然並不公平。

更何況，若論現代民主三原則，在美國是以「運動員精神」（Sportsmanship）比喻，代表三種標準：⑴公平競爭、⑵遵守規則、⑶服從裁判；就此而論，則孟子的仁義禮智，與責任政治精神，均能涵蓋相通。

只是，現代民主的三種具體制度：⑴自由選舉，⑵政黨政治，⑶代議政治，在孟子的時代，確定還未具備；今後自然應該與時俱進，充分與現代民主世界接軌。

事實上，這也正是中山先生所主張的「民權主義」，所以中山先生堪稱孔孟民本思想的現代結晶，深深值得重視與發揚。

㈢養民之論

孔子強調「仁民」，孟子則強調「養民」，兩者重點有所不同。

蕭公權稱孟子「養民之論，尤深切詳盡，為先秦所僅見」❿，

---

❿　同❹，頁93。

確實中肯。因為，孟子論政，幾乎均以民生為第一義，亦即以此評
鑑君王，能否照顧人民，能否「養民」。

所以，孟子對梁惠王強調「率獸食人」，譴責好戰之君應該
「服上刑」；他並強調應減少賦稅、匡正經界等等，都與民生直接
相關，充份顯示他不講空話的務實特性。

另外，他回答齊宣王，「樂民之樂者，民亦樂其樂，憂民之憂
者，民亦憂其憂。樂以天下，憂以天下」，真正做到了以民之憂而
憂，以民之樂為樂，可說非常平民化。

準此立論，兩千多年之後，臺灣政壇很多表現仍然令人感慨；
因為仍有高層不顧民間風災水災，而用專機，為私人提親，並且大
事宴客，還藉口是在為孩子着想！

如果領導人，只想到自己一家之樂，卻未能體會人民泡在水中
之苦，這與孟子境界，真有天壤之別！足證即使民主時代，如果沒
有民本民貴精神，不能瞭解民間疾苦，民主徒具形式，也是枉然！

因此，蕭公權稱頌孟子，對《尚書》「民為邦本」之語，孟子
「最能闡發其旨」，他並認為，「民心之向背為政權轉移及政策取
舍的最後標準」⓫，而且「不僅以人民為政治之目的，亦且以之為
主體」，均可稱一針見血之論。

孔子強調誠信，「民無信不立」，因而將「足食」放第二，但
在孟子，很多時候，明顯將民生放第一。

孟子在此，不是不重誠信，而是從人民的切身痛苦著想，認為
生存第一，所以民生第一。

⓫　同❹，頁 95。

　　因此他曾強調：「民之為道也，有恆產者有恆心，無恆產者無恆心。」他深知一般人民的心理，先要自己有恆產，心情才能安定，民眾才有安全感與歸屬感。孟子在此深深瞭解，現代中產階級的心理，也很瞭解小市民的普遍心理，堪稱更為務實，也更接近人民生活與人性。

　　法國伏爾泰（Voltaire）因為深具人文關懷與抗議精神，所以他對中華文化與孔孟精神，都非常的敬仰。

　　因此他曾強調：

　　「在四千年前，在我們甚至還不能閱讀書本，中國人已經知道了我們現在用以炫耀的、全部極其有用的東西。」⓬

　　然後他進一步指出：

　　「當然，我們不應盲目的崇拜中國人的長處，但是他們帝國的政治，實際上是最好的。」

　　另外，他又明確的強調：

　　「他們也是世界上唯一的一個國家，如果一個行省長官在離任時不能贏得百姓的稱讚時，就要受懲罰的國家；是世界上唯一一個獎勵美德的國家。」⓭

　　整體而言，伏爾泰很能掌握孔孟哲學的中心精神，亦即無論政治或法律，均要以民為本，以民為貴；在領導人心中，永遠要把人民放在第一位，要以民間疾苦為己任！直到今日，這些仍然深具重

⓬　伏爾泰，引自《中國印象——世界名人論中國文化》（桂林：廣西師範大學印行，2001 年）上冊，頁 65。

⓭　同上，頁 64。

大的啟發性！

㈣浩然之氣

孟子是中國思想家中，第一個明確提出「浩然之氣」的重要哲人。

他把「浩然之氣」用「配義與道」結合起來，成為知識份子注重「正義」與「公道」的傳統。到文天祥，更明確形成中國人幾千年來，崇尚正氣、風骨凜然的民族精神！

德國社會哲學家凱撒林（Hermann Keysenling, 1880-1946），曾在環球旅行中，完成名著《一位哲學家的旅行日記》，其中比較東西方的文化，很有卓越慧見。

首先，他指出中國人充滿生命力，然後很中肯的用「氣」加以說明。他並指出，以孔子代表的中國文化，不只是一種精神，更是一種生活。

因為，孔夫子給他的印象，乃是一個「理性主義的道德家」，而「孔夫子」這一詞語，必須作為活生生的人（flesh），或者作為現實存在的人來理解。❹

因此，他明白的分析，經過他的觀察：

「中國人在全部人類學中所具有的身體活力，是最為巨大的。無論是作為單個的人，還是作為一個民族，他們的能力似乎都是無窮無盡的，他們戰勝了對其他民族而言是致命的疾病。」❺

---

❹　凱撒林，同上，頁 287。

❺　同上，頁 285。

凱撒林並且鄭重的強調：

「我第一次發現，自己面對著以道德做為其最深要素的一般人。這種類型的人，在西方是不會有的。」⓰

這正說明，何以「正氣」兩字在外國很難翻譯，頂多翻成「道德勇氣」；尤其孟子所說「大丈夫」之道：「富貴不能淫，威武不能屈，貧賤不能移。」這種人格風骨，頂天立地，直到今天仍然深深令人敬佩！

因為，只有這種人格，才能寓理帥氣，上下與天地同其流，才能有抗壓性，不為利誘、不被勢劫、不怕打壓、不被收買！也才能保障政風清明，才能保障公平正義！

所以凱撒林說得很中肯：

「那些（中國）政治家們都認為，國家機構建立於道德基礎之上，是理所當然的事情。」⓱

他並指出，對中國人來說：

「政治不過是倫理的外在表現，而正義則是善良意向之正常引申，這在他們看來似乎是理所當然的。」

然後他再指出：

「因為它不是被當做某種應該但又極少發生的東西，而是被當做必然發生的東西，這一點帶來了根本的差異。」

縱觀中國幾千年政治中，凡是正義能伸張的朝代，均能成為盛世；反之，在衰世中，必定正義淪喪，正氣消沉！

⓰　同上，頁 287。
⓱　同上，頁 287。

這正如《易經》中所說，「君子道消，小人道長」、或者「君子道長，小人道消」；其中盈虛消長的道理，就明白論證了正氣的重要性。

根據孟子所說，唯有君子挺身而出，發揮「浩然之氣」的道德勇氣，才能「君子道長」、才能「小人道消」！否則，如果人人畏縮、姑息養奸，或者灰心喪志、「君子道消」，就會「小人道長」，更加淪入黑暗時代！

綜合而論，正因孟子政治哲學，深具「責任政治」與「制衡君權」的創見，又很能以民為貴，並且以此為標準，深具批判精神，所以很能激勵人心，根據正義與公道，弘揚「浩然之氣」，形成政風清明之氣；這才能形成國家之福，也是人民之幸！

另外，孟子又深具「捨我其誰」的使命感，能夠為國為民，聲討不公不義，而且愈挫愈勇，「雖千萬人吾往矣」！所以對於任何時代的撥亂反正、維護社會公義，都有很大的幫助；即使在今天，仍然深深值得提倡推廣！

二、孟子政治哲學特色

(一)仁者無敵

孟子是中國歷史上，最早講出「得民心得天下」的大哲學家。

根據孟子思想，勝利成功的秘訣，不在土地，不在兵器，而在人心。孟子用了很多具體的例證，說明王道治國的內容，不在霸道、不在強權，而在「仁者無敵」，至今仍然很有重要的現代啟

發！

　　例如，孟子強調：

　　「桀、紂之失天下也，失其民也；失其民者，失其心也。得天下有道，得其民，斯得天下矣。得其民有道：得其心，斯得民矣。」

　　那麼，如何得民心呢？孟子明白指出：

　　「得其心有道，所欲與之聚之，所惡勿施爾也。民之歸仁也，猶水之就下，獸之走壙也。」（〈離婁上〉）

　　所以，孟子曾經舉例說明：「取之而民悅，則取之」，「取之而民不悅則，勿取。」（〈梁惠王〉）

　　這就是孟子所說的「仁者無敵」；這個原則，堪稱是古今中外都顛撲不滅的定律！

　　他並強調，施仁政於民，就是對老百姓寬大，要能爭取人心，「省刑罰，薄稅斂」，不要有苛刻的稅賦。他說：

　　「深耕易耨，壯者以暇日修其孝悌忠信，入以事其父兄，出以事其長上，可使制梃，以撻秦楚之堅甲利兵矣！」

　　所以孟子強調，「仁者無敵」，代表真正能夠天下無敵的利器，是得到民心，只靠船堅砲利，絕對不行！

　　換句話說，「仁者」就是能得民心，能得民心才可無敵。否則再好的武器、再多的兵力，如果不得民心，照樣仍會失敗！

　　像秦始皇時期，兵力之強所向無敵，並且把全天下的兵器都沒收，但是因為不得民心，在中國歷代的王朝裡，仍然成為最短的一朝！本來秦始皇自認為能千秋萬世，還自稱「始皇帝」，結果到了二世就敗亡了！

　　蒙古也是同樣情形，其武力強大，打下的帝國領土，等於現在美國、加拿大、與墨西哥的總和，統治人口多達 30 億，超越了西方亞歷山大大帝、凱撒大帝、拿破崙大帝等任何其他大帝！但這樣一個驍勇善戰的元朝，生命也只維持七、八十年。

　　為什麼？就是因為只靠武力，不能得到民心。固然在馬上可以得天下，但馬上不能治天下。如果不得民心，到了第二、三代，就會衰敗而亡！

　　近代例子更不用多說，像希特勒席捲歐洲時，勢如破竹，何等囂張！日本軍國主義侵華初期，也是何等狂妄！但後來都因不得民心，終於都敗亡了！

　　越戰也是同樣情形，美國打越戰時，所花經費比二次大戰還要多；當時所有最新、最厲害的武器，通通使用上了，除了核子彈，什麼新武器都有。

　　以美國的國力，當時是世界第一，去打三流國力的北越，最後卻是打輸了！為什麼？也是因為不得民心！

　　國民政府在大陸也是同樣情形，北伐能以五百枝步槍統一全國，就是因為能得民心；但到後期貪腐成風，失去民心，所以雖然有很多軍隊，仍是兵敗如山倒。歸根結柢，成敗均因為民心！

　　所以，太多的實例證明，只想以力服人，那是「霸道」，絕不可能長久。孟子強調，只有「王道」、才能得民心，才能「仁者無敵」！一直到今天，都有很大警示作用！

　　另外，孟子還曾強調，人民對於有大過的君王，可以先誠心諍諫，如果屢諫不聽，便有推翻的權利，這是很重要的創見。所以他說：

「君有大過則諫，反復之而不聽，則易位。」（〈公孫丑下〉）齊宣王問異姓之卿，孟子也回答：「君有過則諫，反復之而不聽，則去。」（〈萬章下〉）

正因孟子很強調民心的重要，所以他早在兩千多年前，就強調「民為貴，君為輕」，堪稱是世界第一人！

「民為貴，社稷次之，君為輕。是故，得乎丘民而為天子。」（〈盡心下〉）

蕭公權在此稱孟子：「民主君僕，民體國用之旨」，即使是在孔子，「亦未曾雅言以明之也。」⑱的確相當中肯。

當然，蕭公權在此批評孔子所說「民可使由之，不可使知之。」認為孔子暗含輕民愚民之意，其實並不正確。

因為，孔子本句也可解為「民可，使由之；不可，使知之。」或「民可使，由之；不可使，知之。」均為民本之旨，並無輕民愚民之意。

然而，孔子的確未像孟子，大聲喊出「民為貴」。就此而言，孟子真正可說，是中國歷史上挺身而出、為民喉舌的第一人！

尤其，孟子強調人民有權利反抗獨裁者，並且有權利推翻不仁不義的政權，這在兩千多年前，堪稱具有震驚世界的勇氣與遠見！他說：

「賊仁者謂之賊，賊義者謂之殘，殘賊之人謂之一夫。聞誅一夫紂矣，未聞弒君也。」（〈梁惠王下〉）

近代西方自由主義鼻祖洛克（John Locke, 1632-1704）曾在《政府

---

⑱　蕭公權，同❹，頁93。

論》中強調，如果有權力的人，不是為人民謀福利，而是為了獲取私人的利益，那麼「不論運用權力的人，是一個人，還是很多人，就立即成為暴政。」⓳

因此他主張，人民對於這種暴政，都有權力加以反抗！這種精神與孟子完全相通，只是孟子比他早了二千年！

同樣情形，孟德斯鳩（1689-1755）也曾對於專制暴政猛烈抨擊，他強調：

「在專制國家裡，人的命運和牲畜一樣，就是本能服從和懲罰。」⓴

這與孟子批評專制「率獸食人」、視人如牲畜，可說同樣精神。只是，孟德斯鳩更遲於孟子二千多年！

對於用人、或罰人之道，孟子同樣強調民心的重要。所以他曾說：

「『國人皆曰賢』，或『國人皆曰可殺』，然後察之，才能用之或者殺之。」（〈梁惠王下〉）

另外，孟子也指出，「人爵」與「天爵」之分。因為人人有獨立人格，布衣可以傲岸公卿，所以對於大官，不要看其巍巍然，就被其嚇到，要能以獨立人格「說大人，則藐之！」他並肯定，國有「不召之臣」，人格足以傲視權貴。凡此種種，都為中國知識份子的風骨氣節，奠定了深厚的傳統！

因此，蕭公權稱：「孟子的政治思想已成為針對虐政的永久抗

⓳　洛克，《政府論》（下）（商務印書館，1981 年），20 節。

⓴　孟德斯鳩，《論法》（上）（商務印書館，1982 年），頁 27。

議。」❹可稱一針見血，千古定論！

㈡統一才能安定

孟子可稱中國最大、最早的「統派」，而且理直氣壯、堂堂正正，旗幟鮮明，絕對不怕打壓，也絕對不怕醜化！

因為，梁惠王曾經問孟子，怎樣才能讓天下安定？（「天下惡乎定？」）

孟子回答得很堅定：「定於一！」

用今天的話說，孟子明確主張，中國只有統一，才能安定！

梁惠王再問，「孰能一之？」

孟子回答：「不嗜殺人者，能一之！」

也就是說，根據孟子哲學，只有能得民心、能行仁政者，才能統一天下！

然後梁惠王問：「孰能與之？」

孟子就用人民在旱災時，引頸盼望甘霖，做為比喻：

「天下莫不與也。王知夫苗乎？七八月之間旱，則苗槁矣。天油然作雲，沛然下雨，則苗淳然興之矣。其如是，孰能禦之！」

然後他進一步說明：

「今夫天下之人君，未有不嗜殺人者也。如有不嗜殺人者，則天下之民皆引領而望之矣。試如是也，民歸之，由水之就下，沛然誰能禦之！」（〈梁惠王上〉）

他在此明白強調，得民心者，就如同久旱之後的甘霖，天下人

---

❹　同❹，頁96。

民都會引頸盼望。如果民心都能如此歸向，肯定就能完成統一大業！這在今天，更有重大的啟發性！

另外，孟子也曾指出，「惟仁者為能以大事小」，「惟智者為能以小事大」（〈梁惠王〉）；同樣深深值得今天兩岸領導人重視。

因為，今天中國大陸很大，若能行仁政、重民本，以此號召人心，多多照顧臺灣，而不是蠻橫打壓，必能得到臺灣更多民心。

另外，臺灣的領導人，若能以智慧方式溝通，與大陸求同存異，以對話取代對抗，而不是經常挑釁，則兩岸統一大業，也必能更早完成！

事實上，中國主張「統一」的民心，可說源遠流長，影響很大，一直是中華民族的主流傳統。

從思想淵源來看，早在《尚書·堯典》就強調，以堯為中心，「光被四表」，「以祖九族」，「平章百姓」、「協和萬邦」；當時是從近而遠、由內而外，形成鬆散但很清楚的統一政體。

另外，《詩經》在「小雅」之中，也明確指出：

「普天之下，莫非王土；率土之濱，莫非王臣。」

本段話並非只講「君權」的統一，而更代表領土主權的統一。當時因為是君主體制，所以稱為「王土」，在今天來說，即指國家領土的統一，不容任何人從中分裂。

《春秋》之中，公羊傳曾更進一步闡釋「大一統」的觀念，針對魯隱公「元年春王正月」，明確說明：「何言乎王正月？大一統也。」

因為：

「元年者何？君之始年也。春者何？歲之始也。王者孰謂？謂

文王也。曷為先言王、而欲言正月？王正月也。」

這是中國歷史上，第一次出現「大一統」的文字與說明；後來董仲舒發揮這「大一統」思想，強調領土與政權的統一，也形成中國兩千多年的主流思想。

然而，漢儒當時因為缺乏大儒胸襟，只顧形式，影響所及，產生了兩項後遺症，今後也應該警惕。

一是以君權壓迫民權，認為「春王正」是「屈民而伸君，屈君而伸天。」（《春秋繁露》）；如此將君權放在人民前面，既背離了孔子「民本」思想，也背棄了孟子「民貴君輕」的思想。

另外一項，則是因為董仲舒獨尊儒術、罷黜百家，導致儒術淪為封閉的利祿之門，既背離了孔子在《易經》中所表現的「生生」之德與開放心靈，也背棄了孟子所說「大丈夫」的獨立風骨。

如此一來，儒教淪為官方掌控的意識型態，就會缺乏頂天立地、昂然不屈的人格，也會缺乏自立自主的創新精神，「大儒」更會淪為荀子所稱的「俗儒」！（〈儒效篇〉）

所以王船山講的很中肯：「儒之弊在俗，道之弊在誕。」此時就需以道家的超脫精神，把俗儒的精神向上提升。

另外，孟子也曾強調，武王「一怒而安天下民」。（〈梁惠王〉）同樣代表，要能順應民心，才能統一天下。

因此，統一的前提，仍在先得民心，這才是用王道統一，也才真正可大可久！

從中國歷史看，「統一」向來是主流的民心思想；當中國統一時，任何分裂或偏安思想，都會被批評；當中國分裂時，尋求統一的呼聲，更成為全民奮鬥的主要目標。

　　所以，在南北朝分裂時，祖逖成為「統派」的主要代表；即使他臨終前，還頻呼「渡河！渡河！」成為歷來愛國精神的指標性人物。

　　另外在南宋時，詩人陸游更有追尋統一的名詩，臨終前仍然念念不忘：

　　「死去原知萬事空，但悲不見九州同。

　　　王師北定中原日，家祭毋忘告乃翁！」

　　再如岳飛（1103-1142），少有大志，因為痛心朝廷偏安，所以早在二十四歲，就很有膽識的向高宗進言，指出政風之弊：

　　「有苟安之漸，無遠大之略，恐不足以繫中原之望，雖使將帥之臣戮力於外，終亡成功。」⑫

　　只是，當時欽徽二帝被俘，高宗私心自用，怎麼可能再迎回二帝，影響自己私利？所以後來，岳飛雖然奮勇報國，卻仍被奸臣秦檜以「莫須有」罪名殺害，卒年才三十九歲。

　　但是，岳飛卻因此成為中華民族的英雄，他所強調的「精忠報國」，以及「滿江紅」的壯懷激烈，都成為中華民族精神浩氣長存的象徵，可說是孟子追求統一、弘揚民族正氣的重要典範！

　　辛棄疾（1140-1207），堪稱另外一位「統派」的重要人物，他的詩詞洋溢著熱情，更充滿了愛國精神。

　　他在著名的〈賀新郎〉中，藉著恭賀新郎，抒寫心中愛國情操，被稱為詞中的「神品」：

　　「將軍百戰身名裂，向河梁回頭萬里，故人長絕。易水蕭蕭西

---

⑫　岳飛，《名臣奏表》下（北京：華藝出版社，1992 年），頁 658。

風冷，滿座衣冠似雪。

正壯士，悲歌未徹。啼鳥還知如許恨，料不啼清淚長啼血。

誰共我，醉明月？」

從這詞中，很可以看出他氣魄雄偉、意境沉鬱，深深表現出壯士心中的「浩然之氣」，因而被尊為「詞中之龍」。

近代美國大哲杜威（John Dewey），曾經在 1919 年 5 月到華訪問，於 1921 年 7 月離華。他在論述《中國日本與美國》的著作中，曾經特別指出，「分裂」對中國與外國均有害無益，只有統一，才有光明前途！

這是外國人中，很難得見到的智慧與胸襟。他說：

「從某一方面看，分裂的趨勢既有害於中國，也不利於列強。」❷❸

因為，「它很容易刺激列強干預中國內政的欲望與勢力。」❷❹所以他強調：

「如果中國有好幾個政治中心，那麼就會出現一個國家支持一個中心，另一個國家支持另一個中心的問題。」❷❺

這段論述與分析，很有哲學家的遠見，更有知識份子的良知；比起很多自我中心的西方學者，更具雍然大度，深值今天國際反華人士參考，也深值被利用「以臺制華」的臺獨人士反省！

---

❷❸　同❷，下冊，頁 198。

❷❹　同上。

❷❺　同上。

㈢王道之始

孟子曾經強調：「養生喪死無憾，王道之始也」，孟子對於「王道」，在此講得比孔子更明確、更真切、也更具體。

孟子這六個字，「養生喪死無憾」，看起來很簡單，但即使在今天，都很難做到。

因為，「養生」，起碼代表不能失業，如果失業，就沒法養生了。另外，很多老人家若失去子女、或無工作能力，沒有社會福利，也都是養生有憾。

另外，很多小朋友，如果是孤兒，沒有很好的成長環境，也是「養生有憾」。一般人如果家庭不正常、不穩定，都是養生有憾。

所以，要讓「養生」無憾，說時容易做時難，聽起來好像容易，做起來卻需要很多紮實的政策，都要能夠為民謀利。

至於「喪死」，就是辦後事，此中「無憾」有二個意義，一個是物質的，一個是精神的。

孟子所提「喪死無憾」，起碼先在物質上，讓家屬覺得沒有遺憾，不能草草了事。在經濟小康的社會，這還容易做到，只是喪事有厚薄之分、場面大小之分。

可是，精神上要讓一個人死而無憾，心情上沒遺憾，那就更加困難了。

姑且不論每個人生，各自可能有其遺憾，即以自殺為例，臺灣的自殺率，近來已高達世界平均的兩倍！這中間當然代表，很多自殺者心中有很大的遺憾甚至遺恨！

尤其，**臺灣經常發生家庭悲劇，很多竟然是家長帶著子女一起**

自殺，或者燒炭、或者跳樓、或者仰藥，此中明顯都有深沉的遺憾，他們心中，可想而知，都是充滿悲慨，充滿無奈！

所以，孟子在此所說「養生喪死無憾，王道之始也」，對「養生」與「喪死」這兩件人生大事，如果領導人能充份重視，能讓人民沒有遺憾，那就真正是「王道」之始了！

養生與喪死，同時包括物質建設，以及精神建設。用現代闡釋來說，就是民生建設，同時應包括經濟建設與心靈建設，要能通通無憾、心中寧靜，才算是王道之始！這是王道很具體的第一步。

然後，孟子強調，「裕民生，薄賦稅，止爭戰、正經界。」

這些也都與民生有關，非常務實，都是孟子在瞭解民間疾苦之後的對症下藥。

蕭公權曾指出，孟子「養民之論，尤深切詳明，為先秦所僅見。」❷⑥可說非常中肯。

另外，孟子提醒梁惠王，如果宮中養的馬很肥大，但在路旁，卻有災民餓死，那就形同「率獸食人」（〈梁惠王〉）。他也引述孔子反對冉求加稅，呼籲「鳴鼓而攻之」，並痛斥「善戰者服上刑」（〈離婁〉），對強權則批評為古之「民賊」（〈告子下〉）。凡此種種，均是以王道為共同的標準。

所以，蕭公權稱孟子最能闡發「民為邦本」之意，可說非常正確。

此外，孟子曾經很具體的指出：

「五畝之宅，樹之以桑，五十者可以衣帛矣；雞豚狗彘之畜，

---

❷⑥　同❹，頁 93。

無失其時，七十者可以食肉矣；百畝之田，勿奪其時，數口之家可以無飢矣。」

孟子說完這些物質生活之外，還進一步論述人文關懷：

「謹庠序之教，申之以孝悌之義，頒白者不負戴於道路矣。七十者衣帛食肉，黎民不飢不寒，然而不王者，未之有也！」（〈梁惠王上〉）

孟子在這裡講的「謹庠序之教，申之以孝悌之義」，顯然是指提昇教育，拉高到人文精神層次；「頒白者不負戴於道路」，讓頭髮斑白的人，不必揹重東西，否則老人在路上艱難的行走，那種情景，多麼令人不忍，這正是一種人文關懷！

另外，「黎民不飢不寒」，若用今天的話來說，「黎民」就是「遊民」，對於流浪的人，要讓他們不再飢寒。

以今天號稱進步繁榮的臺北，仍有很多遊民，經常在過年時，才能由慈善機構請吃一頓飯，那時人擠人的情形，顧不到尊嚴，看了同樣令人不忍！

所以，孟子講得很清楚，誰能讓這些遊民不寒不餓，誰就是「王道」！

這種「社會指標」，非常具體，也非常人道。所以這種王道，也與人道相通。

在家庭來說，此即孟子所說「仰足以事父母，俯足以畜妻子。」（〈梁惠王上〉）對上足以孝敬父母，對下足以照顧妻子。這種「家庭指標」同樣非常具體。因為，既不是空話，也不是口號，要能達到此目標，先要以富國利民做基礎。這在今天任何國家，都是很好的自我檢驗標準。

　　另外，孟子也特別指出，「域民不以疆界」，就是不要用疆界去限制人民，而要爭取民心，用仁政、行王道，讓各地人民都願意前來。否則，如果只用公權力，強行限制人民，那只能算霸道，不可能得民心！

　　今天明顯的例證，就是兩岸之間，李登輝以「戒急用忍」限制人民，民進黨更以高壓政策限制臺商，緊縮民間交流；並且一直阻撓直航，罔顧人民費時費錢的痛苦；這些都是想以疆界來「域民」，都是以力服人的「霸道」，絕對不可能長久！如此明顯違背孟子之道，肯定必會失去民心！

　　所以，孟子強調「王道」，就在呼籲「以德服人」、「以理服人」，而絕不能「以力服人」，這就是「王道」與「霸道」的根本區分！

　　因此孟子指出：

　　「以力服人者，非心服也，力不贍也；以德服人者，中心悅而誠服也，如七十子之服孔子也。」（〈公孫丑上〉）

　　孟子舉孔子門生七十二人為例，他們對孔子的佩服，是真正心悅誠服，既不是巴結權勢，也不是追求權位，更不是趨炎附勢。因為，孔子對於權勢、名利、官位，都沒有辦法給門生。

　　孔子所能給的，是人格的感召，是學問的感人，是風範的感動；是讓弟子們心悅誠服，從內心深處變化氣質，進而立定大志，從此脫胎換骨，充實心靈，可以頂天立地，充分實現生命潛能，成為「與天地合其德」的大人！

　　因此，任何政治家若能同樣做到這點，不用威脅利誘，而用理念理想感動民心，並用人格風範吸引民心，就是用王道、以德服

人，自然最能得到民心！

此即孟子所說：

「以德行仁者王，王不待大。」（〈公孫丑上〉）

換句話說，只要能夠行仁政、行王道，則土地不用太大，如同鑽石一樣，體積雖小，光芒卻大！中國強調「小而大」，英文也稱"small but great"，就是這個道理！

就此而論，大未必善，小未必差，大國如果霸道，照樣會失民心，小國如果王道，照樣可以天下歸心，深深值得今日重視！

㈣仁義治國

梁惠王曾經開宗明義問孟子，您老先生，不遠千里到我國來，對我們國家有什麼利益嗎？

孟子見梁惠王。王曰：『叟，不遠千里而來，亦將有以利吾國乎？』孟子對曰：『王何必曰利？亦有仁義而已矣。』」

孟子並進一步解釋：

「王曰：『何以利吾國？』大夫曰：『何以利吾家？』士庶人曰：『何以利吾身？』上下交征利，而國危矣！」（〈梁惠王上〉）

這段對話精神，正如同哈佛教授羅埃斯（John Rawls）的名著《正義論》（A Theory of Justice），開宗明義強調，要以「公平正義」取代「功利主義」，做為「社會體制的第一美德」，並且以此做為「社會制度的首要價值」。❷

---

❷ John Rawls, "A Theory of Justice", Harvard University Press, 1971.中譯引自《西方政治思想》，頁 241。

　　所以，羅爾斯主張「公義第一」，對孟子可說是現代知己，而且，來自一向強調資本主義的功利美國，非常難得；然而，孟子比他早了二千三百年提出，更加不容易！

　　孟子在此主要論點，在於提醒世人，如果「上下交征利」，國家就會危險；因為如果大家只以自我為中心，各自急於謀取私利，又以貪婪之心，先利後義，「苟為後義而先利，不奪不饜。」（〈梁惠王上〉）社會就會物欲橫流，充滿紛爭！

　　但是，對於這段內容，我們也不能簡單地看成，孟子只講仁義，不講利益。

　　因為，他是從更大的全民利益來看，為了維護社會和諧，必須先義而後利。

　　尤其，孟子指出，如果上下交征利，則國家會變得危險；這是從更大的切身利害打動梁惠王，也是從梁惠王本身最關心的國家利益說明。

　　由此可見，孟子一方面很懂得說服的藝術，能從對方心裡與利益著想，二方面同時能達到他的說服目的：強調仁義！

　　羅埃斯在此論點，部分與孟子也很相通。

　　因為羅埃斯認為，社會各分子雖然也有利益一致的合作面，但同時存在利益衝突，由於每人都希望自己的利益分配，能夠更大、更多，這就形成孟子所說的「苟為後義而先利，不奪不饜。」

　　因而此時，大家一定要有「社會正義原則」，才能保障社會秩序和諧。這種論點，一言以蔽之，就是反對「先利然後義」，可稱「義者，利之和也」。

　　《易經》在「元亨利貞」中，曾經強調，「利者，義之和

也」，看似倒裝句，其實精神完全相通。

因為，西方民主政治基本上是以照顧「個人」合理權益出發。所以，只要個人利益不致貪婪氾濫，就是人性之常。重要的是，要能調和眾多的「個人」利益，互相不致衝突，才能真正維護共同利益，這也是一種「義」。

這就是盧梭所說，「社會契約論」（social contract theory）的精神。同時也正是羅埃斯所說的「社會正義」（social justice）。

孟子也是相同精神，他並不是不講利，而是要為民眾謀取更大的利益，這才符合公義。所以孟子在許多地方都強調，君主應照顧老百姓，要為老百姓謀福利，這才符合「仁義」。

孟子還曾經問，「王道」是什麼？他用最簡要的民生內容指出：

「七十者衣帛食肉，黎民不飢不寒，然而不王者未之有也。」（〈梁惠王下〉）

這些都是「利民」的事情，都是講究「利」的。如果國家貧窮，財政不好，沒有經費，哪有社會福利？哪裡能夠幫助老百姓，哪有能力落實「仁義」？

所以，「仁義」不能只是空洞口號，不能只是抽象理論；「仁義」，要能以不忍人之心為基礎，並能以「利民」為方法。此即孟子所說：

「有不忍人之心，斯有不忍人之政矣。以不忍人之心，行不忍人之政，治天下可運之掌上。」（〈公孫丑上〉）

根據孟子這種精神，「利民」絕不能任由小我的私利泛濫，而要能謀取大我的公利。這種大我的公利，自然就是正義的總和，也

就是易經所稱「利者義之和也」。

換句話說，大利是指大我之利，亦即公利公益，這「公益」，必定符合「大我」利益，當然就是「正義」。

此中先決條件，在於私心不能太過，如果私利妨害了公利，自然也就妨害了公益，當然也就破壞了正義。

民主政治在經濟上，必定保障私有財產與私人權益，中共在改革開放後，對此逐漸體認，所以在十七大後，也立法保障私有財產，今後如何兼顧公私的行衡原則，應是施政主要重點。

另外，在羅埃斯的《正義論》中，還特別強調，「正義的第一原則優於第二原則」，亦即「機會平等原則優於差別原則。」❷❽這與孔孟之道也是不約而同，極能相通。

因為，孔子強調的王道，首先人人要有平等的教育機會，有平等的「庠序之教」，在此即能契合。

另外一位教授哈佛諾齊克，曾對羅埃斯進一步的補充，他強調：

「如果社會中人人的持有都是正義的，那麼這個社會的持有整體分配，也就是正義的。」❷❾

此亦《易經》所稱，「利者，義之和也」，如果人人的持有都符合正義，個別正義能夠形成整體和諧，則社會的大利，也就是正義的總和。

所以，孟子在此的意思，並不是抹煞個人私利，而是必須把公

---

❷❽　同上，頁244。

❷❾　同上，頁263。

義講在前面，私利放在後面，避免上行下效，一開口就是本位主義，只看到自己的小利，沒看到整體的公義。

當然，君主講「利」，可能是講國家利益，這是正常的──所以嚴格來看，梁惠王立意並不能算錯，因為他問的是，何以利「吾國」？而不是何以利他「個人」？

這正如同現代國際政治，沒有哪個國家，不是先講自己國家利益。所以英國人的外交哲學即是：「世界上沒有永遠的朋友，也沒有永遠的敵人，只有永遠的利益。」這就是國際政治，各自講國家利益的現實面。

然而，即使如此，任何國家也不能只看到自己國家的「小利」，而忽略整體國際社會的「公義」；否則就會成為德國法西斯主義，或日本軍國主義，它們為了爭奪自己的國家利益，而去侵略他國，就是把自己的利益，建築在他國的痛苦上。如此既破壞了世界和平，也破壞了國際正義！

所以，根據孟子，君王講「利」，固然不能說錯，但絕不能犧牲他國的利益；這樣一來，「正義」原則也同樣出來了，證明在國際社會中，同樣要講社會公義！

另外，根據孟子，君王講「利」，應該以人民的共同利益優先，而不是以君王的私人利益優先；因此，「仁愛」（humanity）的原則也出來了。

所以，「仁」和「義」的精義在此出現：「仁」，代表以人民為優先；「義」代表以正義為優先；因此《易經》才說，「利者，義之和也」，此處講的利是「大利」，就是各種個別正義的總和。

換句話說，這種「仁義治國」，絕不徒具空言，而能真正照顧

人民，為民謀利，並且符合公義，至今都有重大的現代意義！

㈤保民而王

孟子的王道，來自於「得民」，因此可稱為「保民而王論」。

梁惠王問：「德何如則可以王矣？」孟子回答曰：「保民而王，莫之能禦也。」

孟子進一步的分析：

「無恆產而有恆心者，惟士為能。若民則無恆產，因無恆心。苟無恆心，放僻邪侈，無不為已。及陷於罪，然後從而刑之，是罔民也。焉有仁人在位，罔民而可為也！」

所以孟子說明：

「是故，明君制民之產，必使仰足以事父母，俯足以畜妻子；樂歲終身飽，凶年免於死亡。然後驅而之善，故民之從之也輕。」

然後，孟子再從反面申論：

「今也制民之產，仰不足以事父母，俯不足以畜妻子；樂歲終身苦，凶年不免於死亡。此惟救死而恐不贍，奚暇治禮義哉！」（〈梁惠王上〉）

所以，孟子講「保民」，強調先要有「恆產」，孟子可說是歷史上第一人，具體的提到：有恆產的人，才會有恆心。

這也就是現代社會所說「安居樂業」；因為，一般老百姓沒有恆產，就沒有歸屬感，也沒有安全感，因此心中不能安定，沒有恆心。

所以，孟子認為：先要能安居，才能樂業；先要有一個家，心情才會安定；否則，如果沒有一個家，生活不能長久安頓，心靈也

就不能安頓，永遠覺得是在漂泊。

中國早從三代，就有明確的「保民而王」思想傳統。因此《尚書·皋陶》篇中，夏代大臣皋陶曾經向大禹提醒：

「都，在知人，在安民。」

這兩項，也成為中國政治哲學很重要的共識。

大禹當時回應：

「知人則哲，能官人；安民則惠，黎民懷之。」

直到今天，這都是安邦定國的兩大支柱：一方面要能知人善任，才能管理眾「人」之事；二方面要能安民保民，民眾才會歸心。

到了周公，更提醒成王，要能多拜訪大哲請益，才能啟迪人民安康，才能得知天命：

「弗造哲，迪民康，矧曰其有能格知天命。」（《尚書·大誥》）

周公在告誡弟弟康毅時，也曾強調，要多學習古代哲王的「用廉保民」（《尚書·康誥》）。他並經常引述文王風範，作為例證：

「文王卑服，即康功田功。徽柔懿恭，懷保小民，惠鮮鰥寡。自朝至於日中昃，不遑暇食，用咸和萬民。」（《尚書·無逸》）

換句話說，周公強調，文王的穿著非常謙卑，與民眾都一樣，而且很關心農民、用心農務，心中永遠關懷老百姓；他自己並且從早忙到晚，忙於照顧各方民眾，因而無暇好好吃飯。

事實上，周公自己也是同樣精神；他吃一頓飯，要中斷三次以接見民眾，連洗個頭髮，也要中止三次，握著濕髮，與民眾談話。

周公用這種精神照顧人民，正是孟子所說「保民」愛民的真正

典範，也是真正「王道」的具體例證！

所以，周穆王也曾提到，領導人一定要為人民設想，「思其難以圖其易，民乃寧。」（《尚書·君才》）

領導人要時刻瞭解民間的生活艱苦，幫助人民生活寬鬆，人民才能安定安寧。

因此，孟子很早就體會到「保民」的重要性；他講：

「明君制民之產，必使仰足以事父母，俯足以畜妻子；樂歲終身飽，凶年免於死亡。」

換句話說，孟子強調，英明的君主，一定要使民眾的收入，足以對上侍奉父母、對下撫養妻子；在飢荒的時候能有儲蓄，景氣不好的時候，還有儲蓄可以撐過，景氣好的時候，可以過一個好年。

這種民生基本需求，一點也不過份，而且都很具體；即使在今天，很多社會都難以做到。

因為，以一個中產家庭而論，只靠一個人的薪水，能夠養父母嗎？再加上妻子，足夠養活嗎？如果再加上子女，明顯就更吃緊。所以通常要靠兩份收入，並且還需辛苦工作才行。

所以孟子指出，「保民而王」，只要能夠做到這些，然後擴大關心對象，「老吾老以及人之老，幼吾幼以及人之幼」，那天下歸心就可運於掌中！

換句話說，如果一個賢明政府，能夠讓人民撫養自己的老人，然後還有餘力幫助別的老人，能夠照顧自己小孩，然後還有餘力照顧別人的小孩，那就真正廣得民心，天下盡在掌中了！

孟子這些主張，都是從很切身、很具體的民眾生活談起，所以他所講的得民心，既不是靠軍事，也不是靠外交，而是靠經濟，主

要靠民生！一直到今天，都很有啟發性！

㈥與民同樂

孟子曾經用對比手法，與梁惠王有一段重要對話，指出「與民同樂」的重要性：

孟子先說，如果民生困苦，生存都有困難，卻還聽到君王出去打獵音樂，心中會有什麼感想？肯定皺著眉頭，心中充滿怨恨：

「臣請為王言樂。今王鼓樂於此，百姓聞王鐘鼓之聲，管籥之音，舉疾首蹙頞而相告曰：『吾王之好鼓樂，夫何使我至於此極也！父子不相見，兄弟妻子離散。』今王田獵於此，百姓聞王車馬之音，見羽旄之美，舉疾首蹙頞而相告曰：『吾王之好田獵，夫何使我至於此極也！父子不相見，兄弟妻子離散。』此無他，不與民同樂也。」

然而，如果人民生活安康，全家幸福，此時聽到君王打獵，一定會為君王身體健康而高興：

「今王鼓樂於此，百姓聞王鐘鼓之聲，管籥之音，舉欣欣然有喜色而相告曰：『吾王庶幾無疾病與？何以能鼓樂也？』今王田獵於此，百姓聞王車馬之音，見羽旄之美，舉欣欣然有喜色而相告曰：『吾王庶幾無疾病與？何以能田獵也？』此無他，與民同樂也。今王與百姓同樂，則王矣。」（〈梁惠王下〉）

此中最重要的關鍵，就在君王要能將心比心，先為人民生活着想，要能與人民同甘共苦。

所以孟子再問梁惠王：

「獨樂樂，與人樂樂，孰樂？」梁惠王回答：「不若與人。」

孟子再問：「與少樂樂，與眾樂樂，孰樂？」王再回答：「不若與眾。」

上述整段精華在於：「獨樂樂不如眾樂樂」，形成很高的民本境界。

孟子很清楚，領導人如果能與民同樂，一則代表身段柔軟，真正以民為貴，二則代表能與民眾打成一片，三則更代表能與民眾同甘共苦；即使在今天，都一定能深得民心！

所以，蕭公權稱，孟子「與民同樂」主張，「陳義尤為精當高明，實孔子之所未及。」❸⓿

這令筆者想起，丹麥哥本哈根著名的皇家花園 Tivoli，剛進去大門左邊，是個很大的中國式劇場，為宮殿式建築，布景是個孔雀開屏，上面有個橫匾，寫了四個大字，即孟子的「與民同樂」！

筆者曾在 1978 年夏天親訪丹麥，看到這個橫匾。當時筆者覺得很新奇，就問身旁當地人，為什麼會有這四個字？他們回答，丹麥王室非常欽佩中華文化，尤其心儀孟子，所以一直學習孟子，希望做一個仁君。他們最喜愛的，就是孟子這一句話，「與民同樂」！

當地民眾說，那個花園本來是皇家花園，王室因此特別開放給民眾，並且興建開放式的劇場，讓民眾都能共同欣賞娛樂。此中精神，就是孟子「與民同樂」的精神！

這很令人驚喜，更令人欽佩，因為孟子的號召，居然可以達到遙遠的北歐丹麥，即使在 21 世紀，此中仍有很感人的政治風範！

---

❸⓿　同❹，頁 93。

　　孟子此處所講「與民同樂」，還有更深一層的警示，那就是如果君王平日不關心民眾生活，當民眾生活貧困時，君王還天天吹著號樂、出去打獵，人民心中就會痛恨，責怪君王：那裡還有興致打獵取樂？難道不知道老百姓生活痛苦，已經都妻離子散嗎？

　　然而，如果君王平日非常照顧老百姓生活，非常關心人民，民間也都安康樂利，那麼，當老百姓聽到王室音樂，看到君王出來打獵，一定會樂見國王身體如此健康，還能打獵運動！

　　所以，同樣是君王出巡打獵，人民卻有不同的感受，其中分野，就在君王能否「與民同樂」？

　　這就說明，領導者一定要跟老百姓打成一片，老百姓才會回饋與肯定！

　　用今天的情況來講，人民一看到警察封鎖交通，就知道領導人要路過；如果人民生活都很好，會覺得「領導車子經過，代表今天沒有生病」，為他（她）的健康感到高興。

　　但是，如果人民生活困苦，頻頻有自殺事件，根本活不下去，那麼，看到領導車隊呼嘯而過，妨礙人民交通，心中就會反感與氣憤！

　　臺灣在「白曉燕綁架案」時，臺北縣原希望動用警力，在第一時間儘快找到兇手，但因為大批的警力，都奉命去維護李登輝打高爾夫球，任由兇手陳進興逃竄，危害整個社會；所以當人民事後知道真相，心中更生厭惡，即為同樣例證！

　　如今情形，臺灣電視經常出現家庭悲劇，或是父子自殺、或是祖孫自殺，都活不下去，但另外的畫面，卻又出現政治高層生活奢華，歡樂休假！社會有這樣強烈的對比，當然就會失去民心！所以

孟子說的好：

「樂民之樂也，民亦樂其樂，憂民之憂者，民亦憂其憂。樂以天下，憂以天下；然而不王者，未之有也。」（〈梁惠王下〉）

換句話說，如果領導人能以民之所好好之、民之所樂樂之，充分體認民本的重要，才能真正得到民心；若能如此得到民心，那就沒有不成功的仁政！

尤其，孟子強調「民為貴，社稷次之，君為輕」，這在二千多年前，是非常了不起的開明思想；二千多年前，西方柏拉圖與亞里斯多德等大哲學家，當時還只談到「公民」有權，卻仍然抹煞了奴隸，忽略了奴隸也是民，也是「民本」的基礎！

一直到近代，十七、八世紀的法國大革命，開始講自由、平等、博愛，才慢慢出現民主思想。

只是，孟子所說「民為貴」、「君為輕」，直到現在，臺灣仍未完全落實。

因為，從李登輝到陳水扁，如果人民對其批評，就會被御用人士斥為「不尊重國家元首」。但是，什麼叫做國家元首？國家元首就是「公僕」，仍然是人民的僕人，當然應以民為重、以民為先！

用今天的話講，孟子的主張，就是「人民優先，國家次之，總統最後」。因此，人民怎麼不能批評總統呢？

直到現在，民進黨還經常宣傳，「國家安全優先」，這話誠然不錯，問題是，「國家安全」在很多集權者口中，通通變成迴避監督的藉口，影響人民權益很大！

所以，對於尊卑順位，孟子在此講得很清楚：人民最貴，國家次之，總統最輕！

換句話說，國家是為了人民而存在；不能倒過來說，人民為了國家而存在。孟子這種精神，即使在今天，都是很了不起的民主素養！

尤其，從前君主如何生存？現在公僕如何生存？全都是靠人民的納稅錢。所以，為什麼總統要聽人民的？從經濟來講，也因為總統的薪水，都是人民給的納稅錢！尤其在民主政治裡面，人民是納稅人，所以人民才是真正主人！

(七)憂患興國

孟子對於人生苦難，有很深沉的體認，並有很豁遠的心胸；所以他曾強調：

「天將降大任於斯人也，必先苦其心志，勞其筋骨，餓其體膚，空乏其身，行拂亂其所為，所以動心忍性，曾益其所不能。」

然後他並指出：「唯孤臣孽子，其操慮也深，其持志也危，故達」，這是對精神磨練很好的啟示。

另外，他對國家生存發展之道，更進一步提醒世人，「國無內憂外患者，國恆亡。」結論更是「生於憂患，死於安樂」！

所以孟子認為，真正勇者與智者，必能把壞事轉變為好事，因為在苦難中，人格可以更加成熟，精神可以更加堅強，這才真正能夠扛大任，做大事！

中華民族在全世界歷史，有一個重要特色，那就是從來沒有亡過，只有朝代的更替，沒有民族的滅亡！

難道中國從來沒有碰過苦難嗎？當然有，而且很多！但是，正因歷經苦難，所以更能激勵仁人志士的憂患意識，更能堅忍努力、

奮發圖強！這正是孟子所說「生於憂患」的深刻哲理！

　　孟子雖然沒有提過《易經》，可是他很懂得《易經》在此的精義。

　　因為，「憂患」二字最早出現，就是在《易經》裡，孔子所說「作易者，其有憂患乎？」

　　孔子這話，也說明他並不是創造《易經》的作者，而是很有智慧的申論者。《易經》作者是誰？主要就是文王。

　　文王因為被紂王迫害入獄，所以化悲憤為力量，在獄中演易；易經的時代，也正是武王伐紂的時代。到了孔子，再加以闡揚詮釋，擴充成為「十翼」。

　　所以，孔子以其深厚智慧，才能看出，《易經》是在充滿憂患意識之下的作品，是仁人志士在憂國憂民下，苦思如何突破困局的寶典。

　　這種苦思心志，是文王作易的初衷，也是孔孟特別弘揚的民族精神！

　　正因中華民族深具這種堅忍自強的精神，所以才能在多難中興邦，不屈不撓，愈挫而愈勇！

　　因此，易經第一個卦——乾元，就是強調要生生不息；「天行健，君子以自強不息」；愈在艱困、逆境之中，愈要能夠奮發圖強，自強不息！

　　易經緊接著第二卦，就是坤元，「地勢坤，君子以厚德載物」，就是提醒世人，要能任勞任怨，忍辱負重，就像母親一樣，為了子女，可以受盡苦難，受盡折磨，但仍咬緊牙關，堅百忍以圖成！

　　乾坤二卦，合而言之，就是「自強不息」和「厚德載物」並建的精神，形成中華民族的精神特色，也成為清華大學的校訓。

　　近代《荒漠甘泉》中，也有很多名言，足以顯示東西聖哲精神在此完全相通：❸

　　「神願意造就一個有用之才，就把他放在風雨之中，讓他經過風雨的生活。」

　　另外《荒漠甘泉》強調：

　　「苦難是逼迫輪船前進的必需品，正如船中爐火，是使船行駛的必需品。」（同❸）

　　《荒漠甘泉》更曾指出：

　　「凡是被神大用的人，都經過憂愁。」

　　文中並且進一步提醒世人：

　　「一切偉大的事業上面，都有苦難的痕跡。」

　　凡此種種，均與孟子所說「天將降大任於斯人也，必先苦其心志」，完全相通。

　　事實上，西方早在蘇格拉底也曾強調：

　　「逆境，是磨練人生的最好學府。」

　　另外，英國詩人拜倫（Lord Byron）也曾強調：

　　「逆境是邁向真理的第一條道路。」

　　法國文豪羅曼羅蘭，並曾提醒仁人志士：

　　「不經重大的困難逆境，就不會有偉大的事業！」

---

❸　《荒漠甘泉》，考門夫人原著，王義雄編（聖經公會印行，2002 年），頁185。

音樂家貝多芬更曾語重心長指出：

「逆境中的苦難，是人生的老師。因此，我們沒有必要抱怨逆境，也沒有必要怨嘆苦難。逆境與苦難，正是啟發我們偉大潛力的最好老師。」

太史公司馬遷，更曾用真人真事為例證，說明他們用血淚完成的永恆名作，都是在苦難之中所進行：

「文王拘羑，而演《周易》；

仲尼厄陳，而作《春秋》；

屈原放逐，乃賦《離騷》；

左丘失明，厥有《國語》；

孫子臏腳，而論《兵法》；

不韋遷蜀，世傳《呂覽》；

韓非囚秦，〈說難〉、〈孤憤〉；

詩三百篇，大抵賢聖發憤之所為作也！」

這正如同尼采所說，「所有作品中，我最愛用血所寫成的」！

上述種種真實的血淚故事，都印證了孟子所說「生於憂患」的精神，充分提醒世人，在憂患之中要更能奮發圖強，因為在動心忍性之中，更能增益其所不能，更能發揮最大潛能！

上述文王被紂王拘禁，反而能化悲憤為力量，在牢獄中演易；孔子被困陳蔡，反而能寫出生平唯一著作《春秋》——孔子生平本來述而不作，因為此次逆境，反能完成千古不朽的春秋大義！

另外，屈原被貶受冤，「黃鐘毀棄，釜瓦雷鳴」，反能寫出名作《離騷》，左丘明失明，反能專心完成永恆名著《左傳》！

此外，孫臏因為殘疾，反能發憤努力，完成不朽的《兵法》！

呂不韋到四川，世間才能流傳《呂氏春秋》；韓非命運坎坷，受知於秦王，遭到李斯嫉妒被關，才有機會去完成〈說難〉、〈孤憤〉等等。

尤其，整個詩三百首，歸根結柢，都是聖賢在困境中發憤之作，也就是在逆境中力爭上游之作！

凡此種種，都是用生命與血淚，印證了孟子很早所講的至理：「生於憂患，死於安樂！」

這就說明了，憂患與苦難，對於英雄豪傑，反而是激勵奮鬥意志的最大動力！

到了文天祥，更在《正氣歌》中，直接引述孟子「浩然之氣」，然後列舉歷代的代表性人物，充分弘揚他們的正氣精神，形成中華民族的精神特色，至今仍有重大的啟發性！

因此，在今天黑暗時代之中，我們研究中華聖賢的奮鬥過程，更需要發揚孟子這種精神，秉承憂患意識，共同堅忍自強，才能共同突破黑暗，再次開創光明！

(八)人有四端

孔子很早即曾強調：「性相近，習相遠」(《論語·陽貨》)，指出人性的可塑性以及向善性；到了孟子，更進一步指出，人有「善端」「仁義禮智，非外鑠也，我固有之也。」(〈告子上〉)屬於良知良能。

根據孟子，為政之道，就應該發揚這種人性中的善根 (不忍人之心)，使其整個良知良能，可以充分實現；然後透過政治理想與教育政策，讓整個國家，都能成為充滿光明的文化價值園地。

所以孟子說：

「人皆有不忍人之心。先王有不忍人之心，斯有不忍人之政矣。以不忍人之心，行不忍人之政，治天下可運之掌上。」

雖然荀子認為性惡，「人之性惡，其善者偽也。」（《荀子・性惡》）但仍同樣注重教育的矯正功能。

由此可見，儒家對教育的重視，至今仍很有啟發性。

孟子認為，人有四端，是「惻隱之心」、「羞惡之心」、「辭讓之心」、與「是非之心」。如果能夠充分發展這四端，就足以保四海，如果不能發展，甚至不足以事父母！

所以孟子說：

「無惻隱之心，非人也；無羞惡之心，非人也；無辭讓之心，非人也；無是非之心，非人也。惻隱之心，仁之端也；羞惡之心，義之端也；辭讓之心，禮之端也；是非之心，智之端也。人之有是四端也，猶其有四體也。」

然後他進一步強調：

「有是四端而自謂不能者，自賊者也；謂其君不能者，賊其君者也。凡有四端於我者，知皆擴而充之矣。若火之始然，泉之始達。苟能充之，足以保四海；苟不充之，不足以事父母。」（〈公孫丑上〉）

另外，孟子在〈盡心篇〉也指出，良心良能非常重要，處於政風敗壞、人性泯滅的黑暗時代，這尤其是正本清源的根治之道。因此他說：

「人之所不學而能者，其良能也；所不慮而知者，其良知也。」

他並指出：

「親親，仁也；敬長，義也。無他，遠之天下也。」

所以孟子非常重視「求其放心」，他認為很多人因為外在環境影響，才會失去良心，如同「一曝十寒」；因而需要經常喚醒良心，激發人性中本有的惻隱之心、羞惡之心、辭讓之心、與是非之心，才能提昇靈性，展現人性的光明。

雍正皇帝曾經指出，「公門裡面好修行」，因為人在政府機構，只要心中常存慈悲的善念，就能拯救更多民眾，功德更加無量！

然而，巴爾札克的感慨也很有道理：「官僚組織是個鉅大的機構，由一群無所用心的人所操縱。」

的確，如果政府淪為一群無所用心的人所操縱，變成不用心、沒愛心、無良心的官僚機構，人民就會共同受害！

所以，「仁政」必先來自仁心，也就是要首先「求其放心」，把失去的良心能找回來！這對今天政府的公務員，尤其司法人員，實在深具啟發作用！

俄國文豪托爾思泰（Tolstoy）在日記中，特別欣賞孟子這段，並且稱讚「好極了」！

他說：

「1884 年 4 月 9 日⋯⋯開始讀孟子，很重要，很好。「孟子教導說，要像把失去的東西找回來那樣，去尋找失去的心」好極了！」㉜

㉜　托爾斯泰，同⑫，下冊，頁 181。

當然，很多心術不正、只靠騙術治國的人，他們從來不敢面對人的善根、也不敢面對良心，反而專從負面看人性，然後再利用人性弱點，做為鞏固私欲權位的鬥爭工具，這種罪惡更加嚴重！

就此而言，他們沒有激勵人性中善良的四端，反而利用人性中的四項弱點：「恐懼之心」、「貪婪之心」、「仇恨之心」、「好奇之心」。

因此，他們利用「恐懼之心」，迫害異己，打壓忠良；並用「仇恨之心」，挑撥族群、撕裂社會；再用「貪婪之心」，賄賂他人，收買靈魂；同時還用「好奇之心」，製造謠言、醜化他人！

這正如同希臘神話的人性觀，認為人性屬於「神魔同體」（God-Lucifer）。

然而，從孟子來看，即使人性脆弱，有上述的弱點，可能會被野心家運用，但只要能善養浩然正氣，就仍然能夠「求其放心」，仍然能喚醒良心，充分激發人性的光明潛能！

有些奸巧政客，可能認為孟子此說迂腐，但從長遠來看，這仍是最受廣大人民肯定的正途，深深值得大家重視，善體孟子的苦心，絕不放棄人性與良心！

另外，孟子也很強調「未雨綢繆」的重要性，他並曾引述詩經一段內容：

「詩云：『迨天之未陰雨、徹彼桑土，綢繆牖戶。今此下民，或敢侮予！』孔子曰：『為此詩者，其知道乎！』能治其國家，誰敢侮之？！今國家閒暇，及是時，般樂怠傲，是自求禍也。禍福無不自己求之者。」

然後，他進一步的說明：

「詩云：『永言配命，自求多福。』太甲曰：『天作孽，猶可違；自作孽，不可活。』此之謂也。」（〈公孫丑上〉）

這段話提醒領導人，治國要有前瞻性，保國更要有預防性。用現代語言來講，就是要有「預防性的國防」、與「預防性的外交」，要能夠防患未然，才能及早防止邪惡力量成長得逞。

孟子在此所說：「迨天之未陰雨、徹彼桑土，綢繆牖戶。」代表在天候沒有陰雨的時候，小鳥就會去找一些土壤，來修補窗戶的破洞，如果能夠做到這一步，那誰敢欺負這隻鳥呢？誰能動這個鳥窩呢？連小鳥都知道，要能防患未然，才能保衛家園，人們怎麼會不知道呢？

所以，詩經這一句話，「今此下民，或敢侮予！」至今都很有啟發意義！

孔子看了詩經這話後，曾經感嘆，寫這首詩的人，才是真正能治國的人才。因為，治理國家，一定需要如此，「能治其國家，誰敢侮之」？

換句話說，領導人治理國家，如果能先做好所有的防範措施，那還有誰敢欺負你？

因此，孟子同時引用太甲所說：「天作孽，猶可違；自作孽，不可活」。他特別警示世人，對於可以操之在己的事、可以事先預防的事情，如果都沒做好，那能怪誰呢？

根據孟子精神，治理國家，一定要能未雨綢繆，有備無患，不能把國家前途，寄託在別人的承諾或善意上。因為「不怕一萬，只怕萬一」，自己要做好所有準備，要有最壞打算，但也要有最好的準備！

唯有如此，才能預防一切意外，戰勝一切挑戰，這才是真正勝利成功之道！

㈨行五仁政

孟子曾經很具體的論述五項仁政，說明他很務實，真正以民為本。他強調，若能做到這五項，「然而不王者，未之有也」：

「尊賢使能，俊傑在位，則天下之士，皆悅而願立於其朝矣。市廛而不征，法而不廛，則天下之商，皆悅而願藏於其市矣。關譏而不征，則天下之旅，皆悅而願出於其路矣。耕者助而不稅，則天下之農，皆悅而願耕於其野矣。廛無夫里之布，則天下之民，皆悅而願為之氓矣。」

然後，他進一步指出：

「信能行此五者，則鄰國之民，仰之若父母矣。率其子弟，攻其父母，自生民以來，未有能濟者也。如此，則無敵於天下。無敵於天下者，天吏也。然而不王者，未之有也。」（〈公孫丑上〉）

事實上，這五項仁政，就代表了五種行業，第一個是知識界、第二個是工商界、第三個是旅行界、第四個是農民界、第五個是市井界。

在這五項仁政之中，孟子最注重的第一項，便是知識界。所以，孟子強調，要尊重有能力的人才，任用有能力的人才，使天下的知識分子、知識界，都很高興的站在你這邊，才是成功王道。

如果明君都能做到「尊賢使能，俊傑在位」這八個字，那麼，知識界都會很擁護。用今天的話講，領導人若能尊「賢」使「能」，任用的人都是俊傑之士，人民自然就會充滿信心，心服口

服，不但精神一振，而且認為氣象一新！

但是如果相反，領導人聘用的總統府資政、國策顧問，很多只是政治的酬傭，既不是賢者、也不是能者，而是靠關係、講特權，那麼知識界當然就不願意共同為伍。

所以，孟子曾經強調，「善政不如善教之得民也。」一方面證明他仍以「得民心」為最重要工作；二方面證明，他最重視教育的功能。此其所謂：

> 「善政不如善教之得民也。善政，民畏之；善教，民愛之。善政得民財，善教得民心。」（〈盡心下〉）

由此可證，孟子對知識界的重視，列為優先尊重對象，至今仍然很有啟發性！

第二是工商界──孟子強調「市廛而不征，法而不廛，則天下之商，皆悅而願藏於其市矣」。

因為，就工商界來講，怎麼樣才能讓他們高興、願意投資？「廛」是講房捐，用現代話來講，政府如果徵了房屋稅，就不要再徵貨物稅；如果徵了貨物稅，就不要再徵房屋稅。簡單地說，就是政府應該減輕工商賦稅，才能稱為「王道」。

因為，所有的商人都重實利、而且非常敏銳；看那裡有利潤、成本低，就往那裡。此即所謂「殺頭的生意有人做，賠錢的生意沒人做」！

那麼，如何向全世界招商、讓商人願意來？首先，賦稅就要低，用今天的話講，就是要有「獎勵投資條例」。李國鼎先生能開創臺灣的「經濟奇蹟」，重要原因就是實施很多獎勵投資措施，以及減免賦稅的辦法；孟子對此早就提過，充分證明，至今仍然非常

重要！

第三是旅行界——此即孟子所說「關譏而不征，則天下之旅，皆悅而願出於其路矣」。

「關譏而不征」，代表在海關只查可疑的人，而不去課徵雜稅。政府只查可疑分子、恐怖分子，而不能在關卡用一大堆名義課稅刁難，否則人家就不來了。

所以孟子強調，如果海關只查可疑的人，絕對禁止巧立名目，收取任何苛捐雜稅，就會有各方旅客爭著湧進，「天下之旅，皆悅而願出於其路矣」！

第四是農民界——此即孟子所說：「耕者助而不稅，則天下之農，皆悅而願耕於其野矣」。

「耕者」就是農民，根據孟子，政府應該幫助農民，不要徵稅。那麼，天下農民都會願意到此耕種，都願意作此地的農民。

例如，從前「臺灣奇蹟」之中，政府幫農民，供應灌溉水、提供貸款、提供種子等等，都很方便。而且必要時能輔助農民，貼補農民，萬一欠收或天災，政府還用經費補償，絕不增加農民負擔，農民因此都很高興而歸心。

中共在十七大以後，也對農民全面免稅，可稱大手筆，也很獲好評。所以孟子講的王道，不是空話，而是非常務實、均實可行的王道！

第五是市井界——對小市民，「廛無夫里之布，則天下之民，皆悅而願為之氓矣」。

「廛」，就是房捐，孟子強調對小市民，不要亂徵稅，例如征了房捐，就不要再征土地捐，不要再收任何苛捐雜稅。要能如此，

天下的小市民，都願意歸心為民。

　　大陸剛開始對外開放初期，有些臺商去經營，感到很不習慣，因為各種稅收太多，臺商心中非常痛苦；後來中共聽取建議之後，進行各種改革、減輕賦稅，取消不合理的徵稅，這種情況即逐漸改進，目前很多就已形成「雙贏」。

　　綜合而言，孟子上述所論五種領域，所提爭取人心之道，四種都跟賦稅有關，可見稅賦不公、或課稅太重，歷來都是人民最大的痛苦！仁者必需重視改進，才是真正王道。

　　尤其，公教人員領固定薪水，一毛錢稅都跑不掉，但是很多富豪金牛，卻動輒能逃漏幾億，這明顯不公平！人民感到不公平，心中當然就不服氣，政府當然就得不到民心！

　　從前很多人誤以為，儒家只會空談心性，不談實際問題，明顯是種誤解。孔子強調，為政之道，對人民要先「富之」，孟子更提供很多「王道」的具體方法，做為爭取民心之道，可見到今天，仍然很值得重視與力行！

(十)人和至上

　　孟子指出，從政必須注重人和，他也強調，要能「與人為善」，這就代表一種容人的胸襟，也代表一種用人的氣度，更代表興國應有的恢宏眼光。

　　所以孟子曾說：

　　「天時不如地利，地利不如人和。」

　　他並舉例說明：

　　「三里之城，七里之郭，環而攻之而不勝；夫環而攻之，必有

得天時者矣；然而不勝者，是天時不如地利也。城非不高也，池非不深也，兵革非不堅利也，米粟非不多也；委而去之，是地利不如人和也。」

另外，孟子非常重視爭取民心，所以他也指出，「得道者多助」：

「域民不以封疆之界，固國不以山谿之險，威天下不以兵甲之利。」

他也進一步分析：

「得道者多助，失道者寡助；寡助之至，親戚畔之；多助之至，天下順之。以天下之所順，攻親戚之所畔：故君子有不戰，戰必勝矣。」（〈公孫丑下〉）

孟子在此所講，「得道者多助，失道者寡助」，這個「道」，代表了公道，也代表王道，代表大道，也代表人道。

孟子並曾以大禹與舜為例，強調「君子莫大乎與人為善」。用現代的話說，就是領導人要很有「同理心」（EQ），善於為別人設想，善於同情理解，善於將心比心，那就必能爭取更多朋友，獲得更多民心！

事實上，這也正是孔子所講「忠恕之道」的一貫精神，也是「規矩之道」的相同道理。領導人如果能夠凡事為人民著想，就一定能四海歸心，廣泛贏得民心！

反之，如果領導人處處又從自我中心著想，既驕傲又吝嗇，苛薄寡恩，那麼即使有周公的美貌與才能，也沒有人願意支持。此即孔子所說「如有周公之美與才，使驕且吝，其餘不足觀矣！」

所以，領導人不應該分化社會，不能割裂族群、不能製造仇

恨，因為這些都是「失道」，最後一定眾叛親離，悲慘失敗！

尤其，政通必先人和，家和才能萬事興，如果一個家庭，夫妻經常鬥爭，經常冷戰、或者吵架，怎麼可能團結同心？同樣情形，國家如果常搞鬥爭，民眾忙於分裂內鬨，怎麼可能經濟建設？

中共文革時期，以「鬥爭哲學」為能事，人民忙於政治運動，被迫扣帽子、抓辮子、打棍子，結果彼此整肅，相互猜忌，怎麼可能發展經濟？

今天臺獨執政，也是用文革方式進行鬥爭，領導人經常挑撥化分，製造族群仇恨，並在朝野製造對立、兩岸製造對立，長此以往，政局必然會更沉淪！

因此一個領導人，或者公務員，一定要能與人為善，凡事多從正面思考，並且樂於助人，以助人為快樂之本，那就能有更多機會爭取民心，並為自己累積更多功德與名聲。

反之，如果反其道而行，有些官員心態，拿著雞毛當令箭，經常負而思考刁難人民、折磨人民，以此炫耀權威，那就一定失盡民心，享盡罵名，自己也會遭到報應，不能不加警惕！

三、孟荀人性論之異同

儒家中，孟子與荀子政治哲學，最大的相異，就在人性論。

中國的人性論，基本上均肯定有向善的可能性，孟子尤其相信人性均有善根，所以強調「四端之說」，主張「求其放心」。

至於荀子，一般以為「性惡」，其實從哲學分析看，他頂多只能算是「性無善無惡論」，或是「情惡論」，所以還並不是「性惡

論」。

　　方東美先生在此，說得就很中肯：

　　「真正的中國人認為，生命之美就因根植於此世，所以能萬物含生、勁氣充沛，進而榮茂條暢，芳潔璨溢，蔚成雄渾壯闊的生命氣象，令人滿心讚嘆，生意盎然。」❸❸

　　他並進一步指出：

　　「我們的理想世界，就是將此現實世界，提昇點化成為絕妙勝境；我們的理想德業，就是在此現實世界腳踏實地、奮發努力；除非我們能先確認這一個中心思想，否則對中國的人性論將無從談起。」❸❹

　　換句話說，中華民族的人性論，其特色就在於：

　　「曠觀想個世界和人性，都是純真無邪，一如小孩。中國人對宇宙是入世的，不是出世的，因為我們把宇宙看成是一個價值領域；同樣，人性是足以仰恃的，不是可以捨棄的。」❸❺

　　換句話說，「人性絕不是有罪的，而是無邪的。」❸❻

　　方先生在此，先將孔子、子思、孟子等視為「性善論」：

　　「先將人之性追溯其本──也就是『心』，然後再向上追溯本原──也就是『天』。如此，以性承心，以心繼天；天繼以生物為心，生生為德，所以純粹是善，而性承順天心，所以也絕無惡

---

❸❸　方東美，《中國人生哲學》（臺北：黎明公司，1978 年），頁 147。
❸❹　同上，頁 147。
❸❺　同上，頁 146。
❸❻　同上，頁 146。

理。」❸

另外，他分析所謂「性惡論」，非常深入精闢：

「至於性惡論，其實並無確實的有效證據，即使就荀子而論，他在『性惡』方面所謂的『性者成於天之自然』，『凡性者，天之就也，不可學不可事，而在人者謂之性』。」充其量也只是順應自然的「無善無惡論」。❸

所以，根據方先生的論證，其實荀子頂多是「情惡論」：

「荀子之所以謂性為善，實由於他將『性』與『情』混為一談，『情』從邏輯上來講，本應比性低一層，只因他顛倒前後，牽性就情，所以從『情惡』中推出『性惡』。歸根究底，荀子的主張原只是一種『情惡論』，而在此處犯了邏輯上混淆的錯誤。」❸

這可說是方先生的創見，他從邏輯與字義上，指出荀子其實並非「性惡論」，而是「情惡論」，很值得重視。

尤其方先生指出，荀子曾說，「情者，性之質也。」（〈正名篇〉）。孟子也以性與情互為表裡（〈告子篇〉），所以兩人出發點相同，只是結論不同。孟子所以說：「乃若其情，則可以為善矣。」是因為性善勝情，情必從之，性既全善，則情亦無從不善。

另外，荀子則恰恰相反，方先生在此再從邏輯分析：荀子認為，「正因為人性本惡，所以情必是惡」；然而，「荀子的推論，先舉情惡，以證性惡，是為逆推，但後來又以本性為惡來證情惡，

---

❸　頁151。
❸　頁151。
❸　頁151。

是為順推；順逆兩證，同時兼用，顯然犯了邏輯上『循環論證』的錯誤。」❹

　　因此方先生指出，荀子的「性惡情惡論」都不是邏輯上的有效論證，先後都不能自圓其說。

　　雖然孟子與荀子在人性論上，有所不同，但從解決「惡」的方法論來看，兩者都強調「教育」的重要性，則可說是殊途同歸，均為一致，共同彰顯了儒家的通性。

　　所以孟子強調，人性雖有善根，但受外在習氣影響，「旦旦而伐之」，容易向下沉淪、向外渙散，所以需要透過教育，「求其放心」，才能向內凝神，向上提昇。

　　至於荀子，他曾明確強調，「人性惡也，其善偽之」。「偽」就代表人為努力，亦即透過教育，用禮治與樂論加以薰陶糾正。就此而言，孟荀均重視教化作用，精神完全相同。

　　另外，方師也曾指出，有關「性無善無惡說」（〈中立論〉），或「性能自然說」，若依近代科學看，似不無道理，但若落實到人生哲學，則缺點極大，因為我們對於人生，必須從價值方面肯定其意義，而不能將價值漂白，變成中立。❹

　　事實上，這種中立論調，不只對人生哲學缺點極大，對政治哲學的缺點更大。

　　因為，如果對人性是持中立論，則人與人之間的互信，將成半信半疑，無法開誠布公；如果不相信人性有良心，則壞人可以為所

---

❹　頁 151。
❹　頁 152。

欲為，不用擔憂良心譴責，後果將很可怕！

尤其如果只從負面看人性，則孟子的「善與人同」將不可能，「與人為善」也不可能，「人有四端」更不可能！整個社會更將淪為「人猜忌人」、「人排擠人」、「人嫉妒人」、「人仇恨人」、甚至「人吃人」的世界。如果對人性失去信心，不能根據人性善根，奮發向善，將是極為恐怖的世界結果！

固然，君子可能「欺之以方」，但終極來說，人性仍有善根，仍有良心，此即陽明先生所說，良知良能，與天地正氣浩然同流，相互輝映；這樣的人性論與宇宙觀，才能真正展現光明的人生前途，與燦爛的世界前程！

所以孟子強調，人生要能善養「浩然之氣」，而且要從「配義與道」產生；只要符合正義與公道，心中就能產生浩然之氣，至大至剛，並且能夠以此「所存者神，所過者化，上下與天地同其流」！

在文天祥而言，這就是「天地有正氣」的根據，因而可將物質世界點化成為充滿正氣、也充滿生氣的有機體；進一步肯定人心來自天心，所以，一定要保住良「心」，才能呼應天心，這也成為方先生所說，中國哲學家的共同通性！

因此，中國哲學以孟子所代表的「性善論」，與西方文化有很大的不同。

方東美先生曾指出，早在希臘文化，就以神話方式象徵，人類的起源，乃是以「大安理索斯」（Dionysus 善神）作靈魂，以「迪挺」（Titan 惡神）作肉體，再將這兩者揉合，形成了「善惡同存」的情形。（同㊱）

另外，希伯萊傳統和基督教中，則均認為「原罪」（Original sim）是普遍存在的。所以，聖保羅曾經說：「這就如原罪是從一人入了世界，死又是從罪來的，於是死就臨到眾人，因為眾人都犯了罪。」❷

方先生據此以說明，這種看法與蘇格拉底相似，認為現實人性都為有罪。因為有這種宗教與哲學傳統，所以西方很多政治哲學也深受原罪影響。

但在中國哲學，卻沒有這種影響。方先生用尼采的「精神三變」比喻，從駱駝、獅子，最後「由小孩子出來，勝過了獅子」。

方先生在此問道：

「小孩子到底有何可貴？」

「一言以蔽之，就是無邪！不折不扣之無邪！」❸

此即孟子所說：「大人者不失赤子之心」！或者老子所說「復歸於嬰兒」的精神。中國本土的儒道兩家，在此都有共識，也都有共同的哲學基礎。

後來，大乘佛學傳入中國，也因肯定「人人皆有佛性」，能與儒家道家在此相通，所以才更能在中國人心生根。

今後重要的是，「性善論」與「性惡論」，在民主政治的影響，應如何各自發揮其長處，而避免其短處？

很多人認為西方民主政治的產生，即因有「性惡論」，所以才能夠注重「防弊」，防止政客作惡，並且注重監督制衡。固然有其

---

❷　頁 152。
❸　頁 152。

道理，然而，民主政治也是近二百多年才逐漸形成，但西方「性惡論」卻已有二千多年的歷史；如果「性惡論」有利於民主政治，那從前的二千多年，何以西方並未產生民主政治？

由此足證，「性惡論」對民主政治，其中並無必然的因果關係，更不能以此推論，認為中國主張性善論，所以無法產生民主政治。

尤其，即使在近一百年的西方政治歷史，也有很多的黑暗歲月。例如，希特勒法西斯主義執政，原先也是透過民主選舉產生，後來卻成專制魔王；又如，美國社會長期存在種族歧視，即使在今天的民主社會，仍然無法徹底根治！

再如臺灣李扁，自稱民主政治，反而更多黑金貪腐，自稱「人權立國」，反而更加打壓人權，知法玩法，甚至知法犯法的情形更加嚴重！

凡此種種，均可證明，民主政治如果只淪於形式，不能從人心覺醒，保住良心、恢復善根；仍不足以防弊行善！

另外，反觀經國總統時代，雖然被稱為「威權時代」，並未充份民主化，但民生繁榮，社會均富，政風清廉，反而人民都很肯定，所以迄今仍然是民調最高、最受臺灣人民懷念的總統！

如民國 96 年 10 月 5 日，臺灣 TVBS 電視公佈民調，詢問誰是對臺灣最有貢獻的總統，經國先生仍然高居第一名（49%）！比第二名的李登輝（12%），高出四倍還多！陳水扁仍為現任總統，只得 8%，連經國總統零頭都不及，比他一再謾罵已經過世三十多年的蔣中正（9%）還要差！

在這民調之中，77% 認為蔣經國「功大於過」，另外，則有

一半以上（53%）人民，認為陳水扁領導臺灣，根本帶錯了方向！

　　同樣情形，韓國前大統領朴正熙，雖然作風威權，但勵精圖治，能為人民做事，並且生活清廉，嚴懲貪污，反而引起現在很多韓國人懷念，認為比起貪污總統金斗煥、盧泰愚等，更值得人民尊敬！

　　當然這些例證，並不是說權威體制優於民主體制，而是從這些真實的例證中，可以看出，民心並不一定在意政治體制，民心仍然是看領導人的表現；即使在民主體制中，也可能失去民心！

　　因此，民主與能否得到民心，中間並無必然的因果關係。民主與性善或性惡論，中間也並無必然的因果關係。

　　當然，或有人稱，在民主時代，領導人得不到民心，還可透過選舉淘汰；但若有些人擅用「賤招」，可用「兩顆子彈」當選，公平正義又何在？即使在下一輪選舉淘汰，但人民早已飽受折磨、歷經痛苦，在這過程中，民主法制更被癱瘓，無法監督，足證民主制度照樣無法保障人民公義，照樣無法得到民心！

　　因此，歸根結抵，民主體制的建立固然重要，但領導人的品德同樣重要。既然政治家的人格，永遠是重要的，那對人性就不能視為本惡，否則如果對人性沒有信心，認定所有人均無良心，那又如何喚起民眾良知，共同奮起？又如何能有改革與光明的希望？

　　反觀中華歷史文化，以性善論為主流，所以雖然形式上從前為君主制，但仍有光輝燦爛的文化創造成果，並曾出現很多人格偉大的聖哲英雄；足證無論主張性善或性惡，只要人心立志向上，透過教育文化，仍能開拓內聖外王的偉業！

　　由此可見，孟荀縱然對「性善論」看法有所不同，但對重視

「教育」卻一致贊同，這形成儒家的共同通性，深值海峽兩岸的領導人，共同重視並力行，才能真正振興中華！

四、現代孟子「正人心，息邪說」

孟子政治哲學，最令人欽佩的特色，就是面對邪說謬論，勇於挺身而出，秉承「孔子作春秋，亂臣賊子懼」的批判精神，不怕爭議、不怕壓力、勇往直前、伸張正義！

所以，他一方面可以用凜然風骨，批評君主公卿，強調「說大人，則藐之」，二方面也可用浩然之氣，「配義與道」，堅定的「正人心，息邪說」，縱然面臨重大打擊，仍然義無反顧，「雖千萬人吾往矣！」

孔子是以天鐸自勉，有一種「文化使命感」，傳承文化理想，孟子則有一種「時代責任感」，堪稱時代警鐘，可以喚醒人民，撥亂反正；兩者均對現代很有啟發性！

尤其，孟子面對高壓與迫害，不但不會退縮，還會視之為「天將降大任於斯人」的期勉，更能充滿至大至剛的正氣，勇往直前，「明知山有虎，偏向虎山行」！

拿破崙曾經有句名言：

「十個說話的人，能比一萬個沉默的人，發生更大的聲音。」

試看二次大戰之前，納粹法西斯為什麼壯大得逞？就因為當初太多人沉默不語，太多人鄉愿，形成姑息養奸，等到大禍臨到自己頭上，已經來不及了！

所以孔子就曾嚴正批評，「鄉愿，德之賊也」，到了孟子，更

加鼓勵大家，要勇於「正人心、息邪說」，甚至要能看破生死，必要時能捨身取義；如果對生死都看穿，那對一切迫害還有什麼好怕的？

事實上，正因仁人志士能看破生死、不怕犧牲，才不會死；如果太多人姑息養奸，結果反而會共同受害致死！

因此，孟子今天如果再世，看到很多臺獨人士的「去中國化」謬論，相信必定勇於喚醒民眾，人人挺身而出，共同加以批判！對於綠色恐怖，只要你不怕它，它就怕你。但若你愈怕它，它就愈吃定你！這也就是正邪之間互為消長的真理。

當紅衫軍人數眾多時，2006 年超過五十萬人，在總統府前，共同反對陳水扁貪腐，陳水扁只能謙卑的承諾「權力下放」；但當紅衫軍散去，2007 年人數稀少時，陳水扁不但再度集黨政軍大權於一身，並且公開揚言「來一個抓一個」，就是明顯例證！

當代很多位哲學界前輩，有感中華文化沉淪、孔孟學說正氣不彰，所以曾經挺身而出，紛紛在關鍵時刻，發出正義之聲，均可說是「現代孟子」，深深值得今後效法。

例如方東美先生，在抗戰前即曾透過廣播演講《中國人生哲學》，比喻中華民族：「綿延於大宇長宙中，兀如一株古梅，根幹扶疏，花萼茂盛，迄今數千年而始終不變。」❹

然後，他比喻當時外族入侵，結合國內不肖之徒，共同企圖摧毀此中華民族的古梅神木：

「惜乎晚近氣氛突變，出牆紅杏及牆內天桃，各以頃刻花姿

---

❹ 方東美，《中國人生哲學》，同❸，前言，頁5。

態,淫冶鬥狠,乃競從四面八方呼來蠻風霉雨,冀以摧殘此數千年之神木以為快。」❹

方師並且強調,外來入侵者僅是「頃刻花」,只是短暫得逞,但畢竟不能長久,因為「庸知吾神木本植根深遠,是集義所生者,畢竟不可毀!」❻

方師在此段所說「集義所生」的古梅,即象徵孔孟的浩然之氣,配義與道,深深值得弘揚!他本人挺身而出的道德勇氣,更印證孟子所說「大丈夫」的精神,深深值得欽佩!

他在英文版《中國人生哲學》的序言中,也曾特別作詩明志,強調:「艱難存懿迹,激濁為揚清!」❼

由此內容,很可證明方師深具「正人心,息邪說」的道德勇氣,其精神堪稱當代孟子,深值今後弘揚與力行!

方師這本《中國人生哲學》,最早是在抗戰前夕,應教育部邀請,透過中央電臺,向全國青少年所做的演講。

這與近代德國哲學家費希特(J.G. Fichte, 1762-1814),愛國精神也完全能相通。費希特在拿破崙法軍壓境之下,仍然不怕打壓、不怕迫害,浩浩蕩蕩發表了十四次愛國演講,世稱《告德意志民族者》(Reden an die deutsche Nation, 1808),同樣膾炙人口,永垂不朽;其愛國精神同樣深具啟發性,堪稱「德國孟子」!

費希特當時,也曾提醒德意志人民:

---

❹　方東美,《中國人生哲學》,同上。

❻　方東美,《中國人生哲學》,同上。

❼　方東美,《中國人生哲學》,英文版序言。

「恃武器以從事的奮鬥今已閉幕。假若吾人願意，則自今茲開始者，乃為一項新奮鬥：在原理、道德及人格方面之奮鬥。」❹❽

換句話說，根據費希特，拯救國難之道，一言以蔽之，即應從教育救起。唯有如此從根救起，才能發揮道德勇氣，培養偉大人格，讓人人都成為有道德、有人格的發光體，然後才能真正照亮黑暗，重新開創光明！

此即孟子所說，「君子貴其所立者大」！因為，只有立志遠大、理想遠大、眼光遠大，才能去除私心、克制私欲、掃除私念，成為「富貴不能淫，威武不能屈，貧賤不能移」的大丈夫！

展望今後民族前途，也唯有人人具備這種「大丈夫」的精神，才能在國難中堅忍自強、奮發不懈，在逆境中戰勝逆境，在困難中克服困難！

所以，孔孟之道所強調的「教育」，重點就在民族精神教育、愛國教育、人格教育、與道德教育，無論在衰世，或在國難，都扮演極為重要的角色，深深值得重視！

民國 47 年，港臺具代表性的新儒家牟宗三、徐復觀、張君勱、唐君毅等人，共同發表一篇〈為中國文化敬告世界人士宣言〉。在那個時代背景，正是風雨飄搖之時，但四位大師仍以長遠的眼光，分析時勢與世道，發表宏文，呼籲弘揚中國文化以「振興中華」，其中的正氣與胸襟，同樣值得欽佩！

尤其文中所指中國文化，多以孔孟學說為主，至今仍然有很多

---

❹❽　費希特，《告德意志民族書》，引自浦薛鳳，《西洋近代政治思潮》，頁397。

啟發性。

宣言中指出：

「我們與其說中國民族文化歷史之所以能長久，是其他外在原因的自然結果，不如說這是因中國學術思想中原有種種自覺的人生觀念，以使此民族文化之生命能綿延于長久而不墜。」㊾

文中首先肯定，中國民族文化能夠緜延而長久不墜，主因在於中國學術思想中的人生觀念，亦即以孔孟為主的中心思想。就在當時馬列教條席捲中國大陸之際，四位大師仍能站穩中國文化腳跟，並且深具信心，民族文化仍能綿延長久，的確很有眼光與遠見！

上述牟、徐、張、唐四位大師文中，也曾提到西方人應向東方文化學習的重點，均以孔孟思想為代表，再旁通其他各家，至今仍然很發人深省。

其中第一點，即「當下即是」之精神，與「一切放下」之胸襟，亦即一切平等的人生境界。㊿

第二點，是一種「圓而神的智慧」，如孟子所說「所過者化，所存者神，上下與天地同流。」(51)

第三點，是一種溫潤而怛惻或悲憫之情，即中國所講仁人之「事親如事天」，「使民如承大祭」。(52)

第四點，是如何使文化悠久的智能，繼續發揚光大；因為「中國是世界上唯一歷史悠久而又自覺其久，並原于中國人之自覺的求

㊾ 牟宗三、徐復觀、張君勱「為中國文化敬告世界人士宣言」，1958，香港。

㊿ 「為中國文化敬告世界人士宣言」，同上。

(51) 「為中國文化敬告世界人士宣言」，同上。

(52) 「為中國文化敬告世界人士宣言」，同上。

其久、而後久的文化。」㉝

　　第五點，是「天下一家」的情懷，如同儒家的「天下為一家，中國為一人」，本仁心以相信「人皆可以為堯舜」，並相信「東西南北海，千百世之上，千百世之下之聖人心同理同。」㉞

　　凡此種種，均可看出，中國以孔孟思想為主的民族生命精神，歷久而彌新，不但深深值得中華兒女多加弘揚，也深深值得世界有識之士瞭解與學習！

　　另外，被稱為「臺灣孫中山」的蔣渭水，在日本統治時代，仍然經常挺身而出，反抗日本殖民統治，奮鬥精神令人欽佩，也可稱為「臺灣本土的孟子」。

　　他在日本壓力下，仍毅然創立了「臺灣文化協會」，並曾在〈臺灣民報〉發表文章〈臨床講義〉，比喻當時臺灣是個病人，他以醫生身分診治，文中明白肯定，臺灣人的血液，即「黃帝、周公、孔子、孟子」的血統㉟，這對今天臺獨人士自稱「是臺灣人，不是中國人」，可稱當頭棒喝！

　　另外，他更指出，日本人統治臺灣，企圖切斷臺灣人民與中華文化的臍帶，所以臺灣人民患了「知識營養不良症」，因而他要成立「臺灣文化協會」，呼籲臺灣人民多學習中華文化，並多學習孫中山思想。他並強調：

　　「我們應該承認，中山先生是二千年來中斷的中國道德文化之

㉝　「為中國文化敬告世界人士宣言」，同上。
㉞　「為中國文化敬告世界人士宣言」，同上。
㉟　《蔣渭水全集》（海峽學術出版社，2005 年），頁 3-5。

恢復。」

然後他進一步說明：

「孫文先生為國民革命，立足中國國民文化復興，復活中國國民的創造力，強調中國文化的世界價值，以創造世界大同的基礎。」

這種種深刻的觀察，均深值臺灣本土有識之士體悟。

另外，孟子今天如果再世，眼看李登輝的領導，企圖媚日反華，相信必會挺身痛斥與批評！

李登輝晚年，毫無顧忌的宣傳反華媚日思想，所以曾在 2004 年親自用日文著作《武士道解題：做人的根本》。從本書中更可看出，李氏思想來源，為新渡戶稻造《武士道：日本之魂》，內容完全在逢迎日本文化，貶抑中華文化！

新渡戶稻造在《武士道》一書中，對孔孟之道，表面看似尊崇，實際是先扭曲，再加貶抑：

「孔孟之書乃是青少年主要的教科書，與成人進行議論可根據的最高權威。然而，只會讀此等聖賢古書，仍不足以受尊敬。只知道從知識而認識孔子的人，常陷入俚諺『讀論語而不知論語』的窘境，典型武士強調，只識文學者為『書蟲』。」❺❻

新渡戶稻造這般內容，其背後目的，是在突顯「武士道」更為高明。他說：

「武士道輕視這種知識，認為追求知識非目的，只是獲得睿智

---

❺❻　李登輝，《武士道解題》（臺北：前衛出版社，2004 年），頁 48。

的手段。」❺⑦

　　然後他甚至扭曲陽明先生，作為印證：❺⑧

　　「總之，知識必須和人生的實踐躬行同樣被重視，蘇格拉底這方面的看法，也可在中國哲學家王陽明身上找到印證。王陽明畢生強調知行合一，決不厭倦。」❺⑨

　　緊接著，李登輝即大量用這日本人內容，貶抑中國人：

　　「同樣讀『孔孟之書』，中國人和受武士道薰陶的日本人相比，顯然欠缺『實踐躬行』的精神，結果變成『讀論語而不知論語』，只會口頭瞎掰，甚至說謊臉不紅氣不喘。」❻⓪

　　事實上，李登輝自己曾承認，他說了「反臺獨」一百卅多次，卻沒人相信，才真正是「說謊臉不紅氣不喘」！

　　但李登輝仍持續攻訐中國文化：

　　「中國文化為何如此腐敗，理由非常簡單，那就是中國人早已習慣言行不一。」❻①

　　李登輝甚至引日本安倍能成（1883-1966），告誡人們：「要誠實！」❻②李登輝可能忘了，很多民眾對他的批評，正是這一句：「要誠實！」可見他才是「言行不一」的最好例證。

　　李在本書中，公開認為日本是「世界最美好國家」，又為日本

---

❺⑦　同上，頁49。
❺⑧　同上，頁49。
❺⑨　同上，頁49。
❻⓪　同上，頁50。
❻①　同上。
❻②　同上，頁253。

如今不重視「武士道」而感嘆：

「我最衷心敬愛，認為是世界最美好國家的日本，竟然走到這種境地，我也只能搖頭三嘆了。」⑥③

另外，他再次污衊中國與中國人：

「以日本和中國作比較，中國人喜歡空口說白話，甚至『睜眼說瞎話』，完全沒有羞恥感，與『武士道』極端相反。」⑥④

他在公然媚日之後，再度醜化中國人：

「我很擔心日本步上中國後塵，像中國人那樣寡廉鮮恥，那就真的太令人扼腕了。」⑥⑤

正因李登輝心中深處有這種媚日情結，所以在 2007 年，他才會去膜拜日本靖國神社。

尤其他到日本，極力吹捧日據時代屠殺臺灣同胞的劊子手後藤新平，不但領取其紀念獎，甚至自稱為其「精神導師」，更充份證明心中理念與軍國主義完全相同！

因此，日本著名軍國主義者，東京市長石原慎太郎，曾對李登輝與該書大加吹捧：

「大部分的日本人都冷淡旁觀自己的國家一路衰退……所幸有臺灣的李登輝前總統一士諤諤的告誡：日本人切需警惕、發憤呀！」⑥⑥

上述文中所說，「日本人切需要警惕」，警惕什麼？就是唯恐

---

⑥③　同上，頁 253。

⑥④　同上，頁 255。

⑥⑤　石原慎太郎，同上，封面。

⑥⑥　小林善紀，同上，封面。

軍國主義沒落，因此一定要「發憤」，讓軍國主義復甦！

　　另一位日本軍國主義漫畫家小林善紀，在《臺灣論》中也美化日本統治臺灣，並且大發謬論，吹捧軍國主義，對李登輝及該書大加肯定：

　　「敗戰後已被徹底摧毀的日本精神，還在這位偉人的身上發光發熱呢！」❻❼

　　小林善紀與石原慎太郎所感嘆的「日本精神」，其實即為軍國主義精神，竟然由李登輝當代言人，真是莫大諷刺！

　　如今很多日本軍國主義者，大肆宣傳反華與辱華謬論，並從行動上鼓勵臺獨運動，其目的在「以臺制華」，企圖分裂中華民族，以維本身霸權；面對這種邪說，孟子再世必定痛加駁斥！

　　日本軍國主義者因為深知「亡人國者，先亡其史」，所以在日本早就有計劃的篡改侵華歷史，在臺灣則透過李登輝與民進黨，在教科書中不斷美化日本、醜化中華，卻美其名「教育改革」！

　　他們不但從學生教科書「去中國化」，甚至「去文言文」、與「去成語」，到 2007 年 8 月，甚至要求小學生教科書也要禁用五千句「不適當」用語，徹底對學生們洗腦！

　　臺獨人士所謂「不適當」、要刪除的用語，包括對於「國父」孫中山，要把「國父」刪掉，並把「兩岸」改成「兩國」；還把「我國」浙江改成「中國」浙江；把臺灣「省」的省字改掉，以象徵已成國家；甚至還把公元改成「昭和」！凡此種種謬論，李登輝可稱始作俑者，到陳水扁與杜正勝（教育部長），則更為過份！

---

❻❼　同上，頁 336。

所以，李登輝當時就承認：

「我要求教育主管重新評價日本統治時代對建構臺灣社會基礎的影響與價值，適度地在教科書中呈現那段歷史。」⑱

他甚至稱，韓國「仇日」，即因未經這種「教改」：

「與此對比，過去同樣曾受日本統治的韓國人，至今未能擺脫極端的仇日情緒，主要就是因為不能進行適當的「教育改革」所致。」⑲

事實上，韓國對日本人的殘暴統治，一直激烈反抗，這是民族大義理所當然的結果。韓國人能堅持抗日的民族氣節，也是名正言順、順天應人的結果。

所以如今反而很多國家奇怪，為何全亞洲只有臺灣一地，受日本統治迫害，卻仍對日本歌頌？何以對自己文化母國的中國，卻極端仇恨呢？

這時只要看日本作家上坂冬子所寫的《虎口的總統》，答案就很清楚！

上坂冬子問李登輝，有人將他比喻為汪精衛。他「做何感想？」

李登輝回答是：「我覺得『很光榮！』」⑳

眾所皆知，汪精衛是名大漢奸，李登輝如今被認為是「汪精衛」，卻還自認為很光榮！孟子再世，更會全力痛斥！

---

⑱　同上，頁 336。

⑲　同上，頁 336。

⑳　《虎口的總統》（臺北：先覺出版社，2001 年），頁 187。

　　尤其，李登輝在《武士道》一書中，還認為臺灣人「有必要培養類似武士道的卓越精神。」❼等於還想把臺灣人「皇民化」，是可忍，孰不可忍?!

　　這令人想起，日本裕仁天皇，這位二戰首席戰犯過世時，李登輝竟然公開的說，他「心中悲哀的程度，與日本人完全一樣！」甚至還冒稱，全臺灣人民都跟他一樣悲傷！

　　在這種風氣影響之下，難怪民進黨在抗戰勝利 60 週年，完全無聲無息，到抗戰紀念 70 週年，也完全不置一辭！李登輝竟還去日本，敬拜供奉戰犯的靖國神社，並且大發媚日謬論！

　　面對這種種的邪說謬論，中華兒女怎能姑息養奸？怎能任由民族敗類囂張得逞？

　　民國 96 年 11 月 2 日，聯合報「黑白集」針對陳水扁搶攻臺獨教父地位，特別指出，李登輝先從「民主先生」變成「黑金教主」，又從「黑金教父」變成「臺獨教父」，再從「臺獨教父」變成「政治孤魂」；可說簡明扼要的為李做了歷史評價。此中精神，很得孟子「正人心，息邪說」的精神真傳，堪稱「現代孟子」的風骨再現。

　　因而展望今後，只有人人效法孟子精神，多用浩然之氣挺身而出，「正人心、息邪說」，才能真正激濁揚清、全面撥亂反正！這便是今後「振興中華」，最重要的時代責任！

---

❼　同❺，頁 362。

第三章　老子的政治哲學

一、老子的世界性威望

美國雷根總統退休前，在國會發表國情咨文，曾經特別闡述他的治國理念。

因為雷根任內經濟繁、社會和諧，是美國近代很獲民心的總統，所以首都華盛頓的機場，在他生前就已用他名字命名「雷根機場」，可見人民愛戴的程度。

因此，全世界都好奇，他的治國理念是什麼？

結果，他的答案令所有人都大吃一驚！

原來，他引述了老子的一句名言，做為他的治國理念：「治大國，如烹小鮮！」

雷根任內，經濟蒸蒸日上，主要就得力於他的自由開放政策，相信人民，並且鼓勵人民，自由發揮創意，發展潛力，所以國力非常強盛。結果，他自己揭曉這種治國哲學，正是來自老子的政治哲學！更令世人對老子另眼看待！

事實上，早在 1978 年，紐約時報刊登全球十大暢銷書，很令人意外的，第一名就是老子的《道德經》！足證老子世界性的聲望，非常高隆，而且歷久不衰！

另如，印度詩哲泰戈爾（R. Tagore, 1861-1941），詩品極具空靈與自然之美，很能發人深省，曾榮獲諾貝爾文學獎，他也非常欣賞與欽佩老子的思想。

可歎的是，老子雖然享有國際性的盛名，如此受世界人民喜愛，也受外國詩哲佩服，並能發揮大用，讓美國經濟騰飛，但在中國，卻常被誤解成「消極無為」，以為無助國運人心。

泰戈爾當時應詩人徐志摩邀請，從 1942 年 4 月 12 日到 5 月 30 日於中國訪問，做過多次演講；在告別詞中，他特別語重心長的強調一段話，至今仍然很值得國人重視與反省：

「我心裡時常在想，你們是一個偉大的民族，你們創造了一個美的世界，我以為即是你們靈魂的表現，我記得每次我遇著不甚尊敬你們的那些人，我總覺得難受。」

然後他語重心長的說：

「他們的心是無情的、冷酷的，他們來到你們中間，任意地侵略與剝奪與摧殘，他們忘懷你們文化的貢獻，也不曾注意你們偉大的藝術。」❶

泰戈爾在此所說，中華民族「創造了一個美的世界」，並稱此為「你們靈魂的表現」❷，基本上即來自他對老子思想的瞭解。

尤其，他本身作品很注重從大自然吸收靈感，領悟宇宙美感，正是莊子所說「聖人者，原天地之美而達萬物之理」的最好典範。

---

❶　徐志摩譯，沈益洪編，《泰戈爾談中國》，浙江文藝出版社，2001 年，頁 60。

❷　同上。

　　方東美先生在分析中國的藝術理想時，也曾指出，道家因為「將哲學理性與藝術創意浹而俱化」，所以老子把生畜、長育、亭毒、與養覆，當作「妙道」與「玄德」的表現。❸

　　因為方師指出，老子肯定在天地之間，「道」與「德」均是「虛而不屈」（屈或作竭），動而愈出，所謂「大成若缺，其用不弊。大盈若沖，其用不窮。」透過道與德，表現天地自然生生不息的創造性。這也正是泰戈爾讚嘆中華民族「偉大藝術」的精神根源。

　　所以方東美先生，曾經形容中國藝術的精神，就在：「深遠敦厚的仁心昭昭朗朗，彌綸天地，其中生生不息的自由精神更是馳騁奔放，芳菲薈勃，蔚成詩藝般的化境。」

　　然後他進一步指出：「這些深微奧妙之處，書不盡言，言不盡意，只能透過藝術而曲為表達，繫情入幻，這就是中國藝術的根本特性！」❹

　　因此，泰戈爾曾明白指出：

　　「中國偉大的智者老子，也用不同的話，表達過同樣的觀點：死而不亡者壽，在此他還表明，一個人揭示了自己生活的真諦。」❺

　　泰戈爾並用比較研究手法，認為「這真諦就是（dharma）」，並說，「根據這種理想，文明應該是一個人肉體生命的 dharma 的

---

❸　方東美，《中國人生哲學》（臺北：黎明公司，1980 年），頁 213。

❹　同上，頁 222。

❺　同❶，頁 65。

表達。」❻

在老子哲學，生活真諦可用「道」表達，泰戈爾在此是將老子「道」與印度的「dharma」類比，並稱之為「事物的本質」，確有相通之處。

泰戈爾又表示，他對老子的體認：

「老子是這樣評價一個真正的好人：生而不有，為而不恃，功成不居。夫惟不居，是以不去。我們可以出賣身外之物，但我們不能出賣一部分生命，完全吸納真諦屬於完美⋯⋯要到達這一點，則是個漫長的文明過程。」

所以他認為，「我們稱之為 dharma 這個詞，我認為應譯作文明。」❼

因此，最後泰戈爾強調：

「侵略中國的敵人襲擊，還不是最危險，最危險的是防禦者的背叛。」❽

因為，這種背叛，來自於對邪惡的屈服，他對此「深感擔憂」。

他所擔憂的，除了漢奸之流背叛民族，還有迷失的青年，忘了自己中華文化的偉大，「在煽動者的叫嚷聲中，四處尋找文明」。

因此，他引用老子提醒國人：

「他們會明白文明一詞的涵義，因為他們回到家，真正領悟了

---

❻　同上，頁 65。

❼　同上，頁 70。

❽　同上，頁 73。

他們偉大的先人老子所說的一段話『有德司契，無德司徹』，他短短數語，表達了我試圖在這篇文章中傳達的意思。」❾

　　另外，泰戈爾又強調：

　　「老子曾說過『同于失者，失亦樂得之』，為了追求舒適方便、繁殖生產，反而模糊了對永恆的追求；慾望被喚醒了，邪惡趾高氣昂地從歐洲走進亞洲，戕害人類，踐踏生命的花朵──那開放在人性聖地的產物。」❿

　　然後他指出：

　　「即使我們不能阻擋它前進的步伐，至少我們應當拒絕承認這種勝利，讓我們像老子說的那樣，『死而不亡者壽。』」⓫

　　泰戈爾深深惡痛中國被日本侵略，所以他在 1937 年，還曾經致電蔡元培，支持中華民族全面抗日聖戰，表示「我和我的人民，完完全全地同情你們國家。」⓬

　　他很能體會老子所說「動無死地」的堅忍奮鬥精神，堪稱是老子知音，同時也是中華民族的道義之交。

　　另外，泰戈爾針對「生命的僵化和心靈的僵硬」，也曾引用老子說明：「萬物草木之生也柔脆，其死也枯槁。故堅強者死之徒，柔弱者生之徒。」

　　他以此強調，生命心靈要能活化，不能僵硬。⓭

---

❾　同上。

❿　同上，頁 71-72。

⓫　同上，頁 72。

⓬　同上，頁 1。

⓭　同上，頁 74。

　　因此，泰戈爾呼籲年輕人，要能多了解自己民族文化的偉大心靈，領悟自己民族文化充滿生機；他在與學生的討論中說：

　　「你明白你自己的心嗎？你知道你自己的文化嗎？你們史冊裡最完整最永久的是什麼？」⑭

　　然後他用詩人感性的口吻，呼籲中國青年們：

　　「你們必得知道，如果你們想要免於最大的侮辱、遭受藐視、遭受棄都的侮辱，拿出你們的光芒來，加入這偉大的燈會，你們要來參予這世界文化的展望！」⑮

　　然後，泰戈爾運用對大自然的觀察，以莊子式的語言，呼籲中國青年，體會生命內蘊的妙樂，發揚生命的潛能：

　　「在我們天空的藍穹裡，在太陽金輝中，在星光下的廣漠裡，在季候的新陳代謝裡，每季來時都帶給我們各樣的花籃，這種種自然的現象，都涵有不可理解的消息，使我們體會到生存內蘊的妙樂，我不能相信你們的靈魂是天生的聾窒。」⑯

　　中國大陸在文革十年浩劫之中，人民飽受僵硬的教條主義折磨，生命靈魂普遍沉淪聾窒；然而，那絕不是「天生的聾窒」，所以後來四人幫倒下、鄧小平領導改革開放，馬上就能甦醒過來，如今又是一條活龍，充分發揮中華民族生命「內蘊的妙樂」！

　　經過這段歷史悲劇，再重溫泰戈爾的諍言，更令人佩服他的遠見！此中起死回生的關鍵，就在「思想解放」、「心靈解放」，這

---

⑭　同上。

⑮　同上。

⑯　同上。

也正是老子哲學思想的真諦！

令人遺憾的是，當中共文革沉淪於「鬥爭哲學」時，臺灣因為埋首拼經濟，所以能夠創造奇蹟；然而如今大陸已覺醒，拚命發展經濟，臺獨卻正在興風作浪，拚命搞鬥爭，形成另外一種文革！

今後歷史必定證明，鬥爭哲學絕非長久之道──正如老子所說「驟雨不終朝」，只有尊重人民的和諧社會，才能可大可久，也才是老子所說「天長地久」之道！

因此，如今回顧泰戈爾給中國青年的忠告，特別令人讚嘆：

「因此，我竭我的至誠，懇求你們不要走錯路，不要惶惑，不要忘記你們的天職，千萬不要理會那惡俗的力量的引誘，誕妄的巨體的叫喚，擁積的時尚與無意識、無目的的營利的誘惑。」❼

他並進一步呼籲青年，千萬要保持理想性，並稱此為一切唯一的標準：「保持那凡事必求美滿的理想，你們一切的工作，一切的行動，都應得自那唯一的標準。」❽

然後，他的結論更加發人省思：

「如此，你們雖則眷愛地上實體的事物，你們的精神還是無傷的，你們的使命是在拿天堂來給人間，拿靈魂來治一切的事物。」❾

從徐志摩中譯的上述內容，我們看到泰戈爾從他本身清澈的靈魂，旁通老莊空靈的精神，盼望中國青年精神能夠向上提昇，永保

---

❼　同上。

❽　同上。

❾　同上。

生命理想,然後從精神高空俯望大地;這正如同莊子大鵬鳥在逍遙遊後,領悟萬物平等,才能同情眾生,「用靈魂治萬物」,向下普救眾生,完成「人間天堂」(Heaven on Earth)的神聖使命!

這段演講至今仍深具啟發性,非常值得中國青年從靈魂深處自省,從而化為救人救國的動力!

大詩人徐志摩在中譯這段之餘,也曾提到他的心情:

「在他(泰戈爾)闊透的想像裡,他的確看出我們靈魂的成分裡,曾經有過即使現在稀淡了的美之品性,我們的祖先,也的確曾在生活裡實現過美之原則。」

然後,他語重心長的感慨:

「雖則現在目前看得見的,除了齷齪、與污穢、與苟且、與懦怯、與猥瑣、與庸俗,與荒倫,與懶惰,與誕妄,與草率,與殘忍,與一切的黑暗外,還不知道還有什麼?」[20]

最後,他以詩人的氣質嘆道:

「我們不合時宜的,還是做我們的夢去!」

然而,一個民族的偉大,就在勇於有夢想,勇於有願景!孔子能夢周公,莊子能夢蝴蝶,就代表靈魂永不沉淪,思想絕不僵化,永遠帶著理想的翅膀,能夠馳情無礙,神遊宇宙之外,敢做偉大燦爛的光明之夢!

因此,泰戈爾訪問中國,對教師的談話,今天看來,就更加重要了:

---

[20] 同上。

　　「我們的教育，必須讓每一個孩子領會，並去實現這個時代的精神，而不是去製造分裂，去緊抱民族偏見。」

　　然後他更進一步指出：

　　「人類的種族間自然存在著許多與生俱來的差異，這些差異應該得到保存與尊重。我們教育的使命，就是要在差異中求統一，在觀念抵觸中發現真理。」❷❶

　　泰戈爾提醒教育工作者，教育的目的，「不是製造分裂，不是緊抱民族偏見」，而應該「在差異中求統一，在觀念的抵觸中發現真理」，正是今天對「文化臺獨」的最大忠告！

　　因為，如果「文化臺獨」不斷的對學生洗腦，假借「教改之名」，卻「製造分裂」、「緊抱偏見」，並且製造對立、緊抱仇恨，那最大的犧牲品，就是無辜可愛的青年學生們！

　　就此而言，對治之道，正是莊子所說「道通為一」的胸襟，以及「求同存異」的智慧。唯有「和之以天倪」，才能消弭對立，去除仇恨。

　　所以，泰戈爾的呼籲很重要：

　　「我試圖把孩子從這種有害的教學方法中拯救出來，拯救他們異化的心靈，消除課本、歷史、地理所灌輸給他們的偏見。在東方，仇恨其他民族並不鮮見；在家裡，我們也是在仇恨中長大。」❷❷

　　今天臺灣，因為教育政策更臺獨化，已成為製造「偏見」與

---

❷❶　同上。

❷❷　同上。

「仇恨」的工具；不但歷史、地理課本，都全面「去中國化」，連課文內容也被「去文言文」、「去成語」，正是「亡人國者，先亡其國」、「亡人文化者，先亡其文字」！

泰戈爾若天上有知，肯定會萬分的痛心！

然而，畢竟中國人心未死，畢竟忠義之士未絕，尤其中華正氣未亡，五步之內，仍有芳草！中華兒女仍多仁人志士，相信必能奮起努力，必能再次光復臺灣、振興中華！

所以展望未來，臺灣與大陸的前程，只要人心不死，必能像泰戈爾的中文名字「震旦」一樣，讓太陽從陰暗的地平線，躍然而出、金光四射！

此時人心一旦復甦，生命朝氣足以掃除一切黑暗，正如同梁任公送給泰戈爾的中文名字，霎那之間，「燦然一震，萬眾昭蘇」，那是何等令人振奮的一刻！

泰戈爾逝世時，方東美先生曾經代表中國哲學會，用詩品代輓詞，特別稱頌他為「博大真人」，這正是莊子用來稱頌老子的字句，充份證明方先生很稱許他深得老子的真傳。

方先生這首詩，既嵌入泰翁名作，也貫通莊子精神，並敬佩他做時代的獅子吼；不但寓意深遠，內容也非常發人深省，本身堪稱不朽的精品：

「東方道種智，證得依林藪；

園丁新月夜，玄覽淨群有；

歸神托性天，博大真人後；

燦爛死中生，發心獅子吼；

逝者全其天，榮名長不朽；

生人縣博愛，萬古以為壽。」㉓

　　事實上，孔子與老子都是中國哲學的偉人，也是世界級的大哲，孔子被尊稱為「聖人」，老子則被尊稱「真人」，兩者各有特色，也各有貢獻；他們兩人的哲學看似不同，其實很能相反相成，互補互濟。

　　因為，儒家如果失去創造精神，將會淪為俗儒，此時便需道家的超越精神，幫助向上提昇；而道家如果未能同情眾生，就會走向荒誕，也需儒家幫其落實，拯救人生。

　　此即船山所說：「儒之弊在俗，道之弊在誕」，兩者要能互助合作，才能更開創中華文化的光輝成就！

　　所以，德國大哲雅士培（Karl Jaspers, 1883-1963），在介紹世界級大哲學家時，便曾同時論述「孔子和老子」，內容相當精闢中肯。

　　首先，他以旁觀者清的觀察，先指出孔子精神是：

　　「積極入世以改變人的處境與己任。他創辦學校、培養政治家，他編纂古典文獻，更有意義的是，他是第一個在其廣度和可能性上，使理性大放光芒的人物。」㉔

　　這段內容，簡明扼要的說明孔子的貢獻、定性與定位，相當公遠持平。

　　然後他再強調，老子與孔子的不同：

　　「雖然老子是正相反對立的兩極，但他們又是互為前提，相互

㉓　方東美，〈詩哲泰戈爾輓詞〉，《堅白精舍詩集》（臺北：黎明公司，1978年），頁232-233。

㉔　引自前揭書《中國印象》，上冊，頁322。

隸屬的。」㉕

　　這項觀察非常難得，因為很多人只見二人之異，未見二人之同；實際上，要能有這種宏觀慧眼，才能看出兩人相輔相成，形成中華文化整體精神，所以二人同樣重要，缺一而不可。

　　尤其，雅士有段結論，相當精闢深刻。他說：

　　「他們（孔子與老子）的統一，體現在一些偉大的歷史人物身上，不是通過一種包含兩者的系統哲學，而是在中國人自我思索，自我澄明的生命智慧中。」㉖

　　中國歷史人物之中，最典型的代表，便是蘇東坡。

　　當蘇東坡青年得志、中舉做官時，常強調儒家忠厚的仁治，正如他在殿試中所論「忠厚」的仁學；然而，當他在官場中屢遭誣陷，三度被貶時，在失意中給他精神安慰的，則是道家精神。

　　所以，他能看破一切，寫出〈赤壁賦〉這種千古不朽文章。

　　當然，因為雅士培並未深研中國大乘佛學，對於很多中國歷史人物也深受佛學影響──包括「東坡居士」在內，他就未及深論。

　　然而，雅氏確實深入觀察到，中國歷史人物，尤其政治人物，有個通性；得意時是儒家，失意時是道家。所以生命智慧都能保持心靈平衡，進則兼善天下，退則獨善其身。

　　雅氏以一個外國人，居然能領悟老子哲學的最大特色，在於超越精神，的確很有智慧。

　　例如，當雅氏問道：「老子為什麼要寫這一部著作呢？」他便

㉕　引自前揭書《中國印象》，上冊，頁322。
㉖　引自前揭書《中國印象》，上冊，頁323。

有很精闢的體會：

　　「我們應該回答說：老子寫作這樣一部著作，是為了讓人超越它，通過他的引導，達到對不可說者的認識。」

　　因此雅氏認為：「老子這部著作，是第一次偉大的間接傳達（indirect mitteilung），他不斷啟示出真正的哲學思想。」❷⃟

　　這與雅士培體認孔子，是「第一個在其廣度和可能性上，使理性大放光芒的人物」一樣，很能一語中的。他一針見血，就點出二人的特色與貢獻。

　　尤其，雅氏有段觀察很中肯：

　　「他的貢獻，在於深化了神秘主義的觀點，並以哲學思辨超越了它。」❷⃟

　　因此，他大聲稱頌老子，「永遠是真正的哲學喚醒者。」並且強調，「從世界歷史來看，偉大的老子和中國精神是聯繫在一起的」。

　　更特別的是，雅氏很能看出，老子對人生遭逢逆境不幸時，有很大的撫慰作用：

　　「老子在任何不幸面前，都保持著快樂。」

　　為什麼老子能做到這點呢？

　　因為，人生只要能將自身放空、冥同大道，與大道合一，就不會有任何的恐慌或憂慮！

　　所以雅氏對中國所說的「道」，以及老子所說的「道」，都有

---

❷⃟　引自前揭書《中國印象》，上冊，頁337。
❷⃟　引自前揭書《中國印象》，上冊，頁341。

非常難得的體認：

「道是中國宇宙論的原始基本概念。人們把這個詞譯做理性，邏各斯、上帝、意義、正確的道路等等。如果用他來指人格神（男性或女性神），可以稱之為 der Tao 或 die Tao。但一般來說，譯做 das Tao 是正確的。」

從基督徒觀點看，如果一個人將所有身心的命運與不幸，都交給上帝，自然不會再有恐慌。在道家，「道」就相當於上帝。所以吳經熊中譯聖經，在約翰福音，首先就說「太初有道，道就是神。」

因此，雅氏曾指出：

「老子賦予道這個詞新的含義。他用它來指存在的基礎，雖然這個基礎本身不可名狀。它超越一切存在，超越世界萬物，也超越做為世界秩序的道。」❷⑨

雅氏在分析老子「道」論各層面之後，曾經總結而論：

「總之，道在世界上存在的基本特點是，他是貫穿一切的無有，是作用一切都不露形跡的無為，是產生一切的一，是存在於善惡之外的、生生滅滅事物的根據和立足點。」

這項論述，看似傾向神秘主義，其實很有深刻意義。因為，其中包括了本體論、宇宙論、人性論，以及政治哲學。

任何一位政治人物，若能效法「大道」的公道與天道精神，就能包容異己、同情萬物，並能心胸開闊，氣勢恢弘。反之，如果政治人物，完全不懂大道精神，就會整天鑽營小名小利，凡事只見小

---

❷⑨　引自前揭書《中國印象》，上冊，頁 341。

不見大、只見己不見人，然後就會為了快速近利，變成不擇手段，淪為小人！

　　所以，雅氏論述老子的政治哲學，能從根本追溯源頭，不只停留在膚淺的表象，更能透過現象、探討本質，非但很有深度，而且很有高度，對於提昇政治人物的胸襟格局，很有重大幫助！

　　因而，他申論老子精神，很多精闢之處，甚至是很多國人所不及，深深值得大家省思！

二、老子政治哲學的形上學基礎

　　方東美先生在《中國哲學精神及其發展》的英文鉅作中，曾經用「太空人」（Space-man）形容道家，代表提神太虛、放曠慧眼的超拔精神。

　　這種精神印證在政治哲學，即為胸襟恢宏，思想開明，形成道家對政治人物的重要期許，在今天同樣深具啟發性。

　　另外，方師論述老子的形上學基礎，曾從「道體」、「道用」、「道相」、「道徵」四個層面分析，❸值得深入探討。

　　前三項，為老子政治哲學的形上基礎，也就是老子政治哲學的背後根源，第四項則用聖人的精神風範印證大道，是為政治人物樹立良好的典範，在今天很有重大的現代意義。

　　㈠有關「道體」，從本體論部分，方師指出，道乃是無限的真

---

❸　方東美，《原始儒家道家哲學》（臺北：黎明公司，1978 年），頁 168-170。

實存在實體，例如：❸

1.道為萬物之宗，淵深不可測，其存在乃在上帝之先。（第四章）

2.道為天地根，其性無窮，其用無盡，視之不可見，萬物之所由生。（第六章）

3.道元一，為天地萬物一切之所同具。（第三十九章）

4.道為一切活動之唯一範型或法式。（第二十章與第五章）

5.道為大象或玄牝，如慈母之於嬰兒，太和、無殃。（第三十五、二十八、五十二、五十五章）

6.道為命運最後之歸趨，萬物一切無不復歸於道，謂之「復根」。（第十六章）

㈡就「道用」而言，方師強調，無限偉大之「道」，即是周溥萬物，遍在一切之「用」（或功能），而取之不盡，用之不竭者。

一方面「道生萬物」，故「天地萬物生於有，有生於無」。

二方面「反者道之動」。道之發用呈雙迴向，「有之以為利，無之以為用。」❸

㈢就「道相」而言，方師指出，「道之屬性與涵德，可分兩類，屬於天然者，與屬於人為者」。

「前者涵一切天德，屬於道，只合就永恆面觀之」，為道之真相；故稱「無為而無不為」，「為而不恃，長而不宰，生而不有，功成而弗居」。

---

❸ 方東美，《原始儒家道家哲學》，以下各項均見頁168。
❸ 方東美，《原始儒家道家哲學》，頁169。

後者即人為屬性，「即來自處處以個人主觀之觀點，妄加臆測」，則為道之假相。

㈣就「道徵」而言，方師借用德國哲學術語，叫做「品性論」❸（Characterology），或者「品格論」；即用聖人品性印證大道，乃道體之當下呈現，如同「道成肉身」❸。

因為聖人能夠奉獻犧牲，救世濟人，「己能予人，己愈有」，所以本身生命更充實偉大，成為「聖人常善救人，故人無棄人；常善救物，故物無棄物」。

所以方師強調，「由於老子之教，使吾人覺悟到，盡性之道，端在勤做聖賢功夫」，可稱與儒家完全相通！

因此，根據老子有關聖人拯救世界的精神，在《道德經》第八十一、四十九、二十四章均可看出：

「聖人不積，既為人己愈有，既以與人己愈多。天之道，利而不害，聖人之道，為而不爭。」（八十一章）

「聖人無常心，以百姓心為心。……聖人在天下，歙歙焉；為天下渾其心。」（四十九章）

誠如方師所說，聖人「既富有理想，又富有熱情，尤其是有高尚的動機」。因此可以衝破醜陋世界一切偏狹心理，在精神上開出解放大道❸，老子這種精神對提昇政治品質，可說至為重要！

有關老子的形上基礎，德國近代大哲雅士培，堪稱少數能夠把

---

❸　方東美，《原始儒家道家哲學》，頁 192。

❸　方東美，《原始儒家道家哲學》，頁 170。

❸　方東美，《原始儒家道家哲學》，頁 229。

握其重點的思想家，他對老子大道與政治哲學的關係，也有相當中肯的理解，深深值得重視！

雅氏首先指出關鍵的問題：

「道是世界萬物及思維者的本源和目的，這種哲學的內容首先是，何謂道？其次，一切存在者如何來源於道又復歸於道？再次，人如何在道中生存？如何會失去？又如何失而後復得？人如何作為個體在國家統治下生活？」❸❻

然後，雅氏根據西方哲學架構，指出老子的特色：

「我們知道，按照西方的分類，哲學包括形而上學、宇宙論、倫理學、和政治學。在老子那裡，哲學是一個統攝一切的基本思想的整體。《老子》一章中寥寥數句，就把這四方面包容無遺。」❸❼

雅氏並難得的分析，「道」在各面向的特色，與方師上述的內容不約而同，很能把握其中深義：

1.它作為非存在而在此；雖然道不可見、不可聞、不可觸，卻無處不在，「大道氾兮」。（三十四章）

2.它起作用，卻彷彿沒起作用一般：「道常無為而無不為」。（三十六章）

3.道對所有個別存在來說，都是本源的一：「天得一以為清，地得一以寧，神得一以靈，谷得一以盈，萬物得一以生，侯王得一以為天下貞。」（三十九章）

4.一切具體存在（Dasein）透過道或得其存在，「淵兮，似萬物

---

❸❻　同❷❹，頁323。
❸❼　同❷❹，頁323。

之宗」（四章），「可以為萬物母」（二十五章）

5.道在善惡之外，然而其助益無窮：「道者萬物之奧，善人之寶，不善人之所保。」（六十二章）

因此，雅氏總結：

「道在世界上存在的基本特點是，它是貫穿一切的無有，是作用一切都不露形跡的無為，是產生一切的一，是存在於善惡之外的生生滅滅事物的根據和立足點。」❸

雅氏並且很難得的看出，聖人即是「道」的印證，他引述老子所說：「孔德之容，惟道是從。」（二十一章）並且以此強調：「高尚的德行，真實的生命（德），與道原為一體。人只有遵循道德才能行正路。」

因而他指出，「道的特徵又體現為聖人的特徵；通過無為而為，通過無有而有，通過柔弱而剛強。」❸

這就把形上學與政治哲學緊密結合起來，也說明了老子政治哲學深厚的形上基礎。

所以，雅氏非常中肯的指出，老子心目中真正偉大的政治家，應該印證大道的精神，這些重點，足以做為所有政治家的典範。作者特整理申論如後：❹

1.大政治家應容納百川，如同大道：「譬道之於天下，猶川谷之於江海。」

---

❸ 同❷，頁 330。

❸ 同❷，頁 330。

❹ 同❷，本段引號內容參頁 333-336，引申內容則為作者所加。

因此大政治家應該謙下，身段柔軟，因為，「江海之所以能為百谷王者，以其善下之。」（六十六章）「天下莫柔弱于水，而攻堅強者莫之能勝。」（七十八章）大政治家應學習水：「上善若水，水善利萬物而不爭，處眾人之所惡。」（八章）

2.大政治家應該「無自我意欲」，也就是真正無欲無我，如同大道：「高尚的人依道的形象生活，『聖人後其身而身先，外其身而身存』。」（七章）

雅氏並指出，「真正的自我，退居人後」，不為天下先，也就是自我克制，決不自命真理，而能博採眾議，遵從眾智：「勝人者有力，自勝者強」（三章）。

3.大政治家應該「無欲求」：因為「五色令人目盲，五音令人耳聾；五味令人口爽，馳騁田獵令人心發狂。難得之貨，令人行妨。是以聖人為腹不為目。」（十二章）

而且，大政治家應有聖人的修養，本身清廉、節儉、生活簡樸、淡薄名利，絕不貪求慾望，才能真正為國為民。

4.大政治家應該「無自是」：因為「不自見故明，不自是故彰」。

大多數的政客，都會自以為是，結果抹煞集體智慧，也低估人民的智慧能力；因為以自我為中心，容易形成獨裁集權，破壞自由民主，真正大政治家「功成而不處」（七十七章）。

5.大政治家應該「無自居」：如同聖人「為而弗恃，功成而弗居」（二章），因為「生而不有，為而不恃，長而不宰」（十章），樂於助人而不宰制人，絕不自居老大，「以其終不自為大，故能成其大。」（三十四章）

6.大政治家必定「謙退」：如同聖人一般「功遂身退」（九章），而且「不欲見其賢」（七十七章），「功成而弗居」（二章），「不自矜，故長」（二十二章）。

正因大政治家能夠謙沖退讓，所以更得民心。

7.大政治家認識大道：亦即能夠「與道融為一體，認識道，生活於道中」，道並不是關於事物的知識，也不是零碎離亂的知識，而是凌空與宏觀的智慧；所以「為學日益，為道日損」（四十八章），「知者不博，博者不知」（八十一章）。

另外，大政治家要能明瞭民心深處聲音，才算認識大道，所以他有自知之明：「知人者智，自知者明。」（三十三章）

8.大政治家心胸開放，思想解放：此即老子所說：「知常容（無所不包）、容乃公」（十六章）。

因此，大政治家同聖人一樣，「聖人無常心，以百姓心為心。」（四十九章）他的同情沒有界限，「萬物作而弗辭」（二章）。

9.大政治家絕不會鄙視或放棄任何人：「是以聖人常善救人，故無棄人。」（二十七章）

而且，大政治家胸襟恢宏，能以平等心對待所有人：「善者，吾善之；不善者，吾亦善之。」（四十九章）甚至還會自我要求「以德報怨」（六十三章）。

凡此種種，均可看出，根據老子政治哲學，所有大政治家的風範及品格，均可印證大道的特性。

換句話說，真正偉大的政治家精神，必定與大道的特性相通。所以，能夠明瞭大道，並且身體力行的人，才能成為大政治家；而

且，只有大政治家，才能印證大道精神。

這些重點，均深深值得今天政治人物領悟與力行！

雅士培身為外國人，能夠對老子有如此精闢的見解，也的確難得可貴！

尤其，雅氏對老子的瞭解非常中肯，所以深知對於老子，要能從凌空觀察，才能瞭解其整體：「老子總是從整體上思考：政治的整體、倫理的整體、形而上的整體。」❹

換句話說，雅氏發現，被後人分為形而上學、倫理學和政治學的東西，老子很清楚它們在根源的共同性和特殊性。

因此他指出，老子並不認同將大道分離分裂，「與道相聯，便沒有什麼會分離，與道相背，便會彼此分開」，後者變成莊子所說「道為天下裂」，正是今天很多國家政局分崩離析的主因，深深值得今人警惕，並從道家學習化解之道！

三、老子政治哲學特色

(一)治大國如烹小鮮

蕭公權曾形容：「『治大國若烹小鮮』，此老子語妙天下，最能描寫清簡之政治。」❹

然後他指出，這代表「無為主義」，亦可解為「無所為而為

---

❹ 同❷，頁 341。

❹ 蕭公權，《中國政治思想史》（臺北：聯經出版社，1981 年），頁 182。

之」，亦即清除私意、「寡欲」，並且「棄智」。

他的說法固然並非無見，但是仍然境界有限，而且只見表面，未見大道深處。

因為，老子特別以「烹小鮮」為比喻，而不是「炒小鮮」，有其更深的含義：代表尊重人民，讓人民潛能可以充分發展，各自自我實現。

這正如同「烹」小魚，原味才能出來，絕不能廚師自命手藝高明，就去「炒」小魚；再好的手藝，若用炒小魚，小魚只會支離破碎，面目全非。

蕭公權在此未能領悟「烹」與「炒」之不同，所以只見局部，未見整體，而且只見現象，未見本質。

另外，在《中國古代治國要論》中，作者對老子「治大國如烹小鮮」也是只見其一，未見其二。

文中只看到「治國過程中要謹慎小心，不要亂翻亂動，否則魚就會碎掉，沒法再吃」❸，但未看到，「烹小鮮」意指用「蒸小魚」的方式，讓小魚的原味出來，這代表激發人民本身的潛能，充分自我實現，所以才能「無為而無不為」。

這與儒家所說「盡其性」，自我完成潛能，可說不約而同，只是用語及比喻不同而已。

漢代高祖劉邦成功治國的故事，「約法三章」，與民休息，讓人民潛能自動甦醒過來，就是明顯例證。

所以劉邦入關後，先慰問父老，再譴責暴秦苛政：「父老苦秦

---

❸　紀寶成主編，《中國古代治國要論》，中國人民大學出版，2004年，頁85。

苛法久矣，誹謗者族，偶語者棄市」。

然後劉邦明白宣佈，廢除從前各項苛政，去除秦朝多如牛毛的法令規定，讓人民能充分解放，只需「約法三章」保障基本安全：

「與父老約法三章爾，殺人者死，傷人及盜抵罪，余急除去秦法。」

秦始皇時期，頒佈一大堆法令，嚴厲箝制思想自由，徹底打壓言論自由，「誹謗者族，偶語者棄市」，代表完全不相信老百姓。

另外，秦朝還沒收民間所有的金屬鐵器，造七十二金人。秦始皇並到處派特務，大搞監聽監控，看看有沒有人造反，如此花費龐大的人力物力，那麼緊張的結果，還是垮掉了！

秦朝亡後，漢朝如何穩住局面？是不是用更多的法令？用更多特務監聽監控？不是，剛好相反！

劉邦就是「約法三章」，簡簡單單、輕輕鬆鬆，把所有法令全部去掉，也就是把所有束縛全部去掉，然後讓人民生活寬鬆，充分享受自由！只要遵守三條基本法令，「一不得殺人，二不得傷人，三不得搶盜」，能維持基本的治安，國家就穩住了，人民的元氣與創造精神，就這樣活過來了！

這種鮮明對比，從藝術品也可看出。

秦朝的兵馬俑，是中國藝術史很少見的寫實作品，雕刻手法精緻，一絲不苟，人物表情也都非常嚴肅，象徵秦朝當時，政風軍令都很森嚴的肅殺氣氛。

但是，到了漢朝，人物雕刻表情變得非常輕鬆，筆法也成為大而化之，如同卡通人物，讓人如沐春風。象徵由秦政的霸權，變成劉邦的無為而治，連藝術品都能明顯的反應。這就是老子政治哲學

「治大國如烹小鮮」的妙用。

　　同樣情形，大陸在文革時翻天覆地，人民動輒得咎，如同烙餅一般，被各種政治運動折騰來、折騰去，苦不堪言，也如同被「炒」來炒去的小魚，面目全非，形成中華民族的空前浩劫！

　　但是，後來如何能活過來？四個字：「改革開放」！

　　中國人就有這個本領與潛力，只要有一點空間能夠呼吸，馬上就能恢復生命活力；只要能有一點經濟自由，能有喘息空間，經濟馬上就能騰飛起來！

　　美國立憲英雄傑佛遜（Thomas Jefferson）有句名言，「管得最好的政府，是管得最少的政府。」即在指出這種精神，也正是老子政治哲學的最大特性！

　　另如 1849 年，西方哲學家梭羅（Henry David Thoreau），也曾在論述《公民不服從論》（*Civil Disobedience*）中，明白指出，政府應盡量避免干擾人民自由；他甚至說：

　　「無所作為的政府，就是最好的政府。」

　　這種精神，也明顯與老子在此「無為」思想特色，不約而同，相互輝映！

　　中共文革最嚴重的時候，作者正在美國波士頓大學攻讀博士學位，記得有位美國教授剛從大陸訪問回來，告訴我，「你們即使現在反攻回去，也根本無法統治，因為大陸已經成爛攤子，沒有任何人可以治理！」

　　我當時即回答，根據中國政治哲學，以及歷史經驗，這個問題不大，因為，到時候只要如同劉邦，「思想解放」，給予民間自由，透過人民本身的活力，大陸經濟就能馬上活過來！

當時那位美國教授還持懷疑態度，但如今事實已證明，作者的預言，完全正確！

作者的根據，是什麼？即老子政治哲學，「治大國如烹小鮮」！

但不幸的是，現在臺灣反而正在進行「小型文革」。原來被政客割裂成主流、非主流之分，現在則成藍、綠之分。臺獨意識形態掛帥結果，經濟低迷，政策反覆，人民也成為烙餅與被炒的小魚，同時也印證了「滾石不生苔」，不可能生出結果。

所以，任何政策一定要能根深蒂固，深入民心；根深蒂固這句話，就是出自老子。老子在五十九章裡面講：「有國之母，可以長久；是謂深根固柢，長生久視之道。」

「母親」在此象徵根基。因為，大樹根基要能深厚，枝葉才能茂盛繁榮，國家根基也要能夠深厚，國運才能昌隆。

然而，根基要深厚，政策就不能夠翻來覆去，必須如同「烹小鮮」的方法，尊重人民自由意願、尊重人民自主意識，深入到民間，藏智於民，這才是真正國運長生之道！

所以，「治大國如烹小鮮」，是典型的自由主義。自由主義的基本信條，就是儘量不干涉人民，尤其政府不要自以為是，用政治力介入經濟。

尤其，自由經濟的原則，就是尊重市場功能，讓市場機制自動調整，如同亞當·史密斯（Adam Smith）所說：由一隻「看不見的手」自行調整。

然而，臺獨執政之下的大陸政策，從「戒急用忍」，到「積極管理」，均為政治力干預經濟，與自由經濟背道而馳。事後證明，

不但沒有效果，而且只會貽誤商機，永留罵名！

　　老子的政治哲學，堪稱最徹底的自由主義，所以完全相信人民、尊重人民。到了莊子，形成另外一句名言「藏天下於天下」，則可稱為徹底的民主思想，兩者合論，就是現代自由民主的最好根源，深深值得仁人志士共同重視與力行！

(二)聖人無常心，以百姓心爲心

　　老子非常有自由民主的精神，所以他說：「聖人無常心，以百姓心為心」（四十九章），然後強調：「聖人在天下，歙歙焉，為天下渾其心」。

　　這兩句話是一體的，指出聖人治理天下，自我收斂（「歙」即收斂），沒有預設政策，「無常心」，代表沒有主觀成見，而是「以百姓之心為心」，以人民的心意為心意。

　　所以，老子精神在此，非常符合現代民主政治，也非常平民化；「為天下渾其心」，用現在的話來講，就是本身無定見，而接納「主流民意」，化為主要政策。

　　問題是，主流民意怎麼定義？按照老子的講法，「百姓皆注其耳目，聖人皆孩之」，聖人就是指領導人，應該把天下人民當孩子一樣照顧，如同父母，經常傾聽孩子訴求。

　　百姓也是凝視傾聽，把他的所有心聲，都告訴領導人。

　　用現在語言來講，就是領導人應用耳朵，傾聽人民的聲音；並應用眼睛，觀察人民的需要。而且，以人民的耳朵、人民的眼睛，做為領導人的耳目，以人民的心，做領導人的心。這才是把人民當作孩子一樣好好照顧！

另外，《老子》第三章曾說：

「聖人之治，虛其心，實其腹，弱其志，強其骨。常使民無知無欲，使夫智者不敢為也。為無為，則無不治。」

薩孟武曾對此望文生義，有所誤解。他稱：

「道家由無欲，進而主張無知，展開了他們偏激的政治理論，終而提出類似於愚民之政策。」❹

另外，他的舉證還包括老子的另外一段：「古之善為道者，非以明民，將以愚之。民之難治，以其智多。故以智治國，國之賊，不以智治國，國之福。」（六十五章）❺

然而老子此句版本，也有「非以明民，將以娛之」，亦即並非「愚民」，而是「娛民」。這就近乎孟子所說「與民同樂」的境界，一字之差，內涵便大不相同！

因為，「愚民」是將人民看成低等、無能，可以矇蔽，甚至對人民遮掩真相，不讓人民知道實情，抹煞人民「知的權利」。

但「娛民」，則是視人民為根本，認為人民非常偉大，所以應該尊重人民，甚至應讓人民開心，這就不只「與民同樂」，還要取悅人民，可見在老子心目中，人民份量非常重要。

所以老子曾說，「域中有四大」，除了「天大、地大、道大」，而且「人亦大」，足可證明他從未貶抑人民，而是非常重視人民。因而應取「娛民」的解說才正確。

---

❹　薩孟武，《中國政治思想史》（臺北：三民書局，1969 年初版，2000 年十刷），頁 65。

❺　薩孟武，同上，《中國政治思想史》，頁 65。

準此立論，大陸學者在《中國古代政治思想》中，明白認為「道家主張對廣大民眾採取愚民政策」❹，更是明顯誤解。

這正如同很多人對孔子，同樣誤解成愚民政策，如引述孔子所說「民可使由之，不可使知之」；然而，如果真是如此，孔子何必強調「有教無類」，何必增加民智？

事實上，本段因為斷句不同，另外還有二解：

一是：「民可，使由之；不可，使知之。」人民如果認可，就使遵從民意；人民如果不認可，則使知道民意，都代表尊重民意。

二是：「民可使，由之；不可使，知之。」代表如果民氣可使，就遵由民意，如果民氣不可使，則應瞭解民意。仍然代表尊重人民，並無任何愚民思想！

另外，老子強調，「去聖絕智，民復孝慈」，也代表不要自命聖人、自以為是。

他在此所說的「智」，是假的「智」，並非真智；聖人在此也指「假聖人」，並非「真聖人」。如同莊子所說「聖人不死，大盜不止」，本句「聖人」，也是假的聖人。

這正如同《聖經》裡面，也曾經提醒信徒，更警惕「假先知」，「假信徒」；佛經中同樣提示信徒，要小心假活佛假信徒。

若以 20 世紀為例，法西斯主義也自命真理，並且強加於人，造成二次大戰劫難，文革時四人幫用馬克思的教條，也曾自命真理，強加於人，均造成人民重大痛苦。

所以，老子如果再世，他會寧可這些人都「無為」，不要自命

---

❹　同❸，頁 87。

上帝、不要自認真理,而要多瞭解人民心聲;要能領悟,人民的智慧必定超過政客,民間智慧也必超過政府,不需要政客自認高明,自命可以「明」民。

換句話說,老子寧可人民都活在喜悅的氣氛中,如同嬰兒一般,永保天真純潔,所以說「復歸於嬰兒」。

尼采也曾稱「精神三變」,從駱駝變獅子,最後變成小孩,即是去除我執,復歸嬰兒,這並非「愚民」,而是返樸歸真!

試看今日國營企業的成績,基本上均不如民間企業,官方計劃經濟不如民間市場經濟,即為同樣道理。

因為,政府如果自以為是,管得太多,結果束縛太多,當然不如民間靈活而有生機。

薩孟武又稱,「道家之本意不在於愚民,而是希望人民無知無識,而能無爭無亂」,前一句還正確,但後兩句同樣是種誤解。

因為,老子希望人民,不是無知無識,而是不要小知小識;他尋求的是生命智慧,能淡化大道、提升境界,並與大道合一,而非小知小識,更非無知無識!所以他曾說「為學日益,為道日損」,此亦莊子所說「天地與我並生,萬物與我合一」的境界。

尤其,從「無知無識」,也不能到達「無爭無亂」,那種無爭無亂,只會成為順民般的奴隸,這種順民奴民,人格完全被踐踏貶抑,完全違背老子肯定「人亦大」的精神,絕非老子本意。

尤其,老子所稱「不爭」,是去除個人私心,並非對「大是大非」不爭,也不是對「不公不義」不爭,而是要提其神於太虛而俯之,因而對「小利小害」不爭,但要冥同大道,向此目標修行。

㈢上善若水

老子稱：「江海之所以能為百谷王者，以其善下之，故能為百谷王。」（六十六章）在今天仍然很有啟發性。

這段內容提醒政治家，應該多學習長江大海；江海能夠成為百川之王，使天下的河流都奔往匯歸，就是因為善于自處低下的地位，才能接受百川的歸注，成為百谷之王。

老子用此比喻，無論做人做官，都要身段柔弱、放低姿態，處在低下的位置，才能與最低層的老百姓打成一片，這種感動力，才最為強大。

另外，老子在第七十八章也講：「天下莫柔弱于水，而攻堅強者莫之能勝」，也是用同樣道理。

《中國古代治國要論》作者據此評論，相當正確：

「道家貌似消極，而實際包含積極進取因素的治國思想。」❹

該作者並因而認為，這段內容：

「不僅是道家政治哲學的有機組成部分，而且也豐富了中國古代統治者的治國思想。」

本段說明大體堪稱正確。

因為，水的另外一個特性，就是能夠保持平衡，這也是天道的特性。

所以老子第七十七章講，「天之道，損有餘而補不足」。

「補不足」，就是大自然的道理，跟水一樣，高處的水往低處

---

❹　同❹，頁87。

流，把低處補平。這也如同「張弓」的天之道，就是「高者抑之，下者舉之」，如果弦位高了，就把它壓低；弦位低了，就把它升高。道家就是從自然天道印證的哲學。

但是，「人之道，則不然，損不足以奉有餘」，在人間社會，如果不能學習自然天道，就會變成貧者愈貧、富者愈富，如此貧富懸殊，就會明顯有失公平，為天道所不容。

所以老子強調，治理國家，最好要向水學習：

「上善若水，水善利萬物而不爭，處眾人之所惡，故幾於道。」

因為水可以造福萬物，而自己不爭。政治家要能做到如此，處在比老百姓更卑微的地位，才能真正瞭解民心民隱，也才更能爭取廣大民心！

換句話說，老子提醒領導人，不能高高在上，而要放下身段，如同水一般，永遠與基層人民在一起。

經國先生與很多民眾照相，很多時候都蹲在旁邊，而請民眾站在中間，也是同樣精神。

官場平時照相，中間都留給最大的領導人，其他人則站在兩邊或後面。但經國先生不是，他與民間友人照相，本身蹲在民眾的旁邊，其他人都站著；這就是「善下之」。

經國先生很能得到民心，從這個小動作，就可以看出其成功之道，其來有自。

另外在大陸上，周恩來也很有同樣精神。他與保健醫生護士照相，也是他蹲在旁邊，而別人站在中間。可見二人都有相同體認。結果證明，周恩來在大陸聲望也很高，同樣很得民心。

所以老子強調：

「侯王無以貴高將恐蹶。故貴以賤為本，高以下為基，是以侯王自謂孤、寡、不穀，此非以賤為本邪？」（三十九章）

老子在此提醒領導人，要能多在基層札根，多聽下層民眾心聲；否則自認高貴，不知民間疾苦，最後就會被推翻失位。

這就是老子政治哲學的智慧與啟發；所以他說：

「太上，不知有之；其次，親而譽之；其次，畏之；其次，侮之。」（十七章）

另外，蕭公權稱，老子從天道物理體會，「反者道之動」，甚至「弱者道之用」，然後應用在全生處世，可得五術，固然有其見解，但因前提只從個人的「全生」切入，認為「全生適性乃老莊政治哲學之最後目的」（頁176），仍有過分小化與矮化老子之嫌。

因為，老莊政治哲學之最後目的，在於「聖人常善救人，故無棄人，常善救物，故無棄物。」（二十七）也就是說，在於拯救整個人類眾生，而不只是個人的全生適性。

所以，老子同時強調，「上善若水」，是因為「水善利萬物而不爭」，可以利益萬物眾生，而且「善行者無轍迹」，善於拯救世界，但是本身不露痕跡。

因此，蕭公權所稱「五術」；一曰濡弱，二曰謙下，三曰寬容，四曰知足，五曰見微❽，都只看到現象，卻未看到本體，更未領悟大道。如果只從零星修養而論（如寬容、知足、謙下），而未看到背後冥同天地的大道，與拯救眾生的仁心，所見便極有限。

---

❽ 同❷。

事實上，老子政治哲學，看似「弱者道之用」，其實正如他所指「上善如水」，看似柔弱，天下卻莫之能禦。

所以老子強調「動無死地」，正如同莊子所稱的「神人」，極具精神毅力，尤具精神定力，這些皆非一般「弱者」所能做到。

事實上，蕭公權也承認，「謂老子之學純以虛無為歸者，誠不免有所誤會矣。」

由此可言，他也依稀體認，老子同樣強調「有」的功能，只是他因背景訓練並非哲學，未能深入體悟背後大道，以致語焉不詳，容易形成誤解。

另外，蕭公權稱老子傾向於「虛君」民治，倒有其正確處。

他引述老子所說「聖人無常心，以百姓心為心」、「不敢為天下先」，又說「欲上民必言下之，欲先民必身後之」，然後強調：

「倘使治國臨民者果能一一行此諸道術，則天下民各行其是，名安其生。政府之所施行節制者，其事甚少，而又為百姓言行之所先示，非出於君長之專制獨裁，強令威迫。其說大異於儒、墨、法諸家之所持。」❹

從這內容就能肯定，老子深具現代自由民主的精神。

老子在第八章，除了提到「上善若水」，還特別強調「居善地，心善淵，與善仁，言善信，政善治，事善能，動善時。夫唯不爭，故無尤」。

老子這段話代表，領導人要能處在卑下之處，心存善良仁厚，博施而不求報，說話真誠而不妄言，為政能有好的政績，做事能有

---

❹　同❷，頁 180。

好的效果，行動能有好的時機。這一切的善，均為了要能夠「善利萬物」，利益眾生，這才是老子政治哲學的最後目的，與大乘佛家悲慈精神非常相通。

尤其本段內容，通通都在講「善」，莊子在〈天下篇〉稱老子為「博大真人」，其實在老子心目中，「真」與「善」完全相通，這就如同柏拉圖的哲學，重點在提升下界，進入上界，那時真、善、美均相通；非常值得世人重視與追尋！

㈣歸根復命

老子第十六章提到：

「夫物芸芸，各復歸其根。歸根曰靜，靜曰復命。復命曰常，知常曰明。不知常，妄作凶。」

這段內容，提醒領導人：凶，都是因為妄作，狂妄的胡作非為，一定帶來惡果；所以政策一定要能「知常」，社會才能穩定，民眾才能恢復生機與活力。

中共文革時期，就是「妄作凶」的例證，因為整個政策體制「不知常」，顛倒基本價值，所以形成中華民族有史以來最大浩劫；等到鄧小平復出，去除了四人幫，把被顛倒的，再顛倒回來，回到「改革開放」的常軌，才能恢復民族生機。

所以老子所說，「歸根復命」，今後啟發極為重要：若要想「復」興中華民族之「命」，就要先回「歸」中華民族之「根」——中華文化；唯有先振興文化，才能真正振興中華！

從政治哲學看，如果一個國家政局紛亂，價值錯亂，此時最重要的「復命」關鍵，就是回歸根本大法，也就是回歸憲法。

所以，憲法一定要保持穩定性，一定要保持權威性，絕對不能輕易改來改去，這才叫做「知常」，不會「妄作凶」。

美國二百多年，它的修憲只有二十七次，平均將近十年才修一次，制憲更是只有一次。

但是李登輝在位十二年，卻把憲法修了六次！平均兩年改一次，比勞基法改得還勤！這就對憲政體制造成莫大的傷害！

李登輝把憲法改來改去，當作玩物，如今留下很多後遺症，到陳水扁時期，擁有大權，憲法卻無法監督他，形成臺獨與獨裁的「兩獨合流」，即因憲法機制已被破壞，無法對其防腐與制衡。

結果，獨裁造成集權，集權造成貪腐，政風因而大壞！另外，扁用「獨裁」手段推動「臺獨」，變成一意孤行，無人可以制衡，更把臺海推入緊張的高危險區！

歸根結柢，這些均因憲法慘遭破壞與踐踏，因為李扁「妄作」，而導致後來的大凶。

另外，老子也警告，在衰世中，政客太多權謀，勾心鬥角，國家就會混亂「朝多利器，國家滋昏」，此時律令再多也沒有用，因為「法令滋彰，盜賊多有」（五十七章）。只有「無為、好靜、無事、無欲」，才能重新歸根復命！

否則，將如老子所說「民不畏威，則大威至」（七十二章）。領導人若想以恐怖統治威迫人民，人民不怕，必定反抗，那更大的威迫，就會降臨到統治者的身上。

因此，這正如同中醫原理，健康之道，主要在於「培元固本」。醫治癌症的關鍵，也在培養元氣，鞏固根本。老子講法，就是「歸根復命」。今天因為臺獨妄作非為，又行綠色恐怖，導致人

心浮動，政局紛亂，今後唯有先回歸憲法，才能恢復一切生機！

　　事實上，陳水扁兩次就職總統，都鄭重宣誓要遵守憲法，但事實卻證明，他經常違背憲法規定的一中原則與終極統一，尤其突然提出「公投入聯」，更是典型「不知常，妄作」。

　　因為，聯合國是以國家為單位，陳水扁在總統大選前，公開宣佈要以臺灣名義申請入聯合國，等於在國際上公開宣佈臺獨，這種「妄作」的結果，當然非常凶險！

　　所以老子強調：

　　「知常容，容乃公，公乃全，全乃天，天乃道，道乃久，沒身不殆。」

　　這段說明，只有了解「常道」，才能無所不通、無所不包。能夠無所不包，才能尊重普世價值，才能公平。能夠公平，才能周全周到。能夠周到，才能符合大自然天道、合乎大道。合乎大道，才可以長久，終身不會有危險。

　　這對政治哲學的啟發，就是為政之道，一定要能「知常」，凡事一定要講公理，講道理。講道理，才可以無所不包，因為有理行遍天下，無理寸步難行。

　　講道理之後，才能夠公平，沒有任何私心，沒有任何護短、特權或偏頗。公平之後，才能周到，才合天道、合乎大自然之道、合乎大道。合乎大道，才可以鞏固政權！

　　因此老子特別強調：「輕則失根，躁則失君」。

　　這段提醒政治人物，如果輕率、輕浮、輕佻，就會失去根本；如果急躁，就會失去主帥！

　　因此，領導人絕不能輕率、輕浮、輕佻，更不能急躁冒進。領

導人如果自己踐踏憲法,把憲法貶得一文不值,就是「輕則失根」。

陳水扁自己說,「中華民國是什麼碗糕?」如此自己醜化國名,就是輕率、輕浮、輕佻!

因為,他明明就職時宣誓,要效忠這部憲法,他也明明是從這部憲法選舉出來;沒有這部憲法,就沒有他總統權位,現在卻如此輕率、輕浮、輕佻的想否定,誰還會尊重這部憲法?

這樣否定憲法,等於否定中華民國,也等於自我否定;如此自我否定,自己失去根基,就是「輕則失根」。

尤其,陳水扁在 2007 年 10 月 10 日國慶,總統府塔樓第一次取消「中華民國國慶」字樣,反而代以「臺灣入聯合國」,再次表現「輕則失根,躁則失君」!

所謂「躁則失君」,代表躁進結果,必定失去政權。

因為,陳水扁提「公投入聯」,連美國政府都認為是邁向「公開宣佈臺獨」的紅線。美國務院官員在 9 月 1 日,並且公開評論,揭穿其真相,批評「壞的公共政策,即使包裝在民主的大旗下,也不會看來更好!」

當陳水扁與美國的智庫,用視訊在 9 月 9 日對話時,他以「唐吉訶德」影片音樂,用「追求不可能的夢想」為主題,反而引發美國學者指出,該歌詞曾強調,「為了崇高理想,向地獄邁進!」難道臺灣人民也要陪他「向地獄邁進」嗎?

這種「躁進」,想向地獄邁進,既矇蔽臺灣人民,也裹脅臺灣人民;歷史必定證明,最後必會「失君」,既失去民心,也失去政權。所以老子這段智慧之言,今後將成很重要的警句!

㈤絕聖棄智

老子曾經強調：

「絕聖棄智，民利百倍；絕仁棄義，民復孝慈；絕巧棄利，盜賊無有。此三者以為文，不足。故令有所屬：見素抱樸，少思寡欲，絕學無憂。」

絕聖棄智，應該合併老子第十七章「信不足焉，有不信焉」一起看，代表誠信不足，人民就不信任。值得強調的是，「絕聖棄智」，在此是指人民不信任的假聖人、假智慧。

老子在這裡強調，人民要警惕三項假東西，一是「假聖假智」；二是「假仁假義」；三是「假巧假利」，要把這三項表面的虛矯去掉，人民才能幸福。

用今天「解構學」來看，老子在此所說「絕聖棄智」，就是要針對假聖人與片面的假知識，加以「解構」。

因為，這個「假聖人」，並未真正瞭解大道的仁愛，而只自以為是，以百姓為犧牲品，所以才說「聖人不仁，以百姓為芻狗」。

這正如同臺灣李扁所說「教改」，高層自以為是，美其名是「改革」，卻以孩子為實驗品，極不人道，極為「不仁」！

這也如莊子所說「聖人不死，大盜不止」。老子莊子在此所指的「聖人」，都是反諷之意。因為是假聖人、假知識，所以要加以批判，加以「解構」！

這與當代西方政治哲學的「解構學」，很有相通之處。

當代西方「解構主義」的代表人物，為法國德里達（Jacques Derrida, 1930-2004）。他的三部代表作《論文字學》、《書寫與差

異》、《聲音和現象》，論述「解構」的重要性，在此很能相通。

很多人誤以為「解構」，只是消極的否定，這正如同很多人誤以為老子所說「反者道之動」，或「無之以為用」，是消極的否定，其實不然。德里達曾經反駁：

「解構不是否定的，而是肯定的……如果一定要確定透過解構，人們構建了什麼，我要重複我說過的，那就是世界的新面貌，人、民族、國家之間關係的新面貌。」❺⓪

事實上，莊子形容老子，「建之以常無有，主之以太一」，除了「常無」代表「解構」，同時也注重「常有」的「建構」；相形之下，比德里達「以破為立」更為顯豁，但就批判精神而言，兩者都很接通。

尤其，德里達在《馬克思的幽靈》（1993），先解構了馬克思主義❺① （馬克思主義就反對資本主義而言，也是一種解構），緊接著，再用解構後的馬克思批判精神，批評西方政治哲學，頗有禪宗「大死然後才有大生」的氣魄，很有獨到之處。

就此而言，老子除了強調「玄之又玄」，透過不斷的批判超越，同時也還肯定「生之、育之」（十章）、「道生之、德畜之」（五十一章），也就是除了「解構」，同時還能重視「建構」。

因此，老子除了有「超本體論」的否定精神，也有宇宙論的肯定精神，「道生一，一生二，二生三，三生萬物」。相形之下，比

---

❺⓪　德里達，引自《西方政治哲學》，頁290。

❺①　同上，頁291。

德里達要更完備。

另外，從語言哲學來看，老莊運用語言更為靈活生動，而且不限只用文字、書寫、或聲音。

例如，老子「道可道，非常道」之中，三個「道」即代表不同層次。

到了莊子更有「重言、寓言、卮言」等等運用；連大鵬鳥、小斑鳩、天上的星辰、地下的螞蟻，路旁的骷髏，都是對話對象。甚至「不言之言」，也是一種言語！其千變萬化，寓意深遠，自然遠非德里達所能相比。

就此而言，德里達所說，有其道理，但也有其限制：

「解構不是，也不應僅僅是對話語、哲學陳述、概念、以及語言學的分析；它必往向制度、向社會的、和向政治的結構，向最頑固的傳統挑戰。」❺

這也正如馬克思所強調，真正問題在於「改變世界」，而非「解釋世界」。

馬克思在 1844 年《共產黨宣言》中強調，要「與一切傳統價值，做最徹底的決裂」，堪稱是最徹底的「解構」，如同本段所說「向最頑固的傳統挑戰」。

然而，馬克思後來卻因為只有解構，無法成功建構，就變成只有破壞、沒有建設，形成困境。此時只有經過改革開放，再把形式化的僵硬馬克思主義「解構」，才能真正找到出路與生路。

中共文革時期的「破四舊」，就是只有解構、只有破壞，沒有

---

❺　同上，頁 288。

建設，造成天下大亂，形成空前浩劫。一直等到四人幫垮臺，鄧小平收拾殘局，強調「改革開放」，才能把「被顛倒的再顛倒回來」，把被解構的再建構回來！

所以此時，便需回到老子哲學，因為老子不只有「常無」的解構作用，同時具備「常有」的建構功能；既能「無之以為用」，用作解構工具，又能「有之以為利」，作為建設藍圖。

唯有如此，「有」、「無」兩者並用，才不會只有破壞、沒有建設，不會自以為是，而造成封閉與專制。這時亟需老子莊子自由民主、改革開放的精神，以及思想解放的胸襟，才能從根本拯救原先的困境。

另外，老子主張：「見素抱樸」、知足常樂，這對於政治人物也是深具啟發。他說：

「禍莫大於不知足，咎莫大於欲得；故知足之足，常足矣！」（四十六章）另外，他又說：

「名與身孰親？身與貨孰多？得與亡孰病？是故甚愛必大費，多藏必厚亡。知足不辱，知止不殆，可以長久。」（四十四章）

老子認為，長久之道就在知足，知道適可而止。

他問世人，身外虛名與自己性命，哪個重要？身外財貨與自己性命，哪個重要？

如果只得到虛名與財貨，卻失去性命，哪一個有害呢？

因此老子強調，愛名太過，必定損耗很多；藏貨太過，也必定失去會很重。

如今很多政治人物，為了追求權位名利，終日忙碌過勞，結果便犧牲了身體健康，或者犧牲了家庭幸福；在老子看來，都是很不

值得,「禍莫大於不知足,咎莫大於欲得」!

　　因此老子認為,對於身外之物,都應從心靈上看開、看淡,甚至能夠捨棄,要能「解構」,有捨才有得,有解構才有建構。

　　所以老子又曾指出:

　　「朝多利器,國家滋昏;人多伎巧,奇物滋起,法令滋彰;盜賊多有。」(五十七章)

　　然後他結論是:

　　「故聖人云:我無為而民自化,我好靜而民自正;我無事而民自富,我無欲而民自樸。」

　　本段就是典型的「解構」精神,將一切擾民的無謂政令,統統解除!領導人只要「無為、好靜、無事、無欲」,就可與民休息,本身就能建構幸福!

　　所以老子講,「功成,事遂,百姓皆謂『我自然』」(十七章)領導人平日看似悠閒,很少發號施令(「悠兮其貴言」),但這就代表沒有擾民,也沒有庸人自擾;等到百姓各自發揮潛能,各自經營事業,功成事遂,百姓還以為是很自然的事情,並未察覺到是來自領導人的功勞,這才是「太上,不知有之」的最高哲學智慧!

㈥聖人抱一以為天下式

　　老子曾經強調:

　　「曲則全,枉則直,窪則盈,敝則新,少則得,多則惑。是以聖人抱一為天下式。」(二十二章)

　　方師對此指出:因為大道全體是無窮的,若要瞭解這個大道全體,不能一次說盡,故需轉彎抹角,此即所謂「曲則全」,亦即

「轉彎抹角的窺盡它的秘密」，從表面看起來，彷彿成了「一套互相矛盾的說辭。」㊿

因此，方師舉中國畫為例，說明其中畫法，很多就是老子說的「曲而全」。

他說，真正哲學家觀照宇宙的方法，就是要「全而歸之」，也就是「要把宇宙萬象紛亂的狀態，拿哲學家最高的智慧精神，把它統攝起來。」㊾

方師並進一步分析，如此從曲折的過程裡面，瞭解大道全貌，才是中國藝術家的精神——亦即「提其神於太虛而俯之」。

這對政治家的啟發，就是要能從統一的整體，凌空俯視，觀照全局，才能有真正智慧的領導決策。

由此可證，中國哲學基本上，都強調整合，孔子講得很清楚：「吾道一以貫之」，儒家強調「天人合一」、「知行合一」、「心物合一」、「主客合一」，均注重整合的「一」，熊十力先生即稱之為「汎不二論」。

在中國政治哲學上，也是同樣情形，注重人格要一致、言行要一致、政策要一致、前後要一致；老子所說「聖人抱一以為天下式」，要用整合與統一的原則，做為天下模範，就是同樣精神。

另如《易經》，早就強調：「天下之動貞夫一」，也是強調整合與統一的原則。

㊿　方東美，同㉚，頁213。
㊾　方東美，同㉚，頁215。

　　後來如佛學講「圓融」、「無礙」，均同樣重視整合與「廣大和諧」的精神。

　　所以，方師在《中國人生哲學》，副題即為「廣大和諧」（The Comprehensive Harmony）⑤後來論述華嚴哲學，也稱之為「廣大和諧」的哲學。⑥

　　另外，方師也稱此為「機體主義」（Organism）（同⑤），不但形成中國宇宙論、世界觀的特色，也形成政治哲學的特性。

　　因此老子特別強調：

　　「昔之得一者：天得一以清；地得一以寧；神得一以靈；穀得一以生；侯得一以為天下正。」（三十九章）

　　老子在此做了許多對比，就是提醒大家，經過對比，才能襯托人生是整體的；例如，苦難是促使大家上進的動力，因此苦難與上進，就變成因果關係；因為苦難，所以上進；同樣情形，因為曲折，所以成功，因為曲，才能全。

　　佛學在此也有所謂「逆增上緣」、「逆緣菩薩」，要從整體來看，方知逆境也是一種善緣。

　　「曲則全」就是這個道理。如果只從一個面向去看，就看不清整體。必須從各個面向、窮盡各種角度，從整體看，才能看清楚全貌真相。

　　這不但對中國畫很有影響，對中國政治哲學，同樣很有啟發。

---

⑤　方東美，《中國人生哲學》，英文本由香港友聯公司，1956 年印行。

⑥　方東美，《華嚴宗哲學》（臺北：黎明公司，1981 年），頁 147。

　　因為這也代表，領導人絕不能只從直線思考問題，也不能只從一個角度、一個面向看問題，而要能從不同的立場與角度，從整體俯看全局，才算真正高明，也才能真正通達；如此才能胸襟恢宏，心態開明，判斷正確；這就不能自見或自是。所以老子強調：

　　「不自見，故明；不自是，故彰；不自伐，故有功；不自矜，故長。」（二十二章）

　　這段內容，明確提醒領導人，不要自以為是，不要自誇自大，更不要自滿自傲，就是同樣道理。

　　因此，老子再次指出，為政之道，一定要重自然，正如同天地間大自然之道，「飄風不終朝，驟雨不終日」；極端的政策不可能長久，激烈的手段也不可能長久！所以他說：

　　「孰為此者？天地。天地尚不能久，而況於人乎？」

　　他強調，是誰讓這狂風暴雨來的？是天地，連天地發動狂風暴雨，都不可能讓它長久，更何況人為的政策與運動呢？

　　所以，老子在二十四章再次強調：

　　「企者不立，跨者不行。自見者不明，自是者不彰，自伐者無功，自矜者不長。」

　　他在此提醒領導人，用墊腳的姿勢，想要高過別人，結果反而站不穩；若張大了腳步，想要快過別人，反而走不久。因為這些都違反了自然之道。同樣情形，只用自己角度去看事情，反而看不清，自誇的人，反而沒有功，自負的人，反而不長久！

　　因此老子進一步指出：

　　「其於道也，曰：餘食贅行。物或惡之，故有道者不處。」老子在此強調，這些自以為是、自認高明、自我標榜的作為，從大道

的觀點看，都是些剩餘或贅瘤，不但沒有營養，反而有害身體，令人厭惡，所以有道之士不會認同。

這種道理，應用在政治哲學上，就是絕不能干擾人民，不能只從自己角度看問題，也不能只用自己成見制定政策，而應從正面、反面、側面、各個角度，整體的看民心需要。

此即老子所稱：「聖人抱一以為天下式」，要從整體瞭解民心，再訂政策，才不會偏差，也不會極端；只有如此，才能做出正確判斷；此中智慧深值領導人效法與力行。

(七)聖人常善救人，常善救物

老子強調：「聖人常善救人，故無棄人；常善救物，故無棄物」，至今仍然堪稱普世的核心價值。

很多人誤以為老子消極無為，是出世、避世、甚至厭世思想，從這段內容，清楚可見均為誤解。

因為，這段文字很明確可以證明，老子充滿救世救人的積極思想，只是其方法與風格，與儒家不同而已。

用今天的話來講，老子本段內容，就是強調普世適用的人權觀念，對於人權不能劃出禁區，不能說大陸新娘就沒有人權、大陸漁工就沒有人權，或者「統派」就沒人權；不能因為政治立場而有仇恨歧視，也不能因為省籍、黨籍、性別、群族、年齡，而有任何差別待遇！

這種平等精神，真正能做到「無棄人」、「無棄物」，至今仍有很大的啟發性！

另外，老子更強調「善行者，無轍迹」。他比喻，善於行走的

人，不會留下痕跡，也就是利益眾生，不能刻意留下痕跡，也不會傷害別人的自尊心。這提醒大政治家，注重人權，也應顧到尊嚴，做了善行，不要留下痕跡。

蔣中正夫人宋美齡女士過世後，周聯華牧師追思禮拜，說了個小故事。

有位早期的保皇黨夫人，因為生病，很貧困，住在醫院；蔣夫人特別交他，送兩樣東西，一個是一束花，說是夫人送的；但另外再送很好的絲綢冬衣，卻特別交待，別說是夫人送的。

蔣夫人事先，從旁瞭解那位夫人的身裁，很貼心的送了禦寒冬衣；但她說明，因為政治理念不同，不能讓對方覺得尊嚴有損，所以不能講是她送冬衣。這就是雖然幫助別人，但要顧到別人的尊嚴，不能留下痕跡。

所以，老子本段強調，「是以聖人常善救人，故無棄人；常善救物，故無棄物。是謂襲明」。

這句話說明，大政治家不會放棄任何對象，他（她）沒有任何分別心，更沒有任何歧視心，這才是真正的聖人精神，謂之「襲明」，承襲光明，也才是真正的政治家風範。

因此，老子政治哲學，與今天所稱的自由主義完全相通，對於任何異己、不同的言論，都尊重別人有這權利，還是照樣幫助，照樣拯救，絕對不排斥，也絕對不打壓。

這也正是法國自由主義大師伏爾泰，生前所宣揚的精神：

「雖然我不同意你的意見，但我用生命捍衛你有說這話的權利！」

今天，因為文化臺獨的政策，連考題都出閩南語的中譯，企圖

用此排斥閩南人以外的族群，就是完全背離這種人權觀念。

結果，因為這種閩南發音的中譯無法統一，不但外省人看不懂考題、客家人看不懂、原住民看不懂，連很多閩南人自己都看不懂！

另外，臺灣的外交特考，也有很多透過試題，探測考生的政治立場，再由政治立場決定取捨，形成「只要綠，不要專」；這與文革時「只要紅，不要專」，都是同樣毛病，剝奪平等的人權以及公平的機會。

在老子看來，這些都是偏差；根據老子哲學，肯定要能夠「用人唯才」，沒有族群歧視、沒有性別歧視、沒有任何黨派歧視，更不能劃小圈圈！大政治家更應有此胸襟，視天下人才均為天下所用，務使「野無遺人」、「野無遺才」，才能真正中興成功！

美國民權運動英雄金恩博士（Martin Luther King），在 1956 年的華盛頓大遊行中，曾經感性的強調：「我有一個夢。」（I have a dream），其中最感人的，就是他具體訴求：

「我夢想有一天，我的四個孩子與其他白人朋友的孩子，可以毫無隔閡的共同玩耍！」

這一件看來極為平常的事情，卻被金恩博士認為，是一個「夢想」，就可證明當時黑人處境的辛酸。這就是族群的不平等，人權嚴重受損！

然而，美國社會對黑人與有色人種的歧視，至今仍然是問題，因而經常發生暴動，仍然需要警惕與改進。

眼前的例證，即如大聯盟的投手王建民，雖然表現優異，在臺灣被視為「臺灣人的驕傲」、「臺灣之光」，但其薪水比起同等級

的白種人，卻竟只連十分之一都不到！令人深深感慨，號稱人權平等的美國，至今仍然如此欺負華人！

根據 2007 年 8 月 27 日聯合報，加印王建民第 15 勝的專刊中，曾經比較王建民與美國其他球隊投手的薪金：紅襪隊貝奇特（16 勝 5 敗），年薪為 666.6 萬美金。其中勇士隊的哈森（15 勝 6 敗）與王建民（15 勝 6 敗），為同樣戰績等級，也有 583.3 萬美金。

王建民以同樣的戰績，身為洋基主力投手等級，卻很令人驚訝，年薪竟只有 48.95 萬美金！

雖然王建民的年薪，比臺灣平均收入高很多，但比起同級美國球隊的主力投手，竟只有十分之一還不到！

根據專家分析其中原因，並非他球技不如人，仍因別人全是美國白人，而他是黃種人！若非媒體批評，他在 2008 年也很難加薪！

另如神探李昌鈺博士，雖然專業鑑視能力普受世界欽佩，被譽為「華人之光」，但也因身為華人，曾被有成見的美國人攻訐「英語有中國腔」，而對其人身攻擊！由此可見，人權平等、族群平等，即使在美國，仍然有很多問題，仍應大力改進！

尤其，臺灣本來沒有族群問題，無論外省人、閩南人、客家人，均為漢族，只因政客挑撥分化，用省籍意識製造對立，做為臺獨籌碼，所以形成相當大的對立與隱憂；今後能否真正化解，相互尊重平等，將深深考驗政治人物的智慧與胸襟！

另外，英國女權運動先驅沃斯東克拉（Mary Wollstonecraft），深感女性長期被歧視，在工作權、教育權、參政權等都被封殺，所以在 1856 年發表了著名的〈女權辯〉（A Vindication of the Rights of Women），大聲呼籲應從重視女權平等開始，還給女性應有的人權

與尊嚴❺。自此之後，女性的平等教育、平等工作與平等參政問題，才逐漸受到重視而改進。

然而，至今美國很多民眾，仍將眾議員稱為 Congressman（男國會議員），並將警察稱為 Policeman（男警員），消防隊稱為 Fireman（男消防員），郵差稱為 Postman（男郵差），系主任稱為 Chairman（男系主任）、運動員精神稱為「男運動員精神」（Sportsmanship）等等。

從這些生活日常用語，即可證明，即使在美國社會，對女權平等仍然有待努力。

另外，還有身心障礙者的平等問題，他（她）們或因先天、或因後天各種因素，造成身心障礙，卻因此在道路、就學、工作等等均不方便。

至今仍有很多公共場所、政府大廈、學校車站等，沒有「無障礙道路」的設計，足證對殘障人士的平等人權，也是有待加強。

凡此種種，均可看出，老子簡簡單單的兩句話：「常善教人，使無棄人」，其實包涵了永恆而偉大的人權平等觀念，直到今天仍非常重要，深深值得各界重視與力行！

㈧聖人去甚、去奢、去泰

老子在此所說「聖人」，明顯是正面的肯定意義，因為其內容，完全能符合大道。

---

❺　Mary Wallstonecraft: "A Vindication of the Rights of Women"，中譯可參《女性主義經典》，顧燕翎、鄭至慧編，台北，女書文化公司，1999 年出版。

老子所說的大道，「道法自然」，所以非常純樸，絕不奢華；印證在聖人或大政治家的風範，就是「去甚」、「去奢」、「去泰」（二十九章）。

從政治哲學來講，老子心目中理想的政治家，就是要去除「過份」、去除「奢靡」、去除「自滿」，至今仍然很有啟發性！

在中國歷史的政治人物，凡是能符合這些風範的偉人，都很能得民心，從堯、舜、禹、湯、文、武、周公，都很能自省自制，所以能夠名垂千古，成為政治典範。

反之，在中國歷史上，凡是奢侈成風、橫行霸道、趕盡殺絕的政治領導人，下場多很悲慘，也都享盡罵名。從夏桀、商紂、秦始皇、隋煬帝等，都可看到具體實例。由此均可證明，老子的確很有遠見！

老子並曾在六十七章進一步論述：

「慈故能勇，儉故能廣，不敢為天下先，故能成器長。」

這就是說，大政治家因為仁慈愛民，為了保護人民，所以能夠勇敢；因為勤儉，所以能夠積蓄積德，廣得民心；不敢為天下先，所以反而能得擁戴，成為萬物之長。

另外，老子再從反面論述，指出如果有人，不能仁慈卻想勇敢，不能勤儉、卻想廣得民心，不能後人、只想爭先，那就必定走向敗亡之途！

此即他所說：「今舍慈且勇，舍儉且廣，舍後且先，死矣！」

這對今天很多政治人物的言行與政策，均有很大的警惕性！

另外，老子又曾指出：

「我有三寶，一曰慈，二曰儉，三曰不敢為天下先。」（六十

七章）

　　老子在此所稱「三寶」，與其前述「三去」中間，相互呼應，很有關連性。

　　其中「去甚」，即是「慈」，亦即心胸忠厚寬大，做人做事絕不過份，既不挑剔、也不嚴厲。

　　另外「去奢」，就是「儉」，去除奢靡，自能簡樸。

　　最後「去泰」，也與「不敢為天下先」相通，因為謙遜自抑，不敢自滿，自然不會強出頭而為天下先。

　　因此，老子又曾指出：

　　「治人，事天，莫若嗇。夫唯嗇，是以早服；早服謂之重積德；重積德則無不克；無不克則莫知其極，莫知其極，可以有國；有國之母，可以長久。是謂深根固柢，長生久視之道。」（五十九章）

　　換句話說，老子認為，無論治人、治國，或者事天，均應謹守「嗇」字訣；這「嗇」字訣看似吝嗇，但卻是對自己嗇，對自己節制，不是對別人嗇。

　　因為，對自己嗇，才能生活節儉、克制欲望，愛惜精神，才能早日回歸於道，才能累積厚德，沒有克服不了的事情，這才是根深柢固長久之道！

㈨天下大事必成於細

　　很多人誤以為，老子只活在雲端中，不食人間煙火，甚至認為他很多係空話大話，其實均為嚴重誤解。

　　因為，老子非常注重務實，也非常注重可行性。

所以老子曾經強調：

「天下難事，必作於易；天下大事，必作於細。」（六十三章）

這兩句話，明白提醒世人，無論做任何大事，或立任何大志，都要先從細節開始。

此亦老子在六十四章所指：

「合抱之木，生於毫末；九層之臺，起於累土；千里之行，始於足下。」

換句話說，即使合抱的大木，也是從嫩芽開始生長；即使九層的高臺，也要從一筐筐泥土累積築成；即使千里遠行，也是從腳底一步步開始。

所以老子提醒政治人物，做任何事情，都要從小節注意，才能防範未然；此其所謂：「為之於未有，治之於未亂。」

震驚世界的華航飛機起火爆炸案件，發生在 2007 年 8 月，那幾天，火焰衝天的聳動鏡頭，遍佈了全世界！但經過調查的結果，只因一個小小螺絲帽未能拴緊，刺破油箱而引起！

此即西方的名言：「魔鬼藏在細節中。」（devils in the detail）

由此可見，對任何小細節若未注意，就會造成非常嚴重的後果！

美國總統選舉，有一年辯論時，前後任總統都站在電視鏡頭前，但突然間全國轉播中斷，故障半個小時，兩位總統硬生生被罰站半小時！後來仔細調查，也因為一個二毛五分錢的電容器，沒有裝緊所引起！

太多例證顯示，如果大政治家忽略細節、粗枝大葉，作風粗糙，不夠精緻，便極可能壞事！

周恩來辦外交，廣受國際肯定，他就有句名言：「外事無小事。」就是要用兢兢業業的精神，把所有外交細節都看成大事；他能如此戒惕謹慎、用心認真，注意細節，自然能夠成功。

此即老子所稱「聖人猶難之，故終無難矣」。因為大政治家能用如履薄冰的心情，全力以赴，把容易的事也看成困難，「舉輕若重」，反而能夠沒有困難產生。

另外，美國眾議院前議長歐奈爾（Thomas O'Neil）有句名言：

「所有政治皆是地方性的。」

他因出身民意代表，知道只有先從地方上得民心，才有選票，才能擁有政治名位以及實力，所以有此心得。

這與老子政治哲學也很接近；因為，無論多偉大的政治家，必須注重地方選民的心聲，必須從很切身的民意細節起步，才能由近而遠，大展鴻圖。

所以，任何政治人物，如果忽略了基層民意，不能從基層小事紮根，一切政治理想，都會成為空談。

當然，重視基層並不等於目光短淺，更不等於心胸狹隘，而是先能站穩腳跟，才能再圖長遠；這種穩紮穩打、步步為營的精神，也正是老子的精諦。

老子並曾指出：「聖人終不為大，故能成其大」，聖人始終不自以為偉大，反能成就其大；聖人認為只要按部就班，一點一滴努力，從小事累積，才能成就大事！

由此也可證明，老子並不同意激烈的「革命」手段，他近似普波（Kaul Popper）所說「點滴改進的社會工程」；因為，唯有如此，才更踏實，也更有效，並且不會自大狂妄，導致失敗。這種精神，

至今仍然很有啟發性！

尤其，西方政治哲學有句名言「和平靠點滴的努力」（Peace by pieces），這對今後兩岸和平，以及世界未來和平，都很發人深省，也正是老子的重要精神！

另外，老子曾經指出，世上有三種人：

「上士聞道，勤而行之；中士聞道，若存若亡；下士聞道，大而笑之。」（四十一章）

真正有智慧的上士，或者真正有慧根的政治家，聽到大道，在感動之餘，必定身體力行，而且勤奮篤行！其次是中士，偶而去做，偶爾又不做；最差勁的下士，則是嘲笑大道，認為迂腐！

老子這種力行精神，很能會通孔子所說的「篤行」，以及孟子所說的「踐形」，與王陽明所說「即知即行」；甚至佛學，除了「善知識」，也都強調「菩薩行」，共同形成中華文化特色，深深值得重視與力行！

因此，老子也特別在七十章強調：「吾言甚易知，甚易行。」他以此提醒世人，大道本來就是順乎自然，效法自然，所以很容易實行。禪宗後來指出：「平常心即道」，就是這種深意。

(十)善建者不拔

老子在五十四章曾經強調：

「善建者不拔，善抱者不脫，子孫以祭祀不輟。」

這段內容，對政治哲學很有啟發。

因為，老子很清楚：天下萬物，凡建在外面的，外力都可以拔掉；抱在手上的，外力也可以脫去；只有心中建立道德理念，外力

才無法拔脫！

這與孔子所講：「三軍可以奪帥，匹夫不可奪志。」很有異曲同工之妙。

重要的是，老子在此所講，不只強調匹夫之志，更在提醒政治家，對國家建設應有的認識。

根據老子精神，如果政治家只注重有形建設、只注重物質建設，這些都可能破損，都可能被拔除；只有那看不見的心靈建設，看似無形，卻更長久，更為鞏固！

此亦老子所說，「聖人無常心，以百姓心為心」，很有深意；也就是說，領導人要與百姓，心心相印，渾然成為一體，所以應該將政績刻在人民的心中，而不是刻在大理石上。這才是真正能得民心之道，也才可以福延子孫，世世代代、永不毀損！

所以，大科學家愛因斯坦曾經有句名言：

「再好的大理石墓碑，也會損毀，只有將姓名刻在人心中，才是永恆紀念之道。」

這段內容，強調大政治家若要爭取民心，就應讓人民在心中永遠記得他（她）的德政，這比任何大理石墓碑都永恆；其精神與老子便很能相通。

由此再次證明，老子並非消極無為，而是真正尊重民心，順應民心，激發人民潛能，達成「無不為」的功能！

所以，老子既不是「無政府主義」，更不是「虛無主義」。

他很明白的指出，「言有宗，事有君」，代表他的言論有其本源，行事均有根據，也就是以「道」為本源，以「德」為根據；所以，不可能是否定一切的「虛無主義」。

只因世人對老子很多誤解，知其精義的人很少，能效法的人更稀有；此即其所說「知我者希，則我者貴」（七十章）。

所以，「聖人被褐懷玉」，從表面看聖人，好像穿著粗衣，其實在心靈守著珍玉，不能輕忽。

另外，老子也多次強調，心靈建設非常重要，足以超越驚怖，甚至出生入死，都能沉穩鎮靜，不受外物所傷。

此其所以強調：

「蓋聞善攝生者，陸行不遇兕虎，入軍不被甲兵。兕無所投其角，虎無所措其爪，兵無所容其刃。夫何故？以其無死地。」（五十章）

這段內容，對精神修養也是很好的比喻。

到了莊子，即稱此為「神人」，能夠做到「物莫之傷」，到了佛學，即《金剛經》所說的，「不驚、不怖、不懼」，能夠因絕對的空靈，而絕對的冷靜。

艾森豪曾經統率二戰歐洲盟軍，成為世界史上最大規模的軍事總指揮，因此，精神上必須絕對的鎮定冷靜。

尼克森曾任他的副手，他在回憶艾森豪時，談到最欽佩艾森豪的特色，就在此「絕對的冷靜」。

這種精神的絕對冷靜、鎮定，是每位大政治家必須有的訓練；唯有如此精神修養，才能做到「善建者不拔」，才能有充分的抗壓性，足以抵抗一切壓力，進而擔當天大的重任！

所以老子曾說：

「善為士者不武，善戰者不怒，善敵勝者不與，善用人者為之下。」（六十八章）

　　根據老子政治哲學，善於做將帥者，不會外露勇武；善於作戰者，不會輕易動怒；善於勝敵者，甚至不用和敵人正面交鋒！

　　這正如同孫子兵法所說：

　　「上戰伐謀，其次伐交，其次伐兵，其下攻城。」

　　真正雄才大略的政治家，無須親自落入攻城的層次，而能「不戰而屈人之兵」。

　　所以老子同樣指出，這種「不武」、「不怒」、「不與」、「是謂不爭之德」，而且能夠善於「用人之力」，合於大道極致，「是謂配天之極」，自然能夠勝利成功！

　　政治家這種精神風範，也正如同大道的特性：

　　「大道汜兮，其可左右。萬物恃之而生而不辭，功成而不有，衣養萬物，而不為主。」

　　所以，老子進一步分析：

　　「常無欲，可名於小；萬物歸焉而不為主，可名為大。以其終不自為大，故能成其大。」（三十四章）

　　根據老子哲學，大道流行汜濫，可以左、可以右，無所不在，萬物靠它成長，它卻不自以為始；它成就了萬物，也不居其功；養育了萬物，卻不做主宰掌控。

　　因此，道的本體，看似無為，可說很渺小，但萬物都歸附於它，而不知其所由，又可說很偉大。正因它不自認偉大，所以能夠成就真正偉大！

　　這對今天政治人物的精神修養，很有啟發性：

　　一它提醒政治家，應該多做事，不要只做秀。因為，大道就是成長萬物而不居功，政治家也應多做事而不居功。

　　——它又提醒政治家，應該無私心、無欲念；看似「無為」，卻以眾人之心為心，遵眾人之志為志，所以「無不為」。尤其大政治家不能自以為是，稍有功績便想掌控，那必引起紊亂紛爭。

　　——真正的政治家，應該身段柔軟，姿態很低，如此民心都願意歸附；其政策均來自民心，民之所好好之，民之所惡惡之，所以民眾都認為是自己智慧能力所成。

四、澄清相關誤解

　　西方政治哲學家史提納（Max Stirner）在 1845 年的《自我及其擁有》（*Ego and His Own*）中，曾經指出：

　　「國家的目的總是相同：限制個人，並加以馴服、降服、和壓制。」

　　老子對於這種國家機器的功能，當然並不贊同。

　　在老子心目中，國家與政府，只要維持最基本的「三公」，其他均應充分尊重人民；對於人民，不能心存馴服、不能企圖降服，更不能箝制打壓。

　　然而，老子也並不是「無政府主義」；政府之功能，例如「文化部」，對文化的功能，不在「指導」文化發展，更不在「掌控」文化發展，頂多在獎勵文化發展、保護文化環境。

　　因此，梁啟超在此看法明顯是種誤解：

　　「道家信自然力萬能而且至善，以為一涉人工，便損自然之樸，故其政治理論建設於絕對的自由理想之上，極力排斥干涉，結果並謂政府不必要，吾名之曰無政府主義。」

另外，張采田在《史徵·原道篇》也稱：「道家有者君人南面之術」、「道家所明者君道也」。⑱

方東美先生對此曾經評論：

「梁啟超認定道家的政治思想主張絕對自由，這很正確，但稱之為『無政府主義』卻顯然錯誤。張采田誤解更是毫無根據。連如此一位學有素養的人都會墮入這種謬誤的成見，真使人詫異。」⑲

另外，方師也指出，上述兩種誤解，均來自漢代部份思想家，例如司馬談稱「道家無為，其術以虛無為本，以因循為用」。

唐朝張守節在《史記正義》中，把「因循」解為「順其自然」，亦即誤認道家為黃老之術。

方師對此指出：「這些黃老之術，依我看來，只是外加的錯誤附會，與道家哲學的根本原則並不相關」。⑳

另外，蕭公權曾稱，從老莊來看，「無為之政治哲學遂成為失望之有心人對於暴君苛政最微妙而最嚴重之抗議」；同樣情形，只有部分正確。

因為，老莊固然不屑做官功名，然而，他們並非「失望的有心人」，而是「博大真人」；「無為」也並非消極之抗議，而是主張「無為而無不為」，人人能在自由氣氛中發揮潛能，看似無為，其實因為尊重人民，反而能做到「無不為」。

這正如同在自由經濟中，政府看似沒有作為，但因為相信市場

---

⑱　《史徵·原道篇》，第二章，頁107。
⑲　方東美，《中國人生哲學》，頁242。
⑳　方東美，《中國人生哲學》，頁243。

機制能夠自動調整，所以尊重那隻「看不見的手」（the invisible hand），讓其自行適應，這就是「無不為」的功能，也正是民主政府的最大特色。

所以，雖然民主也有很多毛病，例如效率不如集權、選風經常腐敗、必須重視程序正義……等等，但在權衡之下，仍然是最好的政府形式，因為其信念就是相信人民，以民為主。

因而邱吉爾在 1947 年，對英國國會的演講，始終能夠廣受肯定：

「除非所有其他的政府形式皆已禁得起再三地考驗，否則民主政治仍是最佳的政府形式。」

這種自由民主精神，正是老子政治哲學的重要特色。

然而，蕭公權及部份學者，對老莊的自由民主精神缺乏認識，才會認為老莊如同楊朱之輩，屬於「為我」思想❻❶，他們忽略了，老莊重視的是大我大道，與小我「為我」不能混為一談。

另外，蕭公權認為，「全生適性」乃老莊政治哲學之最後目的，顯然只看到「無為」的一面，沒有看到「無不為」的一面，也就只是看到「無之以為用」，沒有看到「有之以為利」。

因為，「全生適性」只是表面，實際上老子曾強調「吾之所以有大患，為吾有身」，所以主張「無身」，莊子更強調「吾忘我」，要超越小我，與大我的萬物合一，怎麼可能如同楊朱般的「為我」？

蕭公權不但將老莊看成「為我」，更稱「先秦之為我思想殆未

---

❻❶　蕭公權，同㊷，頁 276。

有較此（莊子）更為徹底者」，⑥顯然誤解很大。

　　蕭公權又引莊子論老子的道術（天下篇）：

　　「人皆求福，己獨求全。曰：苟免於咎。以深為根，以約為紀。曰：堅則毀矣，銳則挫矣。常寬容於物，不削於人，可謂至極。」

　　然後蕭公權認為：

　　「此誠老子道術最簡當之說明，而亦足證『濡弱謙下』，寬容遜退，為老學之要旨。」⑥

　　然而，蕭著在此內容，同樣只見片面，未明大體，正如莊子批評的「一曲之士」，因為「束於權」，未明大道。

　　尤其，蕭著竟稱「莊子之政治思想誠古今中外最徹底之個人主義」⑥，甚至稱「莊學為最極端之無政府思想」⑥，犯了梁啟超同樣的毛病，被方東美先生指為使人詫異的謬誤。

　　方先生曾經對此中肯的分析：

　　「老子的政治思想，約可分作兩層來看。一方面他對現實政治上玩權弄術、斲喪人性的統治者深惡痛絕，極力反對，這可說是他對於『現實政治』玩弄陰謀的一種反政治意識。但是另一方面，他卻懷抱著偉大的政治理想。」⑥

　　因此，當我們研究老子政治哲學，需要很謹慎分辨，他所說的

---

⑥　蕭公權，同㊷，頁188。
⑥　蕭公權，同㊷，頁177。
⑥　蕭公權，同㊷，頁192。
⑥　同上，頁193。
⑥　同㊾，頁243。

內容，是指現實政治，還是理想政治？

因為，他經常用字相同，但是定義不同，甚至相反。所以方師指出，老子很多名辭，可用「大寫」同「小寫」分開來，「斜寫」同「正寫」再分開來，就會省去很多麻煩。

針對理想政治，老子曾經指出，領導者應仿效大「道」的特性，生長萬物但不宰制、化育眾生但不掌控，這才符合寬容慈惠的精神，以及大公無私的美德。所以方師指出：

「老子本著寬容慈惠的精神與大公無私的美德，教人不論施政或從政，都要仿效大『道』的『生而不有，為而不恃』，而且警告人們，絕不可視國家政權為私囊。」⑯

老子曾經說「政善治」，方師強調這就是：「要放下一切私心成見，渾渾然以百姓之心為心，以百姓之苦為苦，要能這樣大公無私，才能上下一心，同登幸福之域。」⑱

因此方師指出，根據老子政治哲學：

「大政治家在他們的一切措施中，應該效法『道』的生育創造，『天』的化育完成，或『自然』的創造進化，『善貸且成』，使一切萬物都能雍雍然、歆歆然，休養生息於此精神感召之中。」⑲

唯有如此，才能符合老子所說理想政治：「一方面善於教人，使人盡其才，二方面善於教物，使物盡其用，這才是一種為而不恃、和而不爭的政治精神。」⑳

---

⑯　同⑤，頁 243。
⑱　同⑤，頁 243。
⑲　同⑤，頁 243。
⑳　同⑤，頁 243。

　　所以方師認為，這絕不是漢代所說的「無為而治」而已。方師
並且指出：

　　「老子也極端厭惡專制君主的剝削人民，所謂『損不足以奉有
餘』，所以他要極力提倡『損有餘而補不足』的天道。」❼

　　這種天道，擷長補短，正是中山先生的「均富思想」，也真正
符合人道與天道。所以方師強調：

　　「這種看似無為其實無不為的政治，就是我說的『德治』，深
諳此中精神的人，正是老子所說的『善行者無轍跡』，這都是十分
積極的理想政治，絕不能稱之為『無政府主義』，更不能誤解為
『君人南面之術』。」❼

　　另外，蕭公權曾認為：

　　「孔子施教之目的，不在個人的自重，而重視天下的兼善，此
正孔子精神根本異於老莊之處。」❼

　　本段有正確處，也有不正確處。

　　正確之處，在於老莊的確強調，衰世亂世之中，宜以「濡弱謙
下為表」，並以謙退為特色。

　　但不正確處，則在蕭公權忽略了，莊子形容老子，曾經說：
「空虛以不毀萬物為實」，並且「建之以常無有，主之以太一」。

　　這就代表，「常無」為「用」，並非「體」，虛無並未萬物的
本質，所以老子強調「無之以為用，有之以為利」。

---

❼　同❺⑨，頁 243。
❼　同❺⑨，頁 243。
❼　蕭公權，同❹②，頁 174。

　　換句話說，老子同時還注重「有之以為利」，也就是同時仍然同情萬物，這就代表能「兼善天下」之意。因此他才強調「聖人常善救人，故無棄人」。

　　尤其，老子說的柔弱，如同水一樣，只是表面看似柔弱，其實天下莫之能禦，以柔克剛，反而更有大用。

　　也就是說，老莊看似退讓，其實從深遠看，退一步，更海闊天空，更能胸襟開闊；退一步，反能跳得更遠。其目的並不是退一步，而是跳更遠。

　　由此可知，很多人誤以是老莊為個人主義，只求清靜無為，多屬誤解；因為老子強調「為天下渾其心」，莊子強調「藏天下於天下」，證明同樣重視兼善天下，只是方法與儒家不同。

　　如果用英文講，孔孟的領導方法，重視「先之勞之」、「捨我其誰」，所以一路身先士卒，可稱為「跟我走」（follow me）；但老子「不為天下先」、「聖人無常心」，「以百姓之心為心」，則可稱為「追隨你」（after you），追隨人民；兩者風格不同，方法不同，但同樣都尊民、貴民、愛民。

　　另外，蕭公權又認為：老子「深信世亂之由，不在制度之不良，而在制度本身之不足為治」[74]，同樣只見其一，未見其二。

　　因為，老子固然反對領導者自命真理、剛愎自用，因而強調「聖人不仁，以天下為芻狗」，然而，老子仍然認為，應有基本制度，此其所以仍然強調「三公」；正如同漢高祖入關，雖然廢除秦朝繁瑣法令，但仍強調基本的「約法三章」。

---

[74]　蕭公權，同[42]，頁 176。

　　綜合而言，道家老子所說的「道」，從本體論看，是以不斷超昇翻越，形成「玄之又玄」的超本體論；另外從宇宙論看，則為「道生一，一生二，二生三，三生萬物。」透過化育萬物，形成道無所不在的「萬物在道論」。

　　就此而言，《中國古代政治論》作者，對於老子部份，顯然也未能體認老子所說「大道」的宏偉氣魄，反而誤以「道家普遍持歷史退化觀點」⓯，「他們認為，人類社會的歷史，是一個不斷退步的過程。」明顯是另外一種誤解。

　　上述其論點，引用老子「失道而後德，失德而後仁，失仁而後義，失義而後禮，夫禮者忠信之薄，而亂之首。」（三十八章）殊不知，老子本意更在強調「上德不德，是以有德」，真正品德高尚的聖人，絕不自認有德，而是身權重於言權。

　　因此，老子重點更在強調，應以大道或聖人為活榜樣，否則只講空話，空具形式，就會喪失大道的生命精神，形成空殼子的「禮」。這種空具形式之禮，才是所謂「忠信之薄，而亂之首」。

　　德國哲人凱薩琳（Hermann Keyseling, 1880-1946）曾經引用老子的話：「人法地，地法天，天法道，道法自然」，然後強調：「根據中國人的觀念，天和地、世界萬物以及人的生命、道德以及自然現象，構成了一個有聯繫的整體。」⓰可說非常中肯。

　　這種聯繫的整體，很可用當代名詞「機體主體」（organism）說明。凱氏在此分析，堪稱相當精闢：

⓯　《中國古代治國要論》，頁80。
⓰　同⓬，頁295。

「每一種政治哲學都會把尊嚴歸農民，因為最高的東西總是由最低的東西來支撐的。最高度的分化永遠是從無組織的物體中所產生的，這是事物的自然。」⑦

相形之下，完成《西方沒落》（*The Decline of the West*）的德國哲人史密格勒（O. Spengler, 1880-1936），對老子顯然比較隔閡。

所以他認為：

「從老子起，他反對一切國家權力和重大的政治，熱愛小國寡民的和平社會，才出現了出世思想和無為思想，這是講壇和書齋哲學的先聲。」⑱

但實際上，老子雖然嚮往小國寡民，但並不代表「反對一切國家權力和重大的政治」。他反對的，是現實政治的醜陋，並不是理想政治的高尚，其標準不在國家大小，而在是否符合大道的標準。

另外，曾獲諾貝爾和平獎的德國哲人史懷哲（Albert Schweitzer, 1875-1965）主張「尊重生命」（reverence for life）以及「悲天憫人」（compassion for pain），精神非常感人，但對老子也是相當隔閡。

他認為，「在世界精神（The Spirit of the world）中的這種存在，在老子與莊子那裡，則意味著一種情欲羈絆的內在解放，一種擺脫外部事變的內在解放，而這則是與明顯貶抑一切活動傾向相伴隨的。」⑲

另外他又認為：「老子和莊子思想所關注的，正是這種深刻的

---

⑦　同㉓，頁 295。
⑱　同㉔，頁 308。
⑲　同㉔，頁 257。

『與世界之趨同』（becoming like the world）。」

　　然後他並稱：

　　「這一倫理觀在老子的《道德經》中，用一種美妙的形式表達了出來，但他們都無法產生一曲美妙的交響樂。」❽

　　但是這種論點，也是只知其一，未知其二。

　　因為事實上，老莊關注冥同大道、淶而俱化，以及天地並生、萬物合一，並非只指物質世界的趨同，而是將整體世界化為大道貫注的有機體，萬物皆在大道之中，「道無所不在」，這才如同貝多芬的交響樂〈快樂頌〉，對宇宙充滿欣賞讚嘆！

　　另外，大陸學者紀寶成認為，「對於儒家墨家等學派，所津津樂道的『仁義』、『禮樂』治國之術，道家持全盤否定的態度，認為這些東西都是典型的『有為』，用於治國管理，不但絲毫沒有益處，反而會醸成極大的災難。」❽同樣也有誤解。

　　因為，該文明顯未能分辨老莊所說的「聖人」，有真聖人、假聖人之分，其用語也常有真肯定、假反諷之分。

　　當老子強調「聖人無常心，以百姓心為心」，這是他對真聖人的肯定，但當他說「聖人不仁，以百姓為芻狗」，則為反諷「假聖人」之意。

　　這正如同莊子，當他說「聖人不死，大盜不止」，明顯為反諷之意，因為這些聖人自以為是、自命真理，強加於人，當然形成災難；但並不代表莊子反對真正的聖人，所以他另外又經常稱頌「聖

---

❽　同❷，頁 256。

❽　同❼。

人」、「真人」、「神人」、「至人」。

換句話說，莊子語言中有「寓言」、「重言」、「巵言」等手法，老子也常用反諷的方法，所謂「反者，道之動」；如果對老莊此中深刻的語言哲學不能領悟，當然很容易產生誤解。

所以上述該文中，竟誤以為「道家認為是要清除『有為』政治下，所發明的『一切物質』文明與精神文明的成果。」並且誤認為這是《老子・十九章》的字義：「絕聖棄智，民利百倍；絕仁棄義，民復孝慈；絕巧棄利，盜賊無有。」

該文中的根本錯誤，即在未能分清此處所稱「聖」、「知」、「仁」、「義」、「巧」、「利」，均為反諷用語，屬於假聖、假知，假仁、假義，假巧、假利，當然要去除。

但老子的用意，是要「民復孝慈」，回復民心本有的純樸孝心慈性。這那裡是清除一切物質文明與精神文明？如果真是那樣，那豈不是成為「反文明」的浩劫？

另如，老子強調「處無為之事，行不言之教」，並非不教，而是身教重於言教。同樣情形，他並非不為，而是尊重個別差異，鼓勵人人激發潛能，並警示領導人不要自以為是，把己意強加於人；要有這種胸襟與智慧，才能「無為而無不為」。

所以老子才會指出，真正成功的領導人：「太上不知有之，其次親而譽之，其次畏之，其次侮之。」（十九章）

換句話說，唯有如此，才能體認出，真正高明的政治家，尊重人民意願，充分讓人民自由發展，不加干預，甚至盡量為善不讓人知，以致人民都不知道是他的德政。

其次的政治家，則是親民愛民，上山下海與人民打成一片，人

民看得到，也體會得到其誠意，所以很稱讚他。

再次等的，就是政令嚴格，執法嚴厲，處處讓人民害怕。

最糟糕的，就是讓人民看不起他，提到他就嗤之以鼻，鄙視輕侮，這就屬於小人的政客了。

因此，綜合而論，正如方師所說，道家哲學本質上仍是一種德治：「政治思想與道德精神乃是融而為一的」，而且「理想的政治正應契合道德的精神」，甚至能契入「大道」，臻於「至德」內充的境界。

老子這種政治哲學，有什麼好處呢？方師說明非常中肯：

「消極的能夠據以不役於物，消弭一切私心，積極的則能據以冥齊物我，怡然與大道同體，這就是道家的卓絕氣魄。」❷

因為很多學者只成「一曲之士」，未能體悟道家這種高超的卓越氣魄，正如同斑鳩無法理解大鵬鳥的精神，所以產生很多誤解。我們若要深入老子智慧，需從精神高空宏觀其整體大局，才能真正把握其高明的政治哲學。

凡此種種，均為老子政治哲學的重要精神，直到今天，仍然深具現代意義與價值，值得世人多加體認與力行！

方東美先生在《中國哲學及其發展》英文鉅作中，以司空圖《詩品》的「雄渾」，做為道家的代表，非常發人深省：

「大用外腓，真體內充；返虛入渾，積健為雄；具備萬物，橫絕太空。荒荒油雲，寥寥長風；超以象外，得其環中。持之匪強，來之無窮。」

---

❷　方東美，同❺❺，頁238。

在本詩中，特別「返虛入渾，積健為雄」兩句，很能代表老子「無之以為用，有之以為利」的精神，看似無為無用，卻有大為大用，更能積健為雄，為國家累積雄奇的生命力與競爭力。

這種精神，落實在政治哲學，就是「超以象外」，消弭一切私心我執，然後才能冥齊物我，怡然與大道同體，所以既能「橫絕太空」，又能「得其環中」！

具體而論，深具這種道家胸襟的政治家，才能通達開明、器識恢弘，絕不製造對立，更不製造仇恨，而能在大道的慈惠中，真正同情萬物、理解萬物，並且制定善良政策，造福萬民，德被萬物！

道家這種特色，最能表現在藝術精神，正如方東美先生所說，「一切藝術文化都是從體貼生命的偉大處得來的。」

所以政治家同樣應效法大道、打開心胸，體貼人民、同情百姓，據以浹化大道的生意，浩然同流。這才能如老子所說，「大道泛兮，其可左右萬物恃之。」也如莊子所說：「洋洋乎大矣哉，君子不可以不刳心」。促使萬物充滿生香活意，整個天地蔚成雄偉綺麗的美景！

這種崇高心靈與雄渾精神，在沉淪紛亂的今天，更值得政治人物深深體悟，才能提升政壇境界，洗滌眾人靈魂，促使政治品質不斷進步，如同老子所說「天地相合，以降甘霖」，達到光明幸福的甘露境界！

第四章　莊子的政治哲學

一、莊子的世界性威望

方東美先生曾經稱頌莊子（368-286B.C.），是「中國哲學家氣魄最大的一人」。

錢賓四先生也曾讚嘆莊子，是一位「曠代的大哲人，同時也是一位絕世的大文豪」。

令人驚訝的是，英國一代大哲羅素（B. Russell, 1872-1970）生平很熱愛中國文化，他在中國哲學家裡，最喜歡的也是莊子。

莊子哲學境界深遠，寓意閎闊，而其文氣雄健峭拔，馳情無礙；但因他常使用很多寓言與反諷，所以要有慧根，才能瞭解其中深意。

整個漢代，幾乎無人提到莊子，便知當時多為俗儒，無法窺其空靈神思，自然無法欣賞莊子精神。

然而，羅素一位外國人，透過翻譯，卻能以其慧根，對莊子有很深刻的瞭解，的確非常難能可貴！

羅素曾經指出，中國最早的聖人是老子──道家的創始人，然後強調：「我對於他的哲學，比對孔子的要有興趣。」❶

---

❶　沈益洪編，《羅素談中國》（杭州：浙江文藝出版社，2001年），頁340。

然後羅素進一步說：

「老子之著作，或者被認為的老子的著作，篇幅很短，但他的思想被他的弟子莊子發展了，莊子比他的老師更要讓人感興趣。他們所提倡的哲學，是自由的哲學。」❷

羅素在此強調，老莊提倡的是「自由的哲學」，可說一針見血！他並提到：

「他們貶低政府，貶低對自然的干涉。他們抱怨當時忙忙碌碌的現代生活，將之同『古之真人』平靜的存在進行了比較。」❸

然後他進一步說明：

「道之學說頗有些神秘主義之味道，他們稱萬物雖眾，但卻同意，如果都能遵循道，那就天下無爭了。」❹

因此，羅素指出：

「這兩位聖人雖然遠在兩千多年前，但已具備了現時中國人那種幽默、克制和含蓄的特色。他們的幽默，可以用莊子對『善治馬』的伯樂之闡述來說明，因為伯樂馴馬，每十匹要死五匹。」❺

同樣情形，羅素還曾引述莊子所說「七竅生而渾沌死」的寓言，說明莊子自由哲學的深意。由此可見，他堪稱莊子的知己，也可稱是「英國的惠施」。

根據莊子這種自由哲學，必須「藏天下於天下」，才是可大可

---

❷　同上。

❸　同上。

❹　同上。

❺　同上。

久之道。任何人如果想把天下，據為一人一姓所有，或一黨一派所有，都會徒勞無功。無論用任何強而有力的方法掌控（如軍事武器、恐怖統治、監聽監控），都會被無形的民心推翻！

所以莊子曾在〈大宗師〉，用寓言說明此中深意：

「藏舟於壑，藏山於澤，謂之固矣；然而夜半有力者負之而走，昧者不知也……藏天下於天下，而不得所遯，是恆物之大情也。」

這段話表面看來費解，卻很有深意；代表任何政客或政黨，如果不知民心才是真正「有力者」，就會在不知不覺中，被「夜半負之而走」；愚昧的人，直到失敗垮臺，還不知道為什麼垮臺！

秦朝雖然強大，但仍快速敗亡，隋朝也是同樣情形，到了亡國，還不知道何以亡國？明崇禎帝臨終前，還只會怪大臣是「亡國之臣」，都是「昧者不知也」！

因此，治國如何才能長治久安？如何才能真正永續經營？

用莊子話回答，就要「藏天下於天下」，要把政權充分開放，讓全天下的人都能參與，讓所有人民都能分擔天下的責任，這才是永恆之道！

用今天的話講，就是要開放政治、自由選舉，並且解放思想，使人人都能參與國事而無懼。這就是民主政治與自由哲學的精神，深深值得世人共同體認與力行！

那麼政治人物，應如何培養這種胸襟？

這就是莊子開宗明義，在〈逍遙遊〉中所說的境界。

政治人物要能學習大鵬鳥的精神，振翼直上高空九萬里──用方東美先生的話說，就是「自提其神於太虛而俯之」，再從高空俯

視世界。這樣一來，眼界自然就會開闊，格局自然就會恢宏，能夠成為器度雍容的大政治家，不會淪為心胸狹窄的小政客。

通觀整本《莊子》，從〈秋水篇〉，就提醒世人不要做井底之蛙，因為「井蛙不可語於海」，它受到空間限制，缺乏國際觀，不能與世界接軌。

另外，也不要做夏天螢蟲，因為「夏蟲不可語於冬」，它受到時間限制，也缺乏歷史觀，不能從歷史吸取教訓，這樣永遠是膚淺的！

所以，莊子提醒政治人物，不能只做「一曲之士」，不能受到偏狹心態影響，那樣缺乏恢宏胸襟，就無法瞭解大道。

所以方東美先生形容，莊子「逍遙遊」所要表達的，就是「精神徹底的解放」❻，能夠提神於「太虛」，而達到所謂「寥天一處」（宇宙最高點）最高境界。

這時，他把一切境界遍閱以後，完全是精神上的自由，「物物而不物於物」，沒有任何障礙，此即莊子所說，「達到無何有之鄉，廣漠之野」。

根據莊子哲學精神，整個世界絕不是一個乾枯的物質世界，而是萬物含生，大道貫注其間，無所不在；所以全體神光煥發，形成充滿生命勁氣的生機世界。❼

莊子在〈逍遙遊〉開宗明義，就用大鵬鳥比喻，搏扶搖而直上

---

❻　方東美，《原始儒家道家哲學》（臺北：黎明公司，1978 年），頁 248。

❼　方東美，《中國人生哲學》（臺北：黎明公司，1980 年），頁 224，文中雖指「中國藝術精神」，實與莊子精神相通。

者九萬里，象徵精神不斷提升到最高空，然後再俯視下層，此時原先所處的黑暗世界，就頓成無比燦爛的光明世界！此即莊子所說：

「天之蒼蒼，其正色邪？其遠而無所至極邪？其視下也，亦若是則已矣！」

這也正如同《荒漠甘泉》中所說：

「你若從地上望上去，固然是又黑又暗，可是你若從與基督同坐的天上望下來，你就會發現你所懼怕的烏雲，正是光明無比、美麗絕倫的彩雲，宇宙中少有的飾物！」❽

這種超越精神，應用在靈修，即老子所說，對「福禍相倚」的體認，所以可以豁達看開人生。到莊子更認為，生死都可如一，甚至萬物皆為一體；《荒漠甘泉》也講，「許多時候禱告不行，但讚美卻行。」因為若以讚美神取代禱告，代表心靈已經超越受傷的感覺，領悟苦難即是試煉，所以開始讚美。

這也正是《金剛經》所說，「忍辱」並非「忍辱」，而是「精進」的必需品。

凡此種種，均可看出東西方聖哲宗教，最高精神很能相通，對從政人士，均很有啟發性！

所以，方東美先生指出，這種精神「儘可洗滌一切污濁，提昇一切低俗，促使一切個體生命，深契大化生命而浩然同流，共體至善，這實為人類哲學與詩境中最高的上勝義。」❾

---

❽　考門夫人原著，《荒漠甘泉》（臺灣聖經公會印行，2002 年），頁 182。

❾　同❼，頁 224-225。

　　從政治哲學看，這也正是莊子期待大政治家所應有的高超精神，能夠先從天地大道，領悟萬物含生之美，然後透過高明的政策，宣暢每位人民的生命潛能，進而幫助眾人提昇靈性，冥同大道，共享宇宙生命之至美！

　　因此方師曾經強調，「哲學的第一課，應學坐飛機」，也就是從高空上，俯視世界大地。從莊子精神看，「從政或治國」的第一課，也應學坐飛機，才能實際感受超越精神的格局與胸襟。

　　此亦莊子所說「至人無己，神人無功，聖人無名」；大政治家要能效法這些「至人、神人、聖人」精神，才能無私無我，不爭功，不求名，那才能真正為國為民，開啟恢宏的光明前程！

　　另外，從〈逍遙遊〉中可證明，莊子強調的自由解放，不只講人身的自由、遷移的自由、工作的自由等世間基本人權，更包括了精神馳騁無止境的自由。

　　根據莊子精神，若從精神高空，俯視世間萬物，則地面上一切摩天高樓與貧民矮屋，都呈現平等，所以更能體會《齊物論》中，萬物一切平等的精神。

　　凡此種種，對於培養大政治家的心胸，都是極重要的關鍵，對今後復興文化、培養人才，也都深具重大的啟發性！

　　德國哲學家史懷哲（Albert Schweitzer, 1875-1965）因為人道關懷，曾經榮獲 1952 年諾貝爾和平獎。他生平強調「為達四海一家而努力」，在《文明的哲學》中，對老莊思想也有相當深刻的體認。他曾強調：

　　「老莊思想所關注的，是這種深刻的『與世界的趨同』

（Becoming like the world）。」❿

　　他並進一步指出：

　　「在世界精神（the spirit of the world）中的這種存在，在老莊那裡，則意味著一種擺脫情慾羈絆的內在解放，一種擺脫外部事變之內在解放。」⓫

　　這種解放精神，亦即擴大胸襟、冥同大道，正是莊子在〈逍遙遊〉所宣暢的精神自由。唯有「心齋」、去除小我，才能融入大我，先如史懷哲所說「與世界趨同」，重視世界趨勢、關心世界痛苦，然後不只關心物質世界，更關心人類的精神世界！

　　法國著名作家默頓（Thomas Merton, 1915-1968）為天主教修士與詩人，很能領悟莊子精神，正如法國哲學家德日進（Chardin），其中文的名字，即取自《莊子》。

　　默頓甚至有本專書，論述《莊子之道》（*The Way of Chuang Tzu*），相當精闢，在 1969 年出版，他在書中很認同日本禪學大師鈴木大拙的評論，認為莊子為「中國最偉大的哲學家」。

　　正因默頓很能把握莊子的精神特色，所以他能體悟：

　　「是莊子所代表的那種思想文化，使得高度思辯的印度佛教，變成幽默、反偶像、完全實踐的佛教，這種佛教以禪宗之諸形式流行中國和日本。」

　　默頓並且簡明扼要地指出：

---

❿　　引自《中國印象──世界名人論中國文化》上冊，頁 256。

⓫　　同上，頁 257。

「禪宗照明了莊子，莊子照明了禪宗。」⑫

事實上，僧肇對引介佛教進入中國，扮演很重要的角色，就是因為僧肇對莊子很有研究心得，證明默頓在此完全正確。

默頓並曾強調指出：

「莊子反對儒家學說，並不是以某種更低的東西為藉口，如那種否認道德責任的個人動物性自發行為，而是基於更高的東西。」⑬

默頓在此所說莊子反對儒家，其實是反對「俗儒」，並非反對真正大儒。因為俗儒流於形式，容易僵化，成為名利之徒，那就禁錮了創造性心靈。

對真正的儒家，莊子卻很欽佩，首先稱頌儒家「內聖外王」；莊子本身，堪稱就是「孔子加老子」的綜合化身。

所以默頓很中肯的指出：

「莊子所要求的並不比仁義少，而是更多。他對儒家的指責，是它走得不夠遠。」

他並且進一步說明：

「它（儒家）培育了一批品行良好的官員。的確，他們都是有教養的，但是，它把他們限制和禁錮在一些固定的外在規範上，因而使得他們不能自由地、創造性地應付不可預測的形勢所提出新的要求。」⑭

---

⑫　引自《中國印象——世界名人論中國文化》下冊，頁 276。

⑬　同上，頁 276。

⑭　同上，頁 279-280。

　　默頓以其文學家的敏銳，感受到中國哲學儒道釋的共同用語
——「道」，非常重要，雖然各家定義有所不同，但都用此字，這
就形成中國文化與哲學的特性。

　　所以默頓很中肯的提醒世人：

　　「全部中國哲學和文化都可稱為廣義上的道家文化。因為道的
觀念，以這樣或那樣的方式構成了中國傳統思想的核心。」❶

　　默頓並且很準確的舉出例證，孔子說「吾道」一以貫之，要求
門生「志於道」，並且宣稱「朝聞道，夕死可也」等等。

　　在道家中，對「道」的用語更是多元化，如前所述，可以從道
體、道用、道相、道徵等面向加以詮釋。

　　至於佛學，更有「菩提道」、「六道輪迴」、「中道」等豐富
的意義。

　　所以默頓認為，從莊子看，孔子的「道」還有所不足：

　　「孔子所立志追求的道，不是那種視之不見博之不得的『大
道』，它是較低層次的，是道在人類生活中的體現。」❶

　　當然這段分析，部分正確，部分也並不正確。

　　因為孔子在論語中所提的「道」，大致符合默頓所稱，但孔子
在《易經》所說：「形而上者之謂道」，以及《大學》、《中庸》
所說相關內容，顯然不只在人生中體現，更有本體論與宇宙論的內
涵。默頓在此借莊子之名，評論孔子，顯然有所誤解。

　　然而，默頓從另外角度觀察，體悟到莊子的超脫精神，可超越

---

❶　同上，頁 280。
❶　同上，頁 280。

儒家（應指俗儒），則很正確：

「莊子對『義』和『禮』的諷刺和批評，不是以無法無天的享樂主義和反法律主義為藉口的，而是以『超越道德』之外的真正道德為依據的。」❼

哈佛大學教授諾齊克（1936-），在 1974 年以名著《無政府國家與烏托邦》，榮獲美國國家圖書獎，他主張更徹底的自由平等，並且曾經批評羅埃斯的《正義論》：

「更激烈的平等主義者仍嫌其不夠平等，而較徹底的自由主義者，則嫌其嚴重損害到自由。」❽

如果中國哲學要推這樣的代表性人物，主張最徹底的自由、平等，應當首推莊子！

因為，莊子堪稱最深刻的平等主義，所以他認為「以不平平，其平也不平」，甚至生死均如一，生死也是平等，自然會批評羅埃斯所說，只限於國家社會領域，那還不算是真平等。

另外，莊子又是徹底的自由主義者，不只強調人身自由，還強調超越權位的心靈自由，以及遊乎四海之外的精神自由。

這就是莊子心目中的理想人格：「真人」。

要明瞭這一點，便知道何以很多人，誤以為莊子是遁世、消極、享樂派、或反社會，主因在無法深入體認莊子所說的「真人」精神。

所以默頓在此論述，可說相當正確：

---

❼ 同上，頁 283。

❽ 諾齊克，引自《西方政治哲學》，頁 259。

「在莊子看來，真正偉大的人物，不是那種通過畢生的學習和實踐積累了很多德行和業績的人，而是那種道可以在其身上暢通無礙的，即『真人』。」⑲

「真人」，也可說是真正政治家的風範，是老子對「大道」的印證，也是莊子所說，對「真宰」體認最深的人。

這種「真人」，真正無我、無私、無欲、無為，絕不自我中心、也不自以為是，更不自命真理；所以能真正表現廓然大公、容納百川，並且能夠深具親和力，待人接物，都謙下柔和，不但讓人如沐春風，而且「與物為春」。

默頓很精闢的指出，「真人更喜歡無名和獨處」，「無名」代表老子所說「善行者無轍迹」，行善不求出名，因而不會只知作秀。「獨處」更是能夠寧靜修行、提神太虛、冥同大道，所以才能用更開明的胸襟與智慧治國。

這也正是默頓在此的觀察：

「真人所追求的真正安寧叫『攖寧』。這是一種無為而為的寧靜。換句話說，一種超越了活動與玄思，與無名無形的道融為一體的寧靜。」⑳

默頓並生動的強調，

「懷有這種謙卑的人，充分意識到他自己的虛無，從而完全忘懷自己，『身如槁木……心如死灰』。」

---

⑲　同⑫，頁 284。

⑳　同上，頁 285。

「這種謙卑是『宇宙論的』。」㉑

所以，從表象上來看，「真人」彷彿心如死灰，其實是「如如不動」（借用《金剛經》語），不受任何外物利誘、也不受任何外物所傷，這才是「真人」，也才是真正大政治家的精神！

另外，默頓將莊子與基督教比較研究，很有啟發性：

「莊子之樂園不同於基督教的樂園，基督教的樂園因為罪而無可挽回地失去了，只有通過救贖才能重新獲得。莊子的樂園仍存在於我們之中。」㉒

此即莊子所說「道無所不在」，透過精神超昇的「消遙遊」，可以體認萬物平等的「齊物論」，然後才能領悟「應帝王」之道，並且以大道為「大宗師」，進而擴大胸襟，「藏天下於天下」。這種政治家的風範，至今仍然深值政治人物領悟與力行！

尤其默頓在此看出，「莊子能夠從不同的方面看待問題，這表明他事實上超出了狹隘的黨派之爭。」這在今天政壇，特別深具重大的啟發性！

二、莊子政治哲學的形上學基礎

莊子政治哲學的形上學基礎，類似老子，但更解決了老子的很多問題，形成幾項重要特性。

方東美先生對此分析得很中肯；而其應用在政治哲學上，更有

㉑　同上，頁 285。
㉒　同上，頁 286。

重要的現代啟發。

首先方師指出：❷

第一，老子哲學的「有無對反」，在理論上得到調和，此即莊子所稱「和之以天倪」，將宇宙的無限性，形成「彼是相因」、交攝互融的有機系統。

第二，老子哲學的「變常對反」，也同樣可消弭。此即莊子所稱「萬物無成為毀，道通為一。」

第三，因此，莊子點出老子思想的精義，「建之以常無有，主之以太一，以空虛不毀萬物為實。」

上述形上學基礎，印證在政治哲學，也有重大的現代意義：

第一，「有無對反」的衝突性，相當於政治上「正反對立」的政治力量，如同兩黨政治的對立，或執政與在野的對立；此時就需領悟：兩者相反而相成、相輔才能雙贏，要如莊子所說「和之以天倪」，用更高的天道調和，才能解決政黨惡鬥的問題；也才能瞭解，正反力量可以互補互濟，形成缺一不可的改革力量。

從執政黨而言，若無監督團隊，即無法更有效的糾正錯誤；從反對黨而言，若無執政團隊，則缺乏監督對象。所以二者必須體認莊子所說「彼是相因」，缺一而不可，才能相反相成，以更高的國家利益與立場調和，才是國家之福。

第二，「變常對反」的衝突性，也可透過「道通為一」而化解，亦即執政黨與在野黨均要能體認，天下沒有永久的執政黨，也

---

❷　方東美，《原始儒家道家哲學》（臺北：黎明公司，1983 年），請參頁 241。

沒有永久的在野黨，政黨輪替表面看似變動，其實仍是「正常」，重要的是雙方都要能秉持公道、公平競爭，這種公道應該永遠超然中立、客觀。公正，也應該是兩黨共同遵守的一貫規則。

第三，莊子稱老子「建之以常無有，主之以太一，空虛以不毀萬物為實」，落實在政治哲學上，即在肯定民主政治應該建立「常有」（執政）與「常無」（在野）的互動，但均應以國家利益為統一目標（主之以太一）。在野黨或在野人士的批判（空虛），應以不傷害國家與人民為實質內容。

所以，方師在《原始儒家道家哲學》中分析，莊子哲學的轉折，遵守了三個原則，做為其超脫解放的基礎；同樣很能成為政治哲學的重要原則。

第一，「個體化與價值的原則」：

此即莊子所說「萬物各安其分」，在各自的性情與天份上面，能夠得其所得、適其所適，獲得存在的滿足，與價值的享受。此亦民主政治中所說 "Principle of Individuality and Value" ❷，每個個體，無論大小，均有其平等價值，民主選舉中，「票票等值」即指此意。

第二，「超脫原則」：

此即從世俗的價值，超越到精神的高層，將民主社會中種種庸俗化與黑金化，提昇其價值，形成「超越的原則」（Principle of transcendence），以展現精神的自由超脫。

第三，「自發的自由原則」（Principle of Spontaneous Freedom）：

---

❷　方東美，同❻，頁241。

　　代表一個人若要真正獲得精神自由，必須如支道林所稱的「無待」，或如華嚴經所稱的「無礙」，因此要做自己生命宇宙中的精神主宰，此即莊子所說「天地與我並生，萬物與我合一」。

　　換句話說，一個人要把廣大宇宙的「敵意」化除掉，才能有一種契合宇宙生命的能力，與宇宙中的造物主合一。

　　這也正如史賓諾莎所稱，「把大學奉獻於宇宙精神之中」，唯有如此，每人在精神上才能成為造物者的化身，融入莊子所稱「真君」、「真宰」，成為「真人」、「神人」、「至人」。

　　這個時候，從消極看，才能如莊子所稱「道未始有封」，從積極看，則知「道通為一」，真正能夠雍容圓融、看破一切，並且也放下一切！

　　同樣情形，身為政治人物，此時從消極看，就不會爭權奪利、陷入現實政治的惡鬥；從積極看，更能以大道生命為理想，理解一切、同情一切，進而能夠包容一切、共同合作，邁向光明大道！

　　德國當代大哲馬丁・布伯（Martin Buber, 1878-1965）對莊子的「道」論，也很有深刻的研究，值得重視。

　　首先，就道相而言，他指出「道自身不可認識、不可知」，他曾引莊子〈天道〉「大道不稱」，可說相當中肯。另外，他並指出：

　　「表現在世界的存在中，道是一種恆定的未分狀態，是世界的統一的變化，是世界之秩序。」㉕

　　他並引〈大宗師〉：「夫道，有情有信，無為無形。」對此說

㉕　同❿，頁 273。

明，很有其慧見。❷

　　然而馬布・布伯有關莊子的「道論」，有時仍只見其一，未見其餘，還是值得檢討。

　　例如，馬丁認為：

　　「道既不能被研究，也不能被闡釋，這不僅僅因為道之真諦言說不出，而且還因為道根本就不是言說的對象，任何有關道的言說，既不真又不假。」❷

　　若從〈知北遊〉看，莊子稱「萬物有成理而不說」，上述內容還正確，然而若稱「任何有關道的言說，既不真又不假」，只用真假作為標舉，顯然成為以偏概全的論證，應該同時還稱：「不一不異」、「不生不滅」、「不退不進」，才更為完備。

　　然而，馬丁・布伯論莊子「對立統一」，有段非常中肯：

　　「雌雄的統一，雌雄雙方不是自為的，而是互存的；對立的統一，對立雙方不是自為的，而是相互的融合；萬物的統一，萬物不是自為的，而是共在；這種統一便是世界之道。」❷

　　另外，馬丁布伯又引述〈知北遊〉，其中老子告訴孔子，「天不得不高，地不得不廣，日月不得不行，萬物不得不昌，此其道與！」他並將此與老子第三十九章並列比較：

　　「天得一以清，地得一以寧，神得一以靈，谷得一以盈，萬物得一以生，侯王得一以天下貞。」

---

❷　同上，頁 273。
❷　同上，頁 270。
❷　同上，頁 270。

然後他的結論是：

「這樣，萬物自身的統一，構成了萬物各自的本性與本質，這就是萬物的道，萬物的道路，萬物的整體。」❷⁹

所以馬丁對於莊子名句：「天地與我並生，萬物與我合一」，解讀為「世界的統一，只是他的統一的反映，因為世界不是什麼異在，而是與歸一者合一的。」❸⁰

但馬丁沒忘記，聖人才是大道的印證者，所以他說：

「世界的統一只對聖人而言是存在著的，所以實際上是聖人的統一才給世界帶來了統一，如同道顯現於萬物之中，道的本質也表現了這一點。」❸¹

另外，馬丁布伯仍有其獨到見解：

「道是萬物的軌道，萬物的本性，萬物固有的法則，萬物的統一。它一身而數任，但卻潛在地存在於萬物之中，只有當它與其它事物接觸時才產生作用：『金石不得無以鳴，故金石有聲，不考不鳴，萬物孰能定之。』（〈天地〉）」❸²

有關莊子的認識論，馬丁·布伯則認為，道教「全盤否定所有被人們稱之為認識和行為的東西。」❸³

其實並不然，老子所稱「為學日益，為道日損」，並非否定所有知識學識，而是透過超越精神，修行智慧，進入大道，所以說

---

❷⁹　同上，頁271。
❸⁰　同上，頁272。
❸¹　同上，頁272。
❸²　同上，頁272。
❸³　同上，頁272。

「損之又損，至於無為」。

馬丁布伯在此引用莊子所說「天下莫大於秋毫之末」（〈齊物論〉），認為我們在空間中，擺脫不了我們的尺度，蟋蟀理解不了大鵬的翱翔。但莊子所說，是培養我們的「格局」，不是尺度，是指無形的恢宏胸襟與器度，而不是有形的尺度。

同樣情形，馬丁布伯引用莊子，認為在時間上也是如此：

「在時間之中也無認識，因為對我們來講，時間的長短持續也只是在關係中才有意義，『莫壽乎殤子』（〈齊物論〉），我們擺脫不了我們的尺度，『朝菌不知晦朔，蟪蛄不知春秋』。」❸❹

然而，莊子在此所說，同樣並非有形的「尺度」，而是無形的磅礴氣魄與器識。

但馬丁布伯分析的「天籟」（〈齊物論〉），稱之為「統一在我們自然的多樣性上，演奏出來的音樂（有如長風寥寥，大木之竅穴），在這裡就成了靈魂之籟。」則很中肯。

另外，馬丁布伯認為，根據莊子，「人們所說的仁義與聖人的仁愛沒有絲毫共同之處。」略嫌籠統，他說：

「這種仁義荒謬不堪，因為它以應為的形式出現，成為要求的對象。然而愛則是不能要求的，通過要求而得到的愛，只會造成不幸與痛苦，它與人本性的心地善良相悖，它玷污善良的純潔，並破壞它的直接性。」❸❺

然後馬丁布伯指出：

---

❸❹　同上，頁 275。
❸❺　同上，頁 277。

「有目的的仁和有目的的義，並非仁之天性，它們就像多餘的手指，或身上其他什麼肉瘤那樣令人厭惡。」❸❻

馬丁布伯在此，並引述老子對孔子的評論：

「蚊蝱噆膚，則通昔不寐矣。夫仁義憯然，乃憤吾心，亂莫大焉。吾子使天下無失其樸。」（〈天運〉）

莊子本意，真正聖人之道，在使天下返樸歸真，不要爾虞我詐、不要自認聰明，不要玩弄權術，否則口頭上空講仁義，只會成為假仁假義。

因此，馬丁布伯在此所指「仁義」其實均指假仁假義，自然並非聖人的仁愛，應予詳細釐清才行。

另外，馬丁並引述〈天運篇〉中，老子告訴孔子：

「古之至人，假道於仁，託宿于義，以遊逍遙之墟，食於苟簡之田，立於不貨之圃。」

然後馬丁布伯強調，「聖人的仁愛，則基於與萬物統一，乃人所共求。」這段固然正確，但他又稱「仁義的基礎是人與人的對立」，顯然並未瞭解莊子原意，因為莊子批評的「仁義」，是假仁假義，那才會形成對立與反感，並非以真正的仁義待人。

當然，馬丁布伯另外講得也很中肯：

「拿莊子與歐洲文學創作加以比較，也是非常吸引人的。」❸❼

他曾將〈至樂〉中，莊子與骷髏的對話故事，與哈姆雷特在教堂墓地的獨白，相提並論，並且相互比較，很有創意。

---

❸❻　同上，頁 277。
❸❼　同上，頁 282。

其實，他若能將《唐吉訶德》的憤世情結，與莊子鄙視現實名位相互比較；或《鐘樓怪人》的善良內心，與莊子寓言相互比較，或將歌德的《浮士德》，與莊子的超越精神相互比較，相信都會很有創意與價值。

當然，更重要的，是馬丁布伯體認到：

「所有這一切，只能算做是通往接受莊子的門徑，要接受莊子，就不應當試圖將其歸類，而是不加比較、不加歸類地從整個本質上接受他，這個他，便是他的著作，他的寓言。」**㊳**

不過布伯對莊子的理解，仍然有些只知其一、未知其二。

例如，他認為莊子最後「踏上了先師老子的故迹：隱。」**㊴**這個論斷可說既誤解了老子，也誤解了莊子。

因為，莊子形容老子，為「建立以常無有」，並不只是「隱」字訣，還含「有」字訣，不是只有「無為」，還有「無不為」。

另外，馬丁布伯認為，莊子稱這個時代為無用：

「他以諸如無所可用之樹的寓言給時代以回答，世人莫知無用之用，世人稱為目的無所在的東西，正是道的目的所在。」**㊵**

馬丁布伯在此，只看到莊子稱「無用之用」的消極面，卻未看到「無用之用實為大用」的積極面。道的目的，更是「善貸可成」的大用，而不只是無用。

然而，布伯認為莊子，「根本徹底的抨擊」了該時代的世俗觀

㊳ 同上，頁 282。
㊴ 同上，頁 268。
㊵ 同上，頁 268。

點，倒是非常中肯。所以，他引述莊子在〈天地〉篇的批評：

「世俗之所謂然而然之，所謂善而善之，合璧飾辭，動容貌，以媚一世，則不謂之不肖之人，不謂之道諛之人！」

另外，莊子在〈胠篋〉篇中更曾悲慨：

「彼竊鈎者誅，竊國者為諸侯。」

面對這些重大的不公平，馬丁布伯認為，莊子很清楚：「附和世俗」，必會染上世俗之愚。

然後馬丁也體認到：「道教是不可能附和世俗的，因為道並不給人帶來什麼，它只是告訴每個人：道，人人皆有，只需家在自身悟出，便獲得生機，然『天下皆知求其所不知，而莫知求其所己知。』」❹

馬丁布伯在此，對莊子雖然能理解，但可惜他將莊子與「道教」混為一談。忽略「道家」與「道教」並不相同，前者是學術思想，後者是民俗宗教，不宜混淆不清。

除此之外，馬丁布伯認為莊子走向「隱」士之路，是因為莊子強調：

「世喪道矣，道喪世矣，世與道交相喪也。道之人何由興乎世，世亦何由興乎道哉！道無以興乎世，世無以興乎道。」（〈繕性〉）因此：「雖聖人不在山林之中，其德隱矣。」（同上）

然而，莊子在〈大宗師〉、〈人間世〉與〈應帝王〉中，仍有很多內容顯示，並非消極隱世，而應效法「天人」、「神人」、「至人」的精神，仍然應該領悟〈天下篇〉所說的：

---

❹　同上，頁 268。

「不離於宗，謂之天人；

　不離於精，謂之神人；

　不離於真，謂之至人。」

由此足證，馬丁仍然只見到莊子部份面向，仍未見大道之全，也容易成為「一曲之士」，主要因為其「束於教」、「不幸不見天地之純，古人之大體」（〈天下篇〉），未見大道整體精神。

在老子政治哲學中，「聖人」可做為「道徵」的印證，代表政治家的風範，同樣情形，在莊子政治哲學中，「聖人」、「真人」、「神人」、「至人」等等，均可看成對大道的印證，也代表大政治家應有的品格與風範。

所以，莊子在〈逍遙遊〉中稱：「至人無己，神人無功，聖人無名」，對政治家應有的修養，深具啟發性！

首先，「至人無己」，代表政治家應效法大道，做到無私無我，因而必然不要特權、不敢貪瀆、不會官僚，也沒有任何的私心！

其次，「神人無功」，代表政治家不居功、不自滿，即使天大的功績，也能歸功他人，絕不爭功諉過。因為，再多功業，比起天地宇宙的遼闊，根本不足為道，所以心胸極為開闊，絕不勾心鬥角。

再其次，「聖人無名」，代表政治家不重虛名、不求留名、不尚虛榮，因而也就不會媚俗，不會譁眾取寵、不會虛矯作秀，而能實事求是，真正講究實效。

換句話說，莊子精神無限超越、超越無限，堪稱是「無限哲學」；應用在政治哲學上，就是心胸無限開朗、懷抱無限悲憫，志

向無限高遠！

唯有如此，才能超脫一切名利權位之爭，真正為國為民，心中永遠抱持高尚與遠大的志向，所以能永遠充滿幹勁、永遠充滿活力，絕不自滿自限，更不鎖國誤國！

此即莊子在〈天下篇〉，特別推崇「博大真人」：

「古之人其備乎！配神明，醇天地，育萬物，和天下，澤及百姓，明於本數，係於末度，六通四辟，小大精粗，其運無乎不在。」

這種博大真人，正是莊子心目中的大政治家，可以充分體認神明天地以與大道的生命精神，然後透過良政落實力行，進而化育萬物，調和天下，並能澤惠百姓，所以生機無所不在！

此亦〈天下篇〉莊子所說：「以天為宗，以德為本，以道為門，兆於變化，謂之聖人！」

這也代表莊子肯定，大政治家要能效法上天，以德為根本、以德治國，並且以大道為正門，走大門、行大路，結合時代需要，與時俱進；這種「聖人」，才是真正領導人的風範，也才能真正的興國成功，在今天深具重大的啟發性！

三、澄清對莊子的誤解

方東美先生曾經感嘆，整個漢代，幾乎沒有人認清莊子的生命精神，有關對他的誤解，也從向秀、郭象即已開始。

然而，真正瞭解莊子精神的話，就能知道他從大道的觀點出發，深具時代批判性，所以常能痛快淋漓的一針見血，指出時弊。

　　莊子今天如果再世，肯定會有很多感慨，揭發很多真相，發出很多批評。

　　民國 96 年 9 月 13 日，中國時報政治版頭條，曾經刊出李登輝對民進黨的評論。李登輝很直率的說：「民進黨執政七年，只會騙人！」

　　這種「只會騙人」的政黨，從莊子眼光看來，正是「竊國者侯」、「假仁假義」的代表；用今天的話來講，正是「假民主」、「假改革」、「假愛臺灣」的代表；這與莊子所說「聖人」、「真人」、「至人」的精神，完全背道而馳！！

　　尤其，這語從李登輝口中說出，意義更為不同。

　　因為眾所皆知，民進黨是由李登輝任內「餵奶水長大的」（李登輝語），如今李登輝因為本身臺聯黨利益衝突，所以必需講出真話，批評民進黨，果然一針見血，深中民進黨的要害，很能夠揭發民進黨的真相。

　　李登輝並且舉日本當時首相安倍為例，強調其內閣短期內有三、四個閣員「歪哥」，所以引咎自殺、或者下臺。後來安培自己也引咎辭職，他又說：

　　「反觀臺灣，七年下來已有十幾個閣員『歪哥』，好像還沒結束，看到這叫人會『嚇死人』！」

　　因此，李登輝用諷刺口吻，暗批陳水扁：

　　「政治人物做總統後，什麼東西都會有人透過太太拿來，這樣的生活很快樂，比神仙還有辦法！」

　　他並特別提醒國人：

　　「如果沒警覺性，就爛掉了！」

　　李登輝這些話，雖然是為了臺聯黨選舉而講，但也表達了民眾切身之痛，頗能引起重視，也頗符合莊子精神。

　　然而，李登輝因為本身主張臺獨，所以只批評民進黨貪腐的一面，稱其「只會騙人」，但對於民進黨，想以臺灣名義加入聯合國，也是「騙人」，卻輕輕略過。

　　此時，反而是由美國國務院官員柯慶生，非常坦率的加以批評。

　　柯慶生首先提到，他的演說，經由美國政府各部會討論同意，所以「代表美國政府一致的看法」，顯然份量很不相同。

　　另外，他又指出，因為美國對扁政府，用各種方法均無法溝通，只能直接訴諸臺灣人民，並用網站全文登出。

　　這種作法，倒很符合莊子所說「藏天下於天下」，直接訴諸人民，才是真正民主。

　　尤其，美國政府這篇批評，逐一揭發民進黨原先的假面具，也很相近莊子揭發假仁假義的重要手法，很值得重視。

　　該文指出，「壞的公共政策，不會因為包裝在民主的大旗下，就變得比較好！」

　　這段內容，也一針見血的指出，「公投入聯」明明為壞的政策，卻被民進黨假冒「民主」之名，加以包裝；這時美國揭穿其本質，其實是「假民主」，正如同莊子批評「假聖人」；這種假聖人不死，大盜就不會止！人民不能安心，社會也不能安定！

　　另外，美國政府也很中肯的指出：

　　「我們不承認臺灣是獨立國家，我們也不接受臺灣獨立有助於維持現狀、或臺海和平與穩定這種挑釁說法。」

　　由此可見，美國政府認為陳水扁一貫的臺獨論調，「都是騙人」！從前只是隱忍未發，現在因為太過份了，所以終於公開而明確的加以揭發。

　　另外，該文也直指「公投入聯」根本毫無可能，民進黨根本是在欺騙臺灣人民。文中強調：

　　「以臺灣之名申請成為聯合國會員的公投，就是正面衝撞，毫無希望改變臺灣在國際舞臺的現實狀況，反倒升高臺海緊張，並使那些可能支持臺灣擴展國際空間的力量轉向。」

　　然後，該文明確指出：每個人都知道，「入聯公投」的唯一效用，只是「內部政治消費」，也是「為了短期政治利益，而準備讓人民冒著安全利益的風險。」

　　這也是清楚的揭發，陳水扁所謂「入聯公投」，只是為了騙取選票，但是，很可能導致臺灣人民安全受損！

　　陳水扁聽到美國政府空前嚴厲的批評後，為了安撫美國，他自找臺階，公開宣稱，公投之後「什麼事也不會發生」、「一切回到原點」。反而更加證明，這只是選舉前的騙人動作！又是一次把人民當白癡的騙人行為！

　　李登輝對這種「騙人」行為，因其臺獨立場，避而不談，但由美國政府出面，明確揭發了民進黨臺獨騙人的愚民政策！這正如同「國王的新衣」一樣，終於讓人民瞭解了真相！

　　因此，美國政府對臺灣人民的呼籲很重要：

　　「幸運的是，我們期盼臺灣理性、聰慧的選民會洞察空言，理性判斷此一公投不符他們的利益，因為這會在本質上傷害臺灣的對外關係。」

　　這種對人民的信任與期望，正是莊子政治哲學「藏天下於天下」的精神，再次證明莊子精神至今仍然非常重要！

　　在中國歷史上，郭象對「逍遙遊」的超脫解放精神，無法深入理解，所以只能註成「物任其性，各當其份」；他也無法理解大鵬鳥扶搖直上、馳神無窮的氣魄，所以只能解釋成在自己生活範圍內，各當其分。❷

　　但是方師強調，人類雖然如同休謨（Hume）所說，只是扁平動物，但仍有顆獨特的「心」，仍然能夠提神太虛，背雲氣、負蒼天而達到莊子所稱「寥天一處」的最高境界。❸

　　這時的心，居於精神主宰，縱橫馳騁，所以能夠「物物而不物於物」❹，精神徹底解放，達到「無何有之鄉，廣漠之野」；此時沒有任何角落，可以對他形成精神障礙，所以心中沒有任何恐懼！

　　這正如同後來《心經》所說：

　　「依般若波羅蜜多故，心無罣礙、無罣礙故，無有恐怖。」

　　這正是莊子所稱「至人」的精神特色，誠如方東美先生所說，表現出「無限哲學」的超越精神：「入無窮之門，以遊無極之野，與日月齊光，與天地為常。」因此，「至人」可以「外天地，遺萬物，而未嘗有困也。」（〈天道〉）

　　「至人」有了這種超越精神，便能飄然遠引，面對一切困境，均能超脫一切拘束，不受一切束縛！

---

❷　方東美，同❻，頁 246。
❸　同上，頁 247。
❹　同上，頁 248。

這也正是《金剛經》所說，「應無所住而生其心」，因為心中沒有任何障礙，所以「不驚、不怖、不畏！」

這種精神修行，應用在人生哲學與政治哲學上，就是具有絕對的精神定力，不怕任何風雨挑戰、不怕任何攻擊圍剿，不但很有抗壓性，並且很有堅定的意志力！更有「忍辱波羅蜜」的精神，化忍辱為精進，化壓力為動力！

所以，邱吉爾曾經說，「要進廚房，就別怕熱」；列寧也曾強調，「要打獵，就別怕被狼咬」，代表若想從政、或想批評時政，就不要覺得辛苦或痛苦！

邱吉爾與列寧，生平都歷經大風大浪，飽經人生患難，但均能咬緊牙根、堅毅不拔，他們的奮鬥精神，至今都很有重大的啟發性！

今天雖然很多人感嘆，「政治太黑暗」，或「政治太可怕」，但若正人君子紛紛遠離，變成出世與厭世思想，那世界就會變得更黑暗，政治會更可怕，眾生會更痛苦！

所以這時，仁人志士更應發揮孟子「捨我其誰」的精神，或者地藏王菩薩「我不入地獄，誰入地獄」的悲願，用大乘佛學「悲智雙運」的精神救人救世！

這種菩薩精神，因為本身有大智慧，所以能「不住生死」，但又因有大悲心，所以「不住涅槃」；這與莊子「真人」、「聖人」、「至人」精神，可說完全相通！

莊子所稱「神人」精神，雖然並非為了從政而修行，但卻特具堅忍特性，足以承受一切重大壓力，克服一切重大困難。這對大政治家，更具啟發意義！

德國文豪雨果（Victon M. Hugo, 1802-1885），在 1878 年紀念伏爾泰逝世一百年演講時，就曾強調，伏爾泰深具這種精神毅力：

「他在咒罵與祝福聲中，驟然長逝，被當時代詛咒，又受到未來祝福，這兩者都是至高無上的光榮。」❹

此即莊子所說的精神：「舉世譽之而不加歡，舉世毀之而不加沮！」

縱然全世界都稱讚他，他也不會多一些快樂，縱然全世界都誹謗他，他也不會多一些沮喪。伏爾泰正是這種寫照：

「他承受了一切威脅、辱罵、迫害、誹謗，他還遭到了流放。但是他不屈不撓，堅定不移。」

他為什麼有此能耐呢？因為，

「他以傲笑戰勝暴力，以諷刺戰勝專橫，以嘲笑戰勝宗教的自命正確，以堅韌戰勝頑固偏執，以真理戰勝愚昧無知！」

這種精神，活生生就像莊子所說的「神人」、「至人」或「真人」！深深值得重視與學習！

另外，林肯的堅忍韌性，同樣扭轉了美國命運，同時也扭轉了黑人命運；在他成功的背後，同樣有很多重大試煉，才鍛鍊出他勇者的毅力，以及仁者的胸懷；與莊子所說「真人」、「至人」的精神，非常相通。

林肯早在 1832 年競選州議員，就初嘗敗績，次年他借錢經商，年底破產，花了十六年才還清。

---

❹　引自《名人演說一百篇》（臺北：臺灣商務印書館出版，1988 年），頁251。

1835 年，他訂婚將成家時，未婚妻突然過世，他也完全精神崩潰，臥病近六個月。

到 1843 年，他參加國會大選，又輸了；直到 1846 年才勝利，但 1848 年競選連任又失敗。

在 1854 年，他競選議員失敗；1858 年，再度競選參議員，又再度失敗！一直到 1860 年參選總統，才告成功。

總計林肯一生，八次競選、八次失敗，兩次經商也都失敗，還曾精神崩潰一次（不只精神憂鬱），但他都以無比的毅力與耐力，一一克服，堪稱莊子心目中的「真人」、「至人」，至今仍然深具啟發性！

另外，蕭公權曾評論莊子：「莊子之政治思想誠古今中外最徹底之個人主義，亦古今中外最極端之自由思想。」

這段話的後半段，稱莊子為「最極端之自由思想」，還算接近；但前半段稱莊子「最徹底的個人主義」，則明顯有誤解。

因為，莊子明明強調「吾忘我」，主張「心齋」、「坐忘」，怎麼可能是強調「我執」的個人主義呢？更怎麼可能是「古今中外最徹底之個人主義」呢？

蕭公權的論點，在強調「在宥」是政術。然而，莊子所稱「在宥」，乃「自在」與「寬宥」之意：

「在之也者，恐天下之淫其性也；宥之也者，恐天下之遷其德也。」

本段旨在強調，唯恐天下人民忘掉本性、喪失本性，所以為政之德，就是要使天下人不忘本性、不失本德。只要能夠如此，何須再自以為是、整治天下？此即莊子所說：

「天下不淫其性，不遷其德，有治天下者哉？」

本文精義，其實在申論老子「治大國如烹小鮮」之意，治國者應尊重人民的本性本德，發揮人民的潛能，不要自以為是，從上干擾，這是自由主義沒錯，但稱「徹底的個人主義」，則明顯很不相應。

因為，個人主義以伸張個人慾望、表彰個人意志、突顯個人特色為能事，但莊子的「在宥」，卻是保持純樸本性，並且去除對外物欲、超越外在引誘，此即〈馬蹄篇〉中所稱「同乎無欲，是謂素樸，素樸而民性得矣」，兩者完全不同！

尤其，個人主義強調的，是向外伸張個人欲念，莊子主張的，都是返樸歸真，民性歸於素樸，兩者正好相反。怎能稱莊子為「最徹底的個人主義」呢？

另外，蕭公權又稱，莊子所說「天地與我並生，萬物與我合一」，與儒家「以天地萬物為一體」，二家思想主旨「實不殊南北之相背」[46]，也是很奇怪的誤解。

根據蕭公權，「儒家一物我而使物我通休戚，莊子一物我在欲令物我絕連繫」，對莊子更是嚴重扭曲。

因為，莊子首重逍遙精神，用大鵬鳥摶扶搖直上九萬里，自然體悟「天地與我並生，萬物與我為一」，並能領悟萬物平等之旨，目標正是使「物我通休戚」，以去除分別心，怎麼可能是「物我絕連繫」？

---

[46]　蕭公權，《中國政治思想史》（臺北：臺灣商務印書館出版，1988 年），頁187。

蕭公權根據錯誤的前提，往後推論：「莊子斷離物我，殆含二義：一曰不為物役，則我不干人，二曰自適其適，則人勿干我。引申人我無干之意，則得無治之理想與『在宥』之政術。」❹

蕭公權在此的推論，稱莊子「不為物役」，與「自適其適」固然正確，但「不為物役」卻不能推論出「我不干人」，「自適其適」也不能推論出「人勿干我」。

因為後者所論「人我無干」，為人際關係的範疇，但前者所說「不為物役」與「自適其適」，則為宇宙論，兩者範疇不同，怎能任意混淆？蕭公權在此，明顯犯了邏輯上「範疇混淆」的謬誤（Fallacy of the Confusion of Categories）。

尤其，莊子強調的是大鵬鳥的精神，「絕雲氣，負青天」，認為人心應該效法這種精神，向上提昇到無窮，「乘天地之正，而御六氣之辯，以遊無窮」，此時哪裡還有任何分別心？在宇宙的終點「寥天一處」，一切萬物均融合為一，更哪裡還會有什麼「斷絕物我」之說？

由此可證，蕭公權論莊子，正如莊子所評：「小知不及大知，少年不及大年！」

另外，蕭公權稱「儒學以行仁為宗，而莊學推為我之極。為我至極，勢不得不斷離物我」❹。此句前半段，講儒家「行仁」固然正確，但論莊子「推為我之極」，正是在源頭就錯誤，往後推論自然也是錯誤。

---

❹　同上，頁187。
❹　同上，頁187。

　　猶有甚者，蕭公權甚至稱莊子可能「承揚子之餘緒」，以為「人人不利天下，天下治也」。因為「個人欲全一己之天樂，勢不容承負社會之責任」；蕭公權又稱，「莊子書中屢示此意」，很不幸的，蕭公權在此又是誤解與曲解。

　　例如，蕭公權引〈秋水篇〉講，莊子對楚王兩位特使曾說：「往矣！吾將曳尾於塗中。」並以此證明莊子不願「承負社會之責任」。**⑭**

　　然而，這是莊子不願作官而已，並非「不負社會責任」，因為，承擔社會責任的方法很多，何必一定要做官？很多自由業，如教師、律師、會計師，均承擔同樣重要的社會責任，怎能以此厚誣莊子？

　　同樣〈秋水篇〉後段，莊子因為聽說，惠子怕他取代相位，所以莊子比喻，自己就像南方的鳥，「非梧桐不棲，非練食不食，非醴泉不飲」，怎麼會去跟貓頭鷹，搶腐壞的老鼠呢？

　　這段說明，莊子視宰相位置如同「腐鼠」，比喻自己品味很高尚，根本不屑去吃腐鼠。以這種人格風範，對於權位薰心的風氣而言，正是一股清流。如此以身作則，彰顯清流，提昇濁世，也是一種社會責任；怎能如此狹隘，只用做官代表社會責任呢？

　　另外，莊子在〈秋水篇〉中說：

　　「井蛙不可以語於海者，拘於虛也；夏蟲不可以語於冰者，篤於時也；曲士不可以語於道者，束於教也。」

　　這段內容顯示，井底之蛙無法瞭解大海之美，因為受到空間限

---

⑭　同上，頁187。

制；夏天螢火蟲不能瞭解冰雪風光，因為受到時間限制。至於一曲
之士，無法瞭解大道之理，則因為受到教育的限制。莊子如果在
世，或許會以此批評蕭公權。

蕭公權的《中國政治思想史》，因為在名校普林斯頓大學出版
英文譯本，影響很廣，但造成誤解也極大；正如同馮友蘭的《中國
哲學史》，因為在哥倫比亞大學出版，書中誤解，也跟著流傳很
廣，今後均亟待澄清與糾正！

此外，蕭公權又曾引〈應帝王〉篇，「天根」向「無名人」請
教治理天下之道；無名人回答：

「去！汝鄙人也，何問之不豫也？予方將與造物者為人，厭，
則又乘夫莽眇之鳥，以出六極之外，而遊無何有之鄉，以處壙埌之
野。汝又何帠以治天下感予之心為？」

莊子在這段中，用寓言再次強調，人心要能向上提昇，「與造
物者為人」、「以出六極之外」，並且放曠慧眼，宏觀大局，以至
「遊無何有之鄉，以處壙埌之野」！

他正是以此提醒領導者，應該開放心胸、擴大眼界，要有前瞻
性與平等心，才能治理天下之事，怎麼能說未負社會責任？

另外蕭公權又引〈馬蹄篇〉❺⓪：

「至德之世萬物群生，連屬其鄉；禽獸成群，草木遂長。是故
禽獸可係羈而遊，鳥鵲之巢可攀援而窺。夫至德之世，同與禽獸
居，族與萬物竝。惡乎知君子小人哉！」

本段正足證明，「天地與我並生，萬物與我合一」的境界，也

---

❺⓪　同上，頁 187-188。

是充分尊重萬物、保護環境的境界。其前提必需去除自我中心，絕不以人類為中心，而能同時尊重眾生萬類，怎能稱此為「為我思想，殆未有較此更為徹底者」？

換句話說，這正如莊子在〈至樂〉篇所說，魯侯捕到海鳥，「奏九韶以為樂，具太牢以為膳」，這是以人類自以為是的方法去養鳥，結果反而把鳥養死，「此以己養養鳥也，非以鳥養鳥也。」

所以，如果稱莊子是「為我」，則一切均會以自我為中心，怎麼還會強調「以鳥養鳥」？

所謂「以鳥養鳥」，就是將心比心，為鳥著想；擴而充之，要為他人或為他物著想，這哪裡是「為我」呢？

由此可見，若稱莊子為「最徹底的保育觀念與環保思想」，那莊子很可以當之無愧，因其主張一切萬物均應放歸自然，而且人與萬物要和平共存，同住共生。

但是，若要說莊子是最徹底的「為我」思想，則正好相反。因為如果莊子真的一切「為我」，那推到極端，一定是把萬物都看成為我所役，哪裡還有上述的「至樂」境地？

有關莊子政治哲學，除了蕭公權很多誤解外，薩孟武也因缺乏哲學訓練，同樣也有很多誤解；足證要講政治哲學，確實需要同時具備哲學背景。

例如，薩孟武稱「道家的自由放任，對於政府的干涉壓制，有逆來順受之意。」[51]這對老莊明顯是極大誤解。因為，老子明明強

---

[51] 薩孟武，《中國政治思想史》（臺北：臺灣商務印書館出版，1988 年），頁73。

調，精神「動無死地」，「民不懼死，奈何以死懼之」，顯然不會只作逆來順受的奴民。

另外，莊子強調的「神人」精神，對於水災酷暑，都能堅忍不屈，「大浸稽天而不溺，大旱金石流而不焦」，更可見精神毅力之可佩，怎麼可能對政府的壓制，只是逆來順受？

另外，薩孟武稱莊子「反對察察為明」之政❷；他引〈馬蹄篇〉，認為伯樂與匠人均為「治天下者之過」；但該篇的宗旨，仍在強調「天放」精神，亦即尊重人民本性潛能，不要將己意強加在人民身上，這與「察察為明」無關，而是代表一種雍容大度，信任人民、尊重人民，正是民主精神！

因此，若說莊子反對心機權謀，這個尚稱正確，但若說其反對「察察為明之政」，則豈非成為昏庸之君？

尤其，莊子在〈馬蹄篇〉中，呼籲人與萬物要和平相處，此中有很高智慧，絕非昏君可及。

就此而言，薩孟武稱莊子「無為就是順萬物之性」，不予勉強，可稱正確；他指莊子〈駢拇〉、〈馬蹄〉、〈胠篋〉，「無非說明順性則治，逆性則亂而已」，也可稱為言簡意賅；只是對莊子所指「聖人、真人、至人」等政治風範，他還未能領略。

另外，大陸中國人民大學出版的《中國古代治國要論》，固然認真蒐集資料，立論也力求客觀，但仍因是為公共管理碩士所寫教材，缺乏哲學素養，所以對莊子頗多誤解。

在該書中，作者甚至稱莊子「認為一切存在全是幻影，主張對

---

❷　同上，頁 74。

什麼也不必認真」❸，以此詮釋〈坐忘〉：「墮肢體，黜聰明，離形去智，同於大道，此謂坐忘。」（〈大宗師〉）明顯是種誤解。

文中對於「大道」，更是完全無法理解，因而扭曲成，道家主張對廣大民眾「採取愚民政策」❹，根本無法體認莊子所說「藏天下於天下」的偉大政治理想，同樣需要有哲學訓練才行。

總之，正確瞭解莊子的政治哲學，含有非常豐富的治國寶典，深值中華兒女共同重視；謹透過莊子的原典，分別說明重點如後。

四、莊子政治哲學重點

㈠藏天下於天下

莊子在〈大宗師〉中有一段話，用象徵性的語言，寓意非常深遠，結論就是：「藏天下於天下」，才是「恆物之大情」。

換句話說，「天下」，要藏到那裡才安全？用什麼力量才能讓國家穩固？根據莊子，不是經濟，不是軍事，而是「藏天下於天下」！只有把整個國家，寄託在人民的力量，還政於民、藏政於民，國家生命才能永恆！

如果有人認為，軍事統治就能恐嚇人民、鞏固政權，那就錯了；等到有一天，無形的民怨起來，推翻這政權，那被唾棄的政權，還不知道怎麼被推翻的！

---

❸　《中國古代治國要論》（臺北：臺灣商務印書館出版，1988 年），頁 77。

❹　同上，頁 87。

這就是莊子所講的，「夜半有力者負之而走，昧者不知也」！

此中道理，「藏天下於天下」，很可做為政治人物的重要警惕，並且可做為「大宗師」！

在同篇之中，莊子多次分析「真人」的特性，可以說是「大宗師」的特徵；深入去看，堪稱是大政治家應有的精神風範。

例如莊子說：

「何謂真人？古之真人，不逆寡，不雄成，不謨士。」

真人的精神，代表不違逆失敗、也不強求成功，並且不過慮事情；所以，如果錯過時機也不後悔，行事得當也不自得。「若然者，過而弗悔，當而不自得也。」

莊子在此與「知北遊」所說的道，「無思無慮」很能相通，代表大政治家首先要能去除私心私慮。

所以，「若然者，登高不慄，入水不濡，入火不熱。」這種真人能夠做到：「古之真人，其寢不夢，其覺無憂。其食不甘，其息深深。」換句話說，這種真人，睡覺時不做夢，清醒時不憂慮，飲食不求美，呼吸很深沉，沒有任何心機，也沒有任何憂慮，完全符合大自然之道！

因此，莊子又說：

「古之真人，不知說生，不知惡死。其出不訢，其入不距。……是之謂不以心捐道，不以人助天，是之謂真人。」

換句話說，這種「真人」能夠看破生死，不用心機智慮去損害大道，也不用人為做作，勉強助益天然。

另外，莊子又強調：

「其好之也一，其弗好之也一，其一也一，其不一也一。其一

與天為徒，其不一與人為徒。天與人不相勝也，是之謂真人。」

真人，對他（她）所喜歡的，固然順心如意，但對不喜歡的，也能順心如意，能用精神修養加以調和，化為一致。

在真人心目中，天與人並不是對立的，如果能把天人看做合一，就是與天作伴侶，如果不把天人看作合一，也和普通人做伴侶，都能順乎萬物自然。天人之間，沒有障礙，不會相互較勁，比出高下；這就是真人的精神。

所以莊子比喻：

「泉涸，魚相與處於陸。相呴以濕，相濡以沫，不若相忘於江湖！」

換句話說，與其泉水乾了，所有的魚困在陸地，喘著大氣、吐著口沫，相互溫潤、苟延殘喘，不如共同回到江湖，相互悠然忘記！

應用在政治哲學上，這就代表，與其耗費精力，用是是非非、相互纏鬥，結果精疲力竭，不如兩忘，共同通達於大道之中。

當然，這在一般俗世，很難拿捏分寸，如果學習不精，成為沒有是非，就變成了「畫虎不成反類犬」。

他用此比喻，指出「與其譽堯而非桀也，不如兩忘而化其道」！

莊子在此的精神，就是呼籲世人，用超越的精神、圓融的空靈，化除是非兩端，進入更高的大道。

若能如此進入大道，當然對世俗的是非，都能包容化解，並且能夠化除對權力欲的執著，提升到大道的境界。

所以莊子在「藏天下於天下」之後，特別強調，要有胸襟效法

聖人，因為「聖人將遊於物之所，不得遯而皆存」。

也就是說，大政治家沒有什麼情緒上的哀樂，但能提昇精神，冥同大道，甚至與造物者同遊；所以能從根本超越塵世間的得失、名利、權位等等束縛。

這正是莊子借孔子之口，所特別強調的內容：

「彼方且與造物者為人，而遊乎天地之一氣！」

在那境界之中，已經超越生死，「惡知死生後先後之所在」，而且「忘其肝膽，遺其耳目」，自然更能忘其名利、遺其私欲，進而廓然大公。

換句話說，莊子指出，唯有如此胸襟恢弘、思想解放，才能將天下各種多元異端，都用大道圓融包容，這也才是真正「藏天下於天下」！

因此從政治上來看，最高領導人，不能只作一黨一派的領袖，也不能只作任何小團體的領袖，用人要能夠包括天下，對各黨各派人才，都要能同時平等對待，一視同仁，這才是全民的領導人！

(二)胸襟恢宏，眼光遠大

莊子在〈逍遙遊〉裡，特別舉大鵬鳥跟小斑鳩為例；小斑鳩在樹枝之間跳來跳去，就覺得很開心，認為何必飛到九萬里高空？這就是普通小市民的心聲。

但做為一個國家領導人，不能只這麼想，眼光不能如此短淺。所以莊子特別強調「小知不及大知，小年不及大年」，不能只看到眼前，不能只炒短線。

此即西方政治哲學名言：「政客只看到下一次選舉，政治家則

看到下一代幸福。」

從莊子來看，政治家還不只看到下一代的幸福，更應看到世世代代的幸福！

所以，莊子在〈逍遙遊〉中所說「至人」的精神，最能代表追尋超越精神的典範，對大政治家很有啟發。

另如，莊子在〈天道篇〉中，更曾指出：

「審乎無假，而不與利遷；極物之真，能守其本。故外天地，遺萬物，而神未嘗有所困也。」

這就代表，「至人之心有所定矣」，不受任何困境所惑，因其可以超脫天地萬物之上，所以能夠有獨立精神，眼光遠大，不隨俗媚俗，所以有始終如一的慧見與理念。

再如〈在宥〉篇中，莊子強調：

「入無窮之門，以游無極之野。吾與日月參光，吾與天地為常。」，「守其一，以處其和」，均是代表同樣精神。

所以政治家的理念，應該一以貫之，一路走來，始終如一；並能從精神高度擬定政策，與日月同光，與天地同長，如此才能高瞻遠矚，深具遠見！

另外，莊子在〈秋水〉篇又說：

「吾在於天地之間，猶小石小木之在大山也；方存乎見少，又奚以自多？」

然後他又強調：

「計四海之在天地之間也，不似礨空之在大澤乎？計中國之在海內也，不似稊米之在太倉乎？」

他比喻，人的生命在天地間，就像小石頭、小樹木在大山一

樣，四海在宇宙天地之間，就像小溪在大湖澤間一樣；甚至整個中國在宇宙內，都只像一粒小米，在大米倉一樣！

因此，大政治家此時要能慧眼大如天空，心胸闊如四海，才能從整體，從長遠，全面衡度形勢，從而為大局、為後代，做出最明智的政策！此即莊子〈在宥〉所說：

「何為道？有天道，有人道。」

然後他進一步指出：

「無為而尊者，天道也；有為而累者，人道也。」

他提醒世人，無為而尊崇萬物本性的，即是天道，有為而諸多繫累的，即是人道。這裡所說的「人道」，不是現代所稱悲天憫人的「人道」，而是指人們自以為聰明，破壞天道的作為，正如「七竅生而渾沌死」一樣。

所以根據莊子精神，此中有「小大之辯也」。引申而論，小氣的領導者，當然不如大氣的領導者。所以他很重視，偉大的領導者格局要大、胸襟要恢弘、精神要有高度，才能掌握勝利之道。

高到什麼程度呢？用莊子的話，要能到達宇宙的終點，即「寥天一處」，這是宇宙最高點，所有萬物最後歸一的地方！

此亦《聖經》〈啟示錄〉所稱，神就是「最終點」，也是「最起點」，均與道家相通。

所以莊子的哲學精神，主要就是「上迴向」的精神，不斷地向上提昇，再俯瞰地面，這種心靈才夠高遠，才能看出光明遠大的願景，指出國家奮鬥的方向。如果只從平面，就看不準、看不清，一定要有超越的精神、凌空的高度，才能看得清楚，這對政治家，很有啟發作用！

　　尤其，莊子提醒知識分子，不要只做「一曲之士」，不要受到職業偏見影響，那就無法觀照全局，因為只從本位主義，就無法從整體大局思考。凡此種種，均對大政治家，深具警示作用。

　　莊子〈在宥〉篇也提到，「世俗之人，皆喜人之同乎己而惡人之異於己也。」而且，「同於己而欲之，異於己而不欲者，以出乎眾為心也。」

　　他這段話，至今仍然很有警惕性。

　　因為他指出，世俗之人，都喜歡聽相同的意見，討厭不同的異議。而且一般心理，對相同的人就延攬，對不同的人就排擠，這是一種想要超出眾人的私心，但怎能真正超出眾人，得到民心？

　　「夫以出乎眾為心者，曷常出乎眾哉！」

　　所以莊子強調，與其如此黨同伐異，不如尊重各人潛能。用恢弘的心態，任由各人自由發展潛能。這種尊重多元的思想，正是今天所講「自由主義」的基本精神！

　　所以莊子比喻，魚在水裡才能生存，人在水裡就會死亡：

　　「魚處水而生，人處水而死。彼必相與異，其好惡故異也。」

　　用西方名言來說，「一個人的解藥，可能是另一個人的毒藥」；所以，要尊重各種不同意見，不能淪為同質性，才能百花齊放，形成花團錦簇的亮麗世界！

　　莊子在兩千多年即能體認，社會是多元的，彼此不能勉強相同，「故先聖不一其能，不同其事」（〈至樂〉）。其開放胸襟與孟子的民貴思想，同樣可敬可佩。

　　根據莊子，天下事物，各有其本然的真性，不能勉強大家都相同一致，所以他說：

「天下有常然，常然者，曲者不以鉤，直者不以繩，圓者不以規，方者不以矩，附離不以膠漆，約束不以纆索。故天下由然皆生，而不知其所以生。」

這就是開放社會、尊重自由的真諦，深值重視與力行！

(三)心態開放，思想解放

莊子明確強調「道未始有封」（〈齊物論〉），代表他明確反對「封閉社會」，主張領導人心態應開放，思想也要解放，至今仍深具啟發性！

莊子〈在宥〉篇中，曾用寓言故事，借黃帝與老子對話，說明治國之道，領導人應用寬大的心胸，尊重百姓萬物，形成開放的社會。

黃帝在位十九年後，聽說廣成子（即老子）在空峒山上，便去請益，並問「至道之精」；然後他先說明，自己打算用天地精氣，助長五穀成熟，以養人民，又想管理陰陽，以遂群生，未知該如何進行？

廣成子的回答，堪稱一針見血：

「爾所欲問者，物之質也；而所欲官者，物之殘也。」

換句話說，莊子在此點出，黃帝所問的，是萬物的本質，但所做的，卻在摧毀萬物，結果適得其反。

因此莊子強調，治理國家的人，應該「因眾以寧」，因應眾人潛能，各自充分發揮；大家都能心中安寧，就是最大成功，如果領導人自以為是，自認比美三王，只逞個人私念，反而會有亡國之禍。

　　所以他指出，有國有土，可稱有了「大物」（夫有土者，有大物也）。但有大物的，應該使物自得，不可以為物所利用。若能明此，何只可以統治天下，還能逍遙九州，這才是真正「至貴」！

　　「有大物者，不可以物。物而不物，故能物物。明乎物物者之非物也，豈獨治天下百姓而已哉！出入六合，遊乎九州，獨往獨來，是謂獨有。獨有之人，是謂至貴。」

　　所以，莊子強調自在寬大，「在宥天下，不聞治天下也。」

　　因為，大政治家治理天下，重點在使天下人民，都能自由自在，以免人民忘掉本性、喪失本德：「天下不淫其性，不遷其德，有治天下者哉！」

　　因此莊子提醒政治人物，不要自認聰明、自認高明，結果卻亂治天下！如果天下人心都能不忘本性、不失本德，那還需要用什麼人治理天下呢？

　　此即莊子所說「絕聖棄智，而天下大治」，只要去除假聖人與假知識，回到人人純樸存在的本性，天下就能大治！

　　近代德國社會哲學家波普（Kaul Popper, 1902-1994）一生都強調要走向「開放社會」（open society），在此很能相通。

　　波普明白主張「開放社會」，並且反對「歷史決定論」，他曾強調：

　　「未來取決於我們，而我們並不取決於任何歷史決定論。」❺❺

　　所以波普認為，不能把歷史看成是僵化的發展過程，否則會出現僵硬的教條；也不能把社會看成封閉的體系，否則會忽略人在社

---

❺❺　同上，頁77。

會中，知識增長的可能性。

莊子也曾在〈齊物論〉明白表示「有始也者，有未始有始也者，有未始有夫未始有始也者……」，時間之流在他來看，既沒有開始、也沒有結束，完全是開放的系統，歷史發展與社會發展也同樣如此；因此，只有尊重人民的無限潛能，才可以創造各種光明前程！

莊子的這段話，一般人不容易看懂，值得特別說明。

他首先強調：「有始也者」，先肯定宇宙有一個開始，但立刻把它否定掉——「有未始『有始也者』」；然後，再把這句也否定掉，也就是再超越掉。「有未始」「有夫未始有始也者」。這些聽起來好像繞口令，但是只要用小括弧、中括弧、大括弧區別開來，就很清楚此中不斷超越的精神。

莊子這種精神，很接近胡塞爾（Husserl）所講的「放入括弧」，「存而不論」（epoche）。

因為，任何人如果有一個主張，當然會有另外一個主張對立，所以對於自己原先主張，不要自以為是，而要先放入括弧，「存而不論」，先聽聽別人的主張，不要自我執著。

所以老子強調，「無之以為用」，就是先把內心全部放空，外面智慧才能進來；如果心中塞滿了自己，自以為是，那外面的智慧，根本就沒有進來的空間。

莊子這一段，也是同樣精神；對自己的意見，先要不斷地反省、否定、翻越，有了一層一層的超越，最後才能夠直接掌握「本質」（essence），此即莊子所稱「真宰」；因此胡塞爾哲學又被稱為「本質哲學」。

這就相當於「撥雲見日」，先撥掉雲霧，才能發現太陽的本身；從知識的形成來看，要去除掉一層層外加不相干的、不正確的論述，才能呈現真相本質。

這種知識論的方法論，應用在政治哲學上，近期鮮活例證，就是美國國務院評論民進黨「公投」，認為這不是民主的本質，英文就用「非本質」"non-essence"。

所以，當民進黨不斷強調，用公投進入聯合國，是為了「民主」，美國立刻加以反駁，就是去除其外面的層層迷霧，揭開語言包裝，讓人民瞭解「真相」，不要被文字魔術所迷惑！這種批判精神，對於增進人民智慧，揭穿民粹真相，具有很大的貢獻；對於增進開放的多元心態，去除封閉的意識型態，尤有重大的助益，深值重視與反省。

因此，波普在批評《歷史決定論》的貧乏中，也曾明白指出，因為「人類知識增長，是難以預料的因素」❺❻，所以不能輕易預言未來，既然未來是不可預料的，是開放的，那麼社會發展也應該是開放的。

中國《易經》哲學用「乾元」為首卦，「未濟」為最後一個卦，也代表生生不息的開放系流。

反之，任何人若自認「濟卦」，已經完成理想，就此自滿，那就陷入了封閉的心態；任何部門或任何社會，都是同樣情形。

所以，波普批判自以為是的「烏托邦社會工程」：任何政治理想，如果自以為是、自命真理，並把這種自認完美的烏托邦強加於

---

❺❻　Karl Popper，引自《西方政治思想》，頁233。

人，排斥異己，就會形成「封閉的社會」。

這種體認，與莊子的開放精神完全相通！

因此，莊子曾經強調，要能做到「虛而待物」，放空自己，不能將自己意見強加於人，不能「以己養養鳥」（〈至樂篇〉），不能用人的想法去養鳥，那反而足以害死鳥。

所以，波普主張「點滴的社會工程」（piece-meal social engineering），也正符合老莊的政治哲學。

此即老子所說，「天下大事必成於細，天下難事必成於易」，社會必從一點一滴改革，才能成功。這也正是莊子所說的，在上位者，要有開放心胸，不干預人民、不宰制萬物，尊重人民自主，一點一滴的自行發展，才是真正興隆茂盛之道。

此即莊子所說，「夫道，覆載萬物者也；洋洋乎大哉！君子不可以不刳心焉。」（〈天地篇〉）

正因如此，才能萬物含生，充滿生香活意，形成萬物與春的精神，這也正是老子所說：「天地相合，以降甘露」的同樣精神！

事實上，波普（Kaul Popper）在《開放社會及其敵人》中，即曾用開放心靈批評柏拉圖。他認為柏拉圖的烏托邦主張，在政治上號稱追求「最美好國家」，但反而會排斥異己，心態封閉；所以寧可用漸進的一點一滴社會工程，把「最大幸福原則」，用「最小痛苦原則」取代。

這種開放心胸與莊子很接近；莊子若再世，對柏拉圖與馬克思都會超越。因為他不會以自我中心，以為自己學說最完美，而是不斷自我提昇、自我反省，毫無止境，因而，永不封閉，永不僵硬，而能永保思想開放，這才能永保創新進步！

㈣「心齋坐忘」，去除私心

莊子在〈齊物論〉中，特別強調「今日吾喪我」，代表無私無我的精神，能夠犧牲小我，形成「忘我」精神，才能成就大我。

方師在此強調得很中肯：

「莊子繼承老子精神，第一步講精神平等就是要「喪我」，也就是要喪小我，忘小我，而成就大我。」

從政治哲學講，本段提醒世人，真正大政治家必定忘掉個人的私心，沒有任何名利權位之心，甚至去除個人生死之心，而以國家興亡的大我做為己任。

從哲學修養看，大我代表真實自我，亦即莊子所說「真君」，方師曾以黑格爾「絕對心靈」（absolute mind）比喻這種真實自我，這並不會限於主觀，而是「通乎主體之際的心靈」**⑰**，也相當於柏拉圖所說「精神的靈光」（exhilarating light），可以驅遣黑暗，照耀人間成為普遍的真理！

因此，從哲學修養看，莊子所稱「吾喪我」，就是先驅遣種種小我的私心、慾望與偏見，然後冥同大道，成為「天地與我並生，萬物與我合一」的大我真君。

這種「真君」，應用在政治哲學，就是代表，要能去除小我私心，融入國家大我，以國家尊嚴與利益優先，超越黨派利益之上，更超越個人利益之上。這種精神修養與胸襟風範，至今仍很有重大的啟發性！

---

⑰　方東美，同**❻**，頁 265。

　　當然，這種精神修養很不容易，所以莊子又稱之「神人」。

　　莊子的神人有什麼特色呢？

　　因為「神人」已經完全放空自己，無私無我，看破小我，所以沒有任何人，能用恐嚇利誘傷害到他（她）。此即〈逍遙遊〉中所稱：

　　「之人也，物莫之傷。」「大浸稽天而不溺，大旱，金石流土山焦而不熱」。

　　對他（她）而言，再大的水災，也不會溺死。再大的旱災，灼熱的程度，金石都為之流，土山也為之焦，精神也完全不熱！

　　所以，「神人」的精神，代表一個人能看破一切：看破名利，看破榮辱，看破是非、看破得失，甚至看破生死！如此把一切小我利害都看破了，自然能成為最大公無私的政治家！

　　此時，「舉世譽之而不加歡，舉世非之而不加沮」，即使全世界都讚譽他，他也沒有多一分歡樂，即使全世界都誹謗他，他也沒有多一分沮喪。因為他的心中，只有大我，沒有小我。小我的榮譽生死，比起大我，又算什麼呢？

　　當然，從今天民主政治的基礎而言，仍然要重視個人的合法權益，與個體的應有尊嚴。因為民主本來就以重視「個體性」（individuality）為特色，反倒集體主義，會動輒以「大我」（國家）之名，要求「小我」（個人）犧牲。

　　因此，這就必須分辨清楚，真正的「神人」或大政治家，是犧牲自己的小我，以完成國家的大我，而絕不是要求民眾犧牲自己小我，去成全高層的享受特權，更不是假「國家」之名，而行個人獨裁之實！

　　所以，莊子心目中的大政治家，如「心齋」、「坐忘」，首先就是心中絕對沒有偏見，沒有任何傲慢；唯有如此，才能吸納多方的高見。

　　他曾在〈齊物論〉指出：

　　「方生方死，方死方生；方可方不可，方不可方可；因是因非，因非因是。是以聖人不由，而照之於天。」

　　這就是說，聖人能夠以天一般的高度，俯視世間的是是非非，看破人間的生生死死，所以智慧很高超，心靈很通達，沒有任何成見，更沒有任何仇恨！

　　另外，莊子在〈人間世〉中講，「虛者，心齋也。」這個「虛」，就是無我、無私、無欲。

　　所以莊子假藉顏回的話，「得使之也，未始有回也。」當顏回忘掉了「有回」，就是去除了自我，才能冥同大道，「為道集虛」，也就是融入了大我。

　　因此，莊子在〈大宗師〉又用顏回之口強調：

　　「墮肢體，黜聰明，離形去知，同於大道，此謂坐忘。」

　　「墮肢體」代表去形體，「黜聰明」就是去我執，這就能夠「同於大道」，形成〈德充符〉所說的「夫若然者，且不知耳目之所宜，而遊心乎德之和；物視其所一而不見其所喪。」此時只會看到大我之所得，而渾然不覺小我之所失了。

　　當代法國解構主義大師德里達（Jacques Derrida, 1930-2004）很可做為莊子精神的知己；因為莊子這種精神，很可與德里達的「解構精神」相通。

　　德里達強調：

「解構不是否定的，而是肯定的……如果一定要確定通過解構，人們解構了什麼，我要重複我說過的：那就是世界的新面貌，人、民族、國家之間關係的新面貌，以及透過解構尋求新的規則和法則。」⑱

莊子「心齋」、「坐忘」、「吾忘我」，來自老子「無之以為用」，正是一種「解構」精神，足以去除自我中心，而以「非中心化」做為解構的策略與方法。

德里達在 1993 年出版名著《馬克思的幽靈》，企圖把馬克思批判精神，與其解構主義的批判方法融通，並用解構主義批評西方政治；亦即去除教條化的馬克思主義，回復馬克思所本有的批判精神。

若從莊子「心齋」、「坐忘」來看，他會主張，應保有馬克思批判的精神，但不應落入教條式的馬克思主義；因為，唯有如此，才能去除自我中心，保存真正的超越精神。

根據莊子，領導人若凡事「自我中心」，就會自以為是，自以為真理，別人通通不對，那就變成「開放社會的敵人」，因為一定會墮入封閉的心態。

因為，有私心的領導人，不准有人提出反對意見，不准提出不同異議，這就形成封閉心態；但莊子強調「道未始有封」，整個大道從來不會封閉，所以領導人應去除自我中心，容忍異己，尊重異議，才能形成充滿活力的開放社會！

---

⑱　方東美，同❻，頁 264。

㈤明王之治，功成不居

〈應帝王〉篇，可說是莊子討論政治哲學的重點。

首先他用「狂人」接輿及肩吾的對話，點出真正聖人之治的精諦。

狂人接輿先問肩吾：「日中始何以語汝」？肩吾回答：「告我君人者，以己出經式義度，人孰敢不聽而化諸？」

肩吾回答：做君主的，只要自己訂出法律制度，人民誰敢不聽從而受感化呢？

狂人接輿並不同意：「是欺德也；其於治天下也，猶涉海鑿河而使蚉負山也。」

這就是說，狂人接輿回答，這是欺人之德。這樣治理天下，就如同在海中鑿河，也如同叫蚊蟲負山，根本沒有可能。

因為，這只屬於表面工作，以為表面上定了法制，就能天下大治。所以狂人接輿問，聖人治理天下，難道只治外表的嗎？（「夫聖人之治也，治外乎？」）

莊子在緊接著強調，「聖王之治」，最主要在「正而後行，確乎能其事者而已矣。」

他提醒世人，真正聖人治理天下，必定身教重於言教，自己立身先正，才能感化他人、感動人心。其要義在使人心自行覺悟、各盡其能，不要強加己意於人民身上。

所以莊子進一步指出：「至人之用心若鏡，不將不迎，應而不藏，故能勝物而不傷。」

正因真正聖人治理天下，如同至人心態，自然而然的反映人民

心聲，「盡其所受乎天，而無見得，亦虛而已！」能盡量讓人民天賦潛能，充分發展出來，不要自以為得，才能清除物我對立，不被物所傷害！

因此，他曾用小鳥與老鼠比喻：小鳥尚且知道高飛，以避開網和箭的傷害，老鼠也都知道挖洞躲在神丘之下，以避免煙燻與鏟掘為害，身為人類，還能比這兩種動物無知嗎？

此其所謂「而曾二蟲之無知！」

莊子在此重點，在讓人民各自覺醒、盡其天賦所能，因而甚至沒有感覺明王之治，此即老子所說：「太上，不知有之」的境界。

另外，莊子同樣用老聃之口，回答陽子；陽子本來問老聃，有這樣一個人，非常敏捷勇猛，對事情看得很清楚，「物徹疏明，學道不倦」，能夠與明王相比嗎？

老聃回答，這怎麼能相比？然後分析「明王」之道，真正特色所在：

「明王之治，功蓋天下，而似不自己，化貸萬物而民弗恃。有莫舉名，使物自喜。立乎不測，而游於無有者也。」

莊子在此指出明王之治，「功蓋天下」，他的功績天下都稱道，可是看起來好像不是他做的；教化普及萬物，但百姓卻像沒有他一樣；他是借力使力，讓所有人民發揮自己潛能，萬物自得；但他並沒有居功，自己立乎神妙不可測的地位，逍遙遊於虛無之中，這才能稱為「明王之治」！

莊子在此的理想政治，看起來是無為之治，但有很大的功效，而自己不居功。因為他的政策，都是順乎萬物本有潛能，讓所有萬物能充分自我實現，「化貸萬物而民弗恃」。

　　所以明王之治，能夠讓所有萬物潛能充分實踐，正是中庸二十二篇裡所講，「贊天地之化育而與天下參」。他能與整個天地化育活動共同併進，由此可見，莊子跟孔子精神在此很能相通！

　　另外，莊子在〈應帝王〉，又藉「天根」與「無名人」的對話，指出「為天下」之道。

　　首先，當天根「請問為天下」時，無名人先嗤之以鼻，表示對這種問題，不應該問，「何問之不豫也？」

　　因為，他正要與造物者同遊，逍遙天地六極之外，為什麼要用這種庸俗問題打擾呢？

　　這種心態，很像《紅樓夢》之中，賈寶玉認為功名之事俗不可耐，別人非常熱衷，他卻非常厭煩。

　　然而，莊子畢竟仍然關心人間世運，他先用這回答，表示不想牽掛政治俗事，然而，當「天根」再問時，他仍然回答了：

　　「汝遊心於淡，合氣於漠，順物自然而無容私焉，而天下治矣。」

　　這就是說，根據莊子，治天下之道，最好的辦法，就是順其自然；政治家讓自己的心靈恬淡、精神寧靜，順應萬物自然，沒有任何私心，那天下就能夠大治！

　　這對於今天很多自認聰明的政客，聲嘶力竭地不斷擾民、不斷搞政治運動——如「公投入聯」與「正名運動」，結果反而折騰人民，實有很大的警惕！

　　最後，莊子更以有名的故事做結論，那就是「七竅生而渾沌死」。

　　南海之帝與北海之帝，為了報答中央之帝（名為渾沌）接待的恩

德，自己以為好意，幫忙「渾沌」每天開一竅，結果在七天之後，七竅生，渾沌卻死了！

這就代表，強加於人的「德政」，自認「愛臺灣」的政策，如果未能尊重真正民意，未能尊重人民需要，而只看到自己需要，結果反而會害慘臺灣，也害死人民！

㈥容忍異端，圓融和諧

莊子政治哲學中，有非常重要的辯證哲學，也可說是最早的「相對論」。

他說，「非彼無我，非我無所取」，因為「彼此」這兩個字，「彼」跟「此」是相對的，「彼」與「是」互為因果，「非彼無我，非我無所取」，「物無非彼，物無非是。自彼則不見，自知則知之。」「故曰彼出於是，是亦因彼」。（〈齊物論〉）

換句話說，很多爭論，均因只從片面之詞去看，因而，只看一邊，就看不到另一邊，只用這種「邊見」，永遠無法得知全貌。

所以莊子提醒領導人，凡事不能片面化，不能絕對化，也不能情緒化。不能自認絕對真理，要能容忍異端，這才能夠處事圓融，建設「和諧」社會。

所以莊子在〈齊物論〉中強調：「恢詭譎怪，道通為一。」而且，「唯達者，知道通唯一。」

換句話說，若從大道看，則很多看似不同的東西，都有相通之處；無論小草成巨柱，也有相通之處（例如，同為木材）；無論醜女成西施，也有相通之處（例如，同為女性）。

擴而充之，無論任何激烈對立的兩極，從大道來看，也都有相

通之處。而且，只有真正通達開明之士，才知「道通為一」。此即莊子藉孔子之口強調：

　　「自其異者視之，肝膽楚越也；自其同者視之，萬物皆一也。」（〈德充符〉）

　　因而，領導人若要求圓融和諧，首先就要「求同存異」，以共同語言促進交流。

　　今天兩岸和平之道，秘訣也正在此！兩岸領導人如果能求同存異，則相同之處有很多，例如：同血緣（漢人為主）、同語言、同文字、同民俗、同祖先……等等。

　　因此，雖然兩岸政治制度不同、國旗國號不同，但是只要能認同「一個中國原則」，都是中國人，其他都是次要。

　　反之，如果「求異去同」，兩岸當然也可找出很多相異之處，就如同一個人，連自己肝膽都可以不同，如果刻意求異，當然就會產生對立，那就無法圓融和平。

　　其實，臺灣內部也是如此。如果政客刻意以「省籍意識」分化，則整體臺灣可分裂成為四大族群；但若以同觀之，則除了極少數原住民，大多血緣都是漢人，均為大陸移民，即使是原住民，也住在這土地，這就能成一體。

　　反之，如果只是「從異觀之」，則到處製造對立，就會產生對抗，那就永無寧日，社會也無法安定。

　　所以領導人一定要能圓融，儒家強調「執兩用中」，莊子稱之「道樞」就是這原因：「彼是莫得其偶，謂之道樞」。

　　莊子在此強調：「樞始得其環中，以應無窮」，只要能把握這個道樞，就能超然的消除對立兩端，應付各種情況。

這需要有精神高度，因此莊子主張「和之以天倪」，要能用精神高度調和。

「天倪」就是與天一般的高度，從天上俯視，才能看出兩邊各有極限，各有弱點，要能「和之以天倪，因之以曼衍，所以窮年也」，這才可以生生無窮，不致相互內鬥抵銷。

因此，莊子哲學在這方面堪稱是「調和哲學」，也是「和解哲學」。

莊子曾經以儒墨的是非為例，「是亦彼也，彼亦是也。彼亦一是非，此亦一是非」，若是「入乎其內」來看，則雙方都有自己的道理，但若「出乎其外」來看，也都有各自的限制。因此，雙方如果都以相異之處彼此攻擊，「以是其所非而非其所是」，那當然愈攻擊雙方就愈遠了。

所以此時，「莫若以明」，應該用真正高明的超越精神，才能同時化解爭端。莊子並且提醒世人：

「夫隨其成心而師之，誰獨且無師乎？奚必知代而心自取者有之？愚者與有焉。」（〈齊物論〉）

換句話說，如果人人都以自己的成見，做為評論是非的標準，那誰沒有成見呢？

所以他講，「未成乎心而有是非，是今日適越而昔至也。是以無有為有。」

如果自己早有成見，早有預設立場，再去評判是非，這就如同今天去越國，卻說昨天已經到了，可說完全不通！如此把沒有的事當做有，也根本無法公平。

所以，今後無論是朝野和解、兩岸和解、乃至司法公正，均需

有這種超然而客觀的大道精神，才能真正用同理心，做出符合天道的決定，這才真正是全民之幸！

這正如同司法案件，如果先有成見再找推論，先有預設立場，用推測硬拗，那就明顯偏頗，絕非公平正義。

真正的公平，必須正反俱呈，對有利不利的證據，都能同時注意，然後法官其心如秤，效法莊子精神，沒有任何成見偏見，才能真正保障公平正義！

㈦善於溝通，「兩行」雙贏

雷根總統被稱為「偉大的溝通者」，他最大的特色，就是很擅長為對方著想，並且擅長在對方語言裡，找出自己可以引述的重點，這就是找出共同點，也就是莊子在〈齊物論〉所說「兩行」的精神。

「兩行」的意思，就是你講的也對，我講的也對，你也行，我也行。並不是你全錯、我全對，也不是你全對，我全錯，而是各有可取之處。要能如此做到「兩行」，才能做到「雙贏」。

這就代表，溝通的目的，不是改變對方，而是瞭解對方。

所以莊子強調「兩行」，就是相互理解、彼此諒解，減少誤解，才能和解。只有和解，才能彼此雙贏，「雙贏」即英文所稱的“win and win”，雙方都贏。

政治哲學之中，最忌諱的就是「零和」遊戲，有你就沒有我，有我就沒有你，這就變成你死我活、水火不容。

所以莊子比喻，這好像養猴子一樣；主人早上給猴子三個花生，晚上四顆，猴子不高興，主人就早上給他四顆，晚上三顆，猴

子就高興了。在這裡面實質並沒有改變，但方法有些改變，就可以暢通了。

今天成語「朝三暮四」，另指反覆無常之意，其實並非莊子的原來本意。

莊子的本意，是從精神高空來看，兩者都一樣；所以莊子指出「名實未虧而喜怒為用，亦因是也。」。名和實並未改變，只是重視猴子喜怒的情緒，順應他們而已。

因此，聖人（政治家）要有此本領，瞭解雙方情緒對立的原因，強調溝通對話，絕不任意批評，而是先充分傾聽、尊重與瞭解，然後從中加以調和；如此用天一般的無分別心，去平息人間是非的爭論，就叫做「兩行」，可稱溝通者的必備心態。

此即莊子所說「聖人和之以是非，而休乎天鈞，是之謂兩行。」

所以莊子曾問：

「何謂和之以天倪？」

他的回答是：

曰：「是不是，然不然。」

這就是說，「是」之中也有「不是」的地方，「然」之中也有「不然」之處。所以沒有絕對真理，看似「非」的，也有「是」的地方，看似「不然」，也有可「然」之處。

莊子由此指出，天下是非並非截然二分，只有用同情心與同理心相待，才能真正溝通雙方，形成雙贏！

這也正是哈佛大學高曼教授（Goldman）所說的"EQ"（情緒智商）。什麼叫做 EQ？就是「同理心」與「同情心」，能以同其情

的心,去理解別人,一定可以產生很好的溝通功能。

尤其,很多政治人物太重負面選舉,全面醜化對手,如果凡事都從攻擊心態著手,那就不可能做到「雙贏」。

因為,負面選舉,一定是有你無我、有我無你,這就形成「零和遊戲」,成為對民主最大的傷害!

正面選舉,應該彼此像正人君子一樣,各自提出政見,相互理性的辯論。但負面選舉不講理性、只講感性,講情緒、講仇恨,這就形成「兩不行」,終必「兩敗俱傷」!

因此,莊子重視「兩行」的政治哲學,與當代歐洲政治哲學大師哈伯馬斯(Habermass)的「溝通」理論很能相通,也很值得重視與發揚。

根據哈伯馬斯看法,社會各個不同階層之間,應有自由而平等的對話,大家充分溝通,才能相互理解,任何一方都不應凌駕他人,但也不受他人控制。

唯有如此,通過沒有控制的溝通,才能彼此尊重,達到人類的解放。❺❾

這也正是莊子所說「彼是相因」的「兩行」理論,只有大家以溝通取代仇恨、以對話取代對抗,才能形成「雙贏」,才能和平共存,而且同生共榮!

這對今後兩岸局勢,具有很大的啟發性;只有經過平等對話,充分自由溝通,才能增進雙方瞭解,降低誤解隔閡;唯有如此,才能相互雙贏,進入和平!

----

❺❾　哈伯馬斯,同❺❻,頁290。

北大哲學系系主任趙敦華曾比喻，德國哈伯馬斯與美國羅埃斯，為西方政治哲學中的「雙雄」，「分別在歐陸和英美執牛耳之地位。」❻筆者認為，兩者都與莊子很能相通。

因為，莊子的「兩行」理論與與哈柏馬斯「溝通」理論即能會通，莊子的「平等」理論，也與羅埃斯的「正義」理論極其相近，由此也充份可證，莊子政治哲學深具重要的現代義意！

㈧不搞內訌，不搞鬥爭

莊子所講無為的哲學，應用在政治哲學來看，也可說是不搞陰謀、不搞鬥爭，真誠待人。看起來不做積極的內訌，反而能夠還給人民自己積極作為的空間。

反之，如果像文革時間，中共高層忙於內鬨、忙於鬥爭，忙於動員群眾、忙於政治運動，看似很忙，然而都在內耗，以致經濟慘跌，人民如同驚弓之鳥，形成中華民族有史以來最大浩劫！

近年臺灣情形也類似，因為民進黨只會選舉，不會治國，加上企圖轉移目標，避免人民批評貪腐，所以大推「正名、制憲」等臺獨運動，接近總統選舉時更大推「公投入聯」，進行族群對立、挑釁兩岸穩定，自以為大搞「有為」，反而形成大害！

另外，臺獨人士的「教改」，更在大搞文化臺獨，以「去中國化」為政策，篡改教科書、貶抑文言文、殘害各級學生，看似非常積極有為，忙得不亦樂乎，但這種「有為」，如同「文革」，均為傷害性的負面作用！

---

❻　同上，頁 278。

凡此種種，均可看出，老莊「無為」哲學的重要性。

陳水扁在任期末期，強力推動以臺灣名義公投入聯合國，引起美國嚴重批評，認為是要改變現狀，更引起兩岸空前緊張。胡錦濤與布希會見時，便語重心長指出，這兩年是臺海「高危險期」。

這就是莊子〈齊物論〉的警示：「與接為構，日以心鬥」，如果接觸任何事情，都是用鬥爭心態，凡事都用鬥爭眼光去看問題，只因上位者心有成見、心存敵意，刻意分裂社會，就會真正撕裂族群，導致人心不安，社會動盪！

這也形成莊子所說「小恐惴惴，大恐縵縵」，人民都覺恐慌，小恐懼是提心吊膽，大恐慌是失魂落魄，如此無形恐怖充斥社會，寒蟬效應到處都是，怎能安心「拚經濟」？

尤其身為總統，如果經常扣人紅帽子，上行下效，那所有人都學會扣紅帽子，在美國這叫做「麥卡錫主義」。麥卡錫是個參議員，對於意見不同的人、批評政府的人，通通扣紅帽子，說是共產黨人，因而不准教書、不准工作，搞得大家人心惶惶！

此即莊子所說：「其發若機栝，其司是非之謂也」。如今臺獨基本教義派很多發言，也好像射出去的箭，專門傷人，硬扣罪名，形成文革時的「扣帽子、抓辮子、打棍子」！

另外，不發言的，只好謹慎小心，如同留守城寨，唯恐被攻。此即莊子所說「其留如詛盟，其守勝之謂也」。

因此，在這種肅殺氣氛之下，社會生機都陷溺於「鬥爭哲學」之中，無法自拔，恢復本性；長此以往，心靈思想都被閉塞，根本透不過氣來，便會老朽枯竭，走向死亡，沒有辦法回到生路！

此即莊子所說「其殺如秋冬，以言其日消也；其溺之所為之，

不可使復之也；其厭也如緘，以言其老洫也；近死之心，莫使復陽
也。」

中共文革十年浩劫的「紅色恐怖」，以及臺獨執政廿年的「綠
色恐怖」，均是明顯的例證！

在這種鬥爭中，政客天天只知動員群眾、挑撥仇恨、陷人入
罪，此即莊子所稱「縵者，窖者，密者」；有人精心佈局，有人用
心陰狠，有人存心誣陷，並且都是手法細膩，都在勾心鬥角！

這麼多一流的頭腦，結果通通用在彼此內鬥、相互抵銷，以致
生靈塗炭，經濟空轉，這是治國者最不應該有的「有為」！

所以莊子講，領導人要如同「真宰」，讓人感覺不到他的領
導，他能與民休息，讓人民恢復自然本性，重新回到真性情；這才
能從肅殺的秋冬，大地回春，恢復本來生機！

此即莊子所說：

「若有真宰，而特不得其朕。可行已信，而不見其形，有情而
無形。」

所以莊子提醒領導人，如果終身勞苦忙碌，結果只是空轉內
耗，卻看不到希望，辛苦疲困成那個樣子，卻不知道應有的歸宿，
那不是很可悲嗎？

此即莊子感嘆：

「終身役役而不見其成功，苶然疲役而不知其所歸，可不哀
哉！」

然後莊子語重心長的指出，這種人就算還未死，但有什麼意思
呢？等他的形骸死了，心也跟著死了，能說不是最大悲哀嗎？人生
在世，應該如此胡塗嗎？

此即莊子所說：

「人謂之不死，奚益！其形化，其心與之然，可不謂大哀乎？人之生也，固若是芒乎？」

因此莊子呼籲領導人，要多自我反省，不要終身忙忙碌碌，卻無任何積極成果，那才是最大的悲哀！

那麼，如何才能避免這種悲哀呢？

這就要能經由反省，重新回到「真宰」；如同一個人，回到本有的良心「真君」。

此時，能夠去除一切虛偽巧詐，去除一切勾心鬥角，完全回到真誠，不再硬拗、不再詭辯！這種「不言之辯，不道之道」，可稱「天府」，才是真正能讓人民富足之道！

因此莊子強調，對這種「天府」，「注焉而不滿，酌焉而不竭，而不知其由來，此之謂葆光。」

「天府」彷彿無邊的大海，即使水不斷流進去，也不會滿溢；即使水不斷流出來，也不會枯竭，而且不知其來源；這種無窮盡的生命能源，其光輝內斂，不輕易外露，所以叫做「葆光」。

這正如同鄧小平在文革之後，先強調韜光養晦、實事求是，然後經由改革開放，思想解放，才逐漸讓經濟復甦。唯有如此，先恢復人民活力，才能充分激發民間潛力。

因為，民間潛能無窮，正如「天府」般的充滿活水，所以要能先讓部份富起來，才能帶領整體經濟大步起飛，形成欣欣向榮！

鄧小平處理文革殘局的遠見與智慧，很值得臺灣今後領導人參考；因為在「臺獨式文革」後，也要能夠思想解放、改革開放、實事求是，才能真正開創光明！

㈨看穿名利，超越權位

《史記》中記載莊子，有段真實故事，非常傳神。

楚王聽說莊子很賢明，曾經派代表請教，並且邀請他擔任宰相。莊子笑著回答，千金看似重利，卿相看似尊位，但是都不在他眼中。

他對來人指出，寧可遊於污瀆之中，自得其樂；可見他終身不仕，早已看破名利權位。

另外在〈秋水篇〉中，也提到這故事。

楚王想請莊子當官，派二人去拜訪莊子。莊子正在釣魚，仍然持竿不顧，然後反問二人：「吾聞楚有神龜，死已三千歲矣。王巾笥而藏之廟堂之上。此龜者，寧其死為留骨而貴乎？寧其生而曳尾於塗中乎？」

二人回答，「寧生而曳尾塗中。」也就是說，神龜寧可活著，拖著尾巴在泥中，自由自在地生活。

所以莊子說，「往矣！吾將曳尾於塗中。」

由此可見莊子的自由精神，不受任何名位束縛。

另外，莊子在〈列禦寇〉中，也提到，宋國有個人名叫曹扁，奉宋王命出使秦國；去的時候，只有幾輛車子，因為秦王喜歡他，賜他百輛車子。他回到宋國後，便向莊子炫耀。

莊子回答：聽說秦王有病召醫，能夠醫好痔瘡的，便給車一輛，能舔好痔瘡的，給車五輛，「所治愈下，得車愈多」。

所以他諷刺：

「子豈治其痔邪？何得車之多也？子行矣！」

他諷刺這個人，你是否幫秦王舐好了痔瘡？怎麼得這麼多車子？然後喝斥他，「你回去吧！」

莊子在〈齊物論〉中，稱頌「至人」的精神，能夠「乘雲氣，騎日月，而遊乎四海之外」，其胸襟恢宏，縱橫天上人間，連「生死」都能看破，更何況功名利祿呢？

所以他說：

「至人神矣！大澤焚而不能熱，河漢冱而不能寒，疾雷破山風振海而不能驚。」

本段指出，「至人」的精神定力，即使大草原的火整個焚燒起來，他（她）都不感覺熱；即使江河凍成堅冰，也不感覺冷；即使迅雷震破了高山，颶風振動了大海，都不能使他吃驚！

正因為「至人」有這種絕對鎮定、絕對堅忍的精神毅力，所以落實在大政治家的精神定力，就是可以排除萬難，為民謀福，不怕任何風雨打擊！另外〈達生篇〉也說：「至人潛行不窒，蹈火不熱，行乎萬物之上而不慄」，因為能有「純氣之守」，能有恬淡之心，看穿名利，所以都有政務官的風骨，能夠堅守良心與公義，隨時可以掛冠而去，做到「獨與天地精神往來」！

所以在〈田子方〉中，莊子更強調：「夫至人者，上窺青天，下潛黃泉，揮斥八極，神氣不變！」

莊子在同一篇，也藉肩吾之口，問孫叔敖，三次做楚國的令尹（宰相），不覺榮華，三次去之，也都面無憂色，何以能夠有此恢弘胸襟？

孫叔敖的回答，很能代表「至人」的精神：

「吾以為得失之非我也，而無憂色而已矣。」

　　換句話說，孫叔敖很清楚，能不能升官？官位多大多小？均非操之在己，對身外的權位名利，也均非自己能作主；所以，不必患得患失，就不必有任何憂慮。

　　孫叔敖在此謙稱，「吾何以過人哉」?!其實這種境界已達「至人」，正如孟子，能夠看穿「趙孟之所貴，趙孟能賤之。」所以只須修養本身定力，看破世間名利，就能保持風骨，不為勢劫、不為利誘，至今仍然深具啟發性！

　　最能表現老莊思想的文學作品，就是《紅樓夢》。很多人只注意到《紅樓夢》的文學造詣，而忽略其中的哲學境界。

　　賈寶玉夢遊「太虛幻境」，可與莊子夢蝶相互呼應。因為太虛幻境門口兩個對聯，幾乎就是莊子思想翻版：「假作為真時真亦假」「無為有時有還無」。

　　因為「無」跟「有」看起來是相對，但又是相通的；「真」跟「假」看起來是矛盾，其實也是相通的。

　　這與老子思想「福禍相倚」很接近，與莊子思想「生死如一」更是極為相通。

　　如果連生死都能如一，更何況名位得失？更何況虛名虛榮？根據莊子，人生的得失、苦樂、是非、生死，最後都轉成空，這也正是《紅樓夢》空空道人唱的「好了歌」，認為「若要好，便是了」，所以不用戀棧，更不用被束縛，而要能以空空的精神超越其外。

　　這也正如沙特所講，《存在與虛無》（*Being and Nothingness*），他基本上認為，「存在」即「虛無」，堪稱法文版的「好了歌」。

　　所以《紅樓夢》裡面講，「古今將相今何在？荒塚一堆草沒

了！」❻，中國歷代將相很多，請問多少能留名千古？另外，文人雅士也很多，又有多少能遺芳後世？既然如此，在世時候，何必斤斤計較名位之爭？

另外，《紅樓夢》也指出很多人生際遇，看似金玉滿堂，但後來仍歸悲傷，「陋室空堂，當年笏滿床；衰草枯楊，曾為歌舞場」❻，證明世俗榮華富貴，均不可能長久，那又何必戀棧？

此亦《紅樓夢》在第五回中，提到的〈恨無事〉深意：

「喜榮華正好，恨無常又到；眼睜睜，把萬事全拋！」❻這種感嘆，正如佛學所說「人生無常」！

所以在佛教《瑜珈燄口》中對很多往生的亡魂冤靈，分析他（她）們苦衷，然後加以撫慰，其內容也深具警世性；很能顯示佛家的「空」，與道家的「無」，在此均能相通。

例如，文中針對英雄將軍，娓娓指出：

「築壇拜將，建節封侯，力移金鼎千鈞，身作長城萬城，霜寒豹帳，徒勤汗馬之勞，

風息狼烟，空負攀龍之望；

嗚呼，將軍戰馬今何在？

野草閒花遍地愁，

如是英雄將軍之流，一類孤魂等眾。」

另外，對於文臣宰相召魂的內容，也很有警世作用：

---

❻　曹雪芹著，饒彬校注，《紅樓夢》（臺北：三民書局，2005 年），頁 12。

❻　同上，頁 12。

❻　同上，頁 56。

「一心召請：

五陵才俊，百俊賢良，

三年清節為官，一片丹心報主，

南州北縣，久離桑梓之鄉；

海角天涯，遠喪蓬萊之島，

嗚呼，官貺蕭蕭隨逝水，

離魂杳杳隔陽關，

如是文臣宰輔之流，一類孤魂眾爾。」

凡此種種，充分證明，莊子用超越的精神，看開紅塵一切權位，也看破世俗一切名利，與佛學精神完全相通！

僧肇正因為深通莊子精神，所以成為接引佛學到中國的關鍵，便是這個原因。

方東美先生在此曾經指出：

「佛家思想精神通透『常』與『無常』兩界：自生滅變化之現象界觀之，是謂『無常界』；然自永恆佛性或法界觀之，是謂『常界』。」❻❹

這正如同莊子形容老子：

「建之以常無有，主之以太一。」（〈天下篇〉）

其中「常無」即「無常界」，政界的起伏無常，即與此相同，所以應以通達心靈看透、看開；另外，「常有」則為「常界」，代表從大道觀之，真性情永遠可貴，可以永恆長存。

所以從政治哲學而論，這提醒人們，從政只是一時的，真情才

---

❻❹　方東美，《生生之德》（臺北：黎明公司，1978年），頁305。

是永恆的！做官只是短暫的，做人才是永恆的！此中至理，深深值得政治人物警惕，才不會在做官時出賣人格，後來後悔莫及！

由此可見，領導人應多學習莊子的恢弘胸襟，去除名利之心、去除權位之念，善保真誠之心，常存仁愛之念；唯有如此，才能真正無私無我，救國救民！

㈩攖寧之道，處變不驚

「攖寧」，就是在紛亂吵雜之中，仍然能夠非常寧靜，能夠很冷靜的思考，然後作出正確的對策。

尼克森總統曾經擔任艾森豪的副總統，他對艾森豪最敬佩的特色，就是「絕對的冷靜」！艾森豪在二戰期間，身為人類歷史上最大盟軍統帥，面臨凶險詭譎的各種戰情，必須要有「絕對冷靜」的精神修養，這也正是莊子所稱，在「恢恑憰怪」中，能有最冷靜的「攖寧」心境。

同樣情形，英國首相邱吉爾面臨希特勒瘋狂轟炸之際，仍然鎮定冷靜的發出豪語：「這是英國最美好的時光！」代表同樣沉著、穩健、堅定的精神毅力，同樣很有莊子之風，深值重視與學習。

另外，經國先生曾寫《風雨中的寧靜》一書，描述他在各種風雨衝擊中，動心忍性磨練過程，也很能代表此中深意。

莊子曾經在〈大宗師〉，特別用一連串比喻，提醒大政治家，要能絕對冷靜、沉著安寧；其精神定力，要能處變不驚，並能莊敬自強。他稱此為「攖寧」之道，對從政人士很有重大啟發性。

這種「攖寧」之道，如何才能達到？莊子曾經用一系列的步驟，分析如後：

他先稱，來自「副墨之子」，副墨是講文字；這又來自「洛誦」，洛誦就是誦讀；也就是說，一個人的精神定力與判斷能力，最早來自廣泛的學養，透過語言文字，形成判斷基礎。

然後他講，「洛誦」聞之「瞻明」，來自於清晰的見解；也就是說，只讀書還不夠，還要有清明的見識。「瞻明」又來自於「聶許」，代表透徹的見解，來自廣聽各方意見。

另外，「聶許」又從「需役」而來，亦即從行動而來。「行動」又從那裡來？從「於謳」而來。於謳（歌謠）又從那裡來？來自「玄冥」。

由此可見，莊子是從一般的知識、一般的見解、慢慢進入到「玄冥」，進入靈空性的徹悟，最後到達寂然忘我的境界。

用康德的知識論來看，這就是從各種的「知性」，形成一種「悟性」，再從悟性，形成一種「超越的統覺」（transcendental comprehension）。

身為領導者，經常要做各種判斷，並要綜合各方訊息，做出正確決策，這種智慧從那裡來？先要有各種情報、各種資訊、經過各種分析；但最重要的，是自己有凌空的思考，此即整體的超越性統覺，莊子稱之為「玄冥」。

但玄冥又從那裡來？

莊子指出：「玄冥」又從「參寥」來；所以一定要從凌空俯視，從精神高空玄覽整體，才能作出正確的綜合判斷。

這個凌空的「參寥」，又從那裡來？是從宇宙終點，也可以說，是最早的宇宙起點。

所以按照莊子講法，「道未始有終」，宇宙不應該有最後的終

點，他在此所說的終點，跟《易經》所說終點「未濟卦」，便有同樣的精神——莊子稱之為「疑始」。

換句話講，莊子認為，宇宙始終都是一個開放系統，無論時間系統、或空間系統，終點都是開放的。

儒家的宇宙論，可稱「有始無終」，有個起點，姑且稱之「太極」，所謂「易有太極，是生兩儀」，往後就是開放系統，並沒有終點。

但是道家，卻連起點也是開放的，稱之為「無」，在老子叫「觀無，以知萬物之妙」，「萬物生於有，有生於無」；莊子則稱之為「疑始」，懷疑這個開始，而以「疑始」作為開始。

這就代表，領導人要頭腦清晰，不受矇蔽，先要有清晰的分辨力，對於各種情資，先要有清晰的質疑力。要能如此，用絕對的空靈放空自己，用絕對的客觀，質疑一切，才能經由各種論證，千錘百鍊，做出正確判斷！

所以莊子「攖寧」之道，特重冷靜持平，這對於人民應該冷靜思考，以提昇民主素養，也有重大的現代意義。

莊子曾在〈天下篇〉，指出天下大亂的主因：

「天下大亂，聖賢不明，道德不一，天下多得一察焉以自好。譬如耳目鼻口，皆有所明，不能相通。」

他指出，這種時代危機的主因，就在知識份子自以為是，但見小不見大，「猶百家眾技也，皆有所長，時有所用」，但是「不該不偏，一曲之士也。」

他這種批評，很接近哈伯馬斯，對現代資本主義危機的批評。

哈伯馬斯在《公共領域的結構性轉變》指出，現代大眾傳播因

為商業化的結果，背後受制於大企業，甚至國家機器，因而只關心種種技術性問題，對於公共事務討論，並未真正成為整體「公共意志的理性型式」。⑥

換句話說，這正如同莊子所說，很多領導人與學者，並未從整體全面觀照公共事物，未能掌握大體，「後世之學者，不幸不見天地之純，古人之大體，道術將為天下裂。」

因為，知識分子只看到枝枝節節的小議題，但對整體大局與核心價值，均未看到，這就形成見樹不見林，見小不見大，無法從大格局觀察。正如莊子所說：

「寡能備於天地之美，稱神明之容；是故內聖外王之道，闇而不明，鬱而不發，天下之人，各為其所欲焉以自為方！」

正因各人均是「以自為方」，自以為是，用自我中心立場批判他人，甚至只看政治立場，不看真相是非，這就自然形成莊子的莫大感嘆：

「悲夫！百家往而不返，必不合矣！」

這種社會，不識大體、不明大義，互相內訌，最後必定分裂，不能合作和諧。今天臺灣面臨的危機，正是如此！

哈伯馬斯分析資本主義的危機，包括經濟與政治系統的危機，並且還有人生觀、價值觀、世界觀等方面的危機，使得大眾傳播、學校、家庭，都產生分崩離析的危機；這正如莊子所說：「道術將為天下所裂！」

那麼，如何解決危機呢？

---

⑥ 同⑱，頁 277。

在莊子的政治哲學，就是強調「唯達者知道通為一」。要通過開放的心靈，彼此充分溝通、相互同情理解，才能將分裂的心靈與撕裂的社會，逐漸消弭對立、化解仇恨，重新回到開放社會的光明大道！

就此而言，哈伯馬斯也同樣主張，政治決策應該透過對話、溝通、協商，以達成共識，一切都應先回到通達的開放心靈；這與莊子精神可說完全相同！

另外，哈伯馬斯也曾進一步論述，「協商政治」的重要性，也就是把個人的「溝通」層次，提高到政黨的「協商」層次，並且以此保障程序正義，透過公平的協商過程，達到民主的精神。

此即他在《民主的三個規範性模式》所說，提昇傳統民主的自由主義、共和主義，將其所提「程序正義」與民主相提並論。影響所及，對重新界定民主很有貢獻，對保障法律的程序正義，也很有啟示。

他並認為，語言的溝通，要能形成公共領域民主化的橋樑，才能推動政治改革與開放社會❻；這與莊子精神也完全相通！

歸根結柢，這些均來自哈伯馬斯強調語言溝通，要重視彼此的協商，這對大陸如何加強「政治協商」的機制，廣納各界的興革建言，以促進和諧社會，創造新機，也有很大的啟發性！

美國國父華盛頓在告別演說中，曾經特別強調，政黨惡鬥已成為「危害民主政府的最大敵人」。因此，人民本身的冷靜，便成了維護民主的最重要定力，這就與莊子精神，非常相近。

---

❻　同上，頁 279。

華盛頓首先指出：「黨派風氣往往使各種公共會議不能集中討論問題，削弱公共行政機構的功能。」❻❼

因此，他提醒大家：

「它使國民為毫無根據的嫉恨和虛驚所困擾；它煽動一派仇恨另一派，有時甚至挑起騷動與叛亂。」❻❽

今天陳水扁等臺獨人士，經常挑撥族群對立、煽動族群仇恨，「煽動一派仇恨另一派」，正是同樣情形！

因此，華盛頓強調：

「對於民主性質或純粹由選舉產生的政府，這種黨派之爭不宜提倡。」❻❾

然後，華盛頓進一步指出，人民應該怎麼辦？

「問題在於黨派惡鬥常有過份的危險，我們應該努力以公眾輿論去緩和它，抑制它。」❼⓪

所以，他提醒世人：

「一堆未熄滅的火，需要大家始終小心戒備，防止它燃成熊熊烈火；否則，它不僅不能使人取暖，反而會燒毀一切！」❼①

華盛頓在此呼籲人民，一方面本身要能冷靜，不被政客分化煽動，二方面更要勇於透過輿論，對於此種煽動「防止它，抑制

---

❻❼　同❹❺，頁 107。
❻❽　同上，頁 107。
❻❾　同上，頁 107。
❼⓪　同上，頁 107。
❼①　同上，頁 107。

它」⓻，很能與莊子精神相通，至今仍然深具重大啟發性！

　　因此，綜論上述，充份證明，莊子的政治哲學，對於今天提昇政治品質、邁向開放社會，促進溝通和平、建立和諧人生，都有重大的現代啟發，所以深值仁人志士共同深研與力行！

⓻　同上，頁 107。

第五章　管子的政治哲學

一、歷史地位與現代啟發

　　西方大哲柏拉圖在《理想國》中強調「哲王」（philosophy-king）的重要性，相當於孔孟所說「聖君」——即如堯、舜、禹、湯、文、武、周公等具體例證，像柏拉圖所說，既有哲學智慧，又能將「政治權力與哲學智慧結合在一起。」❶

　　然而，「聖君」或「哲王」都是可遇不可求，所以柏拉圖晚年，退而求其次，從「哲王」的人格領導，強調法治的重要性，從人治逐漸轉到法治。此即他在《法律篇》（The laws）所主張，盼能依靠法律所實現的智慧，建立完善的社會。❷

　　亞里士多德在《政治篇》中，也同樣強調法治的重要性，「人在達到完美境界時，是最優秀的動物，然而一旦離開了法律和正義，他就是最惡劣的動物。」❸

　　這種法治精神，就相當於中國法家的特色，其中管子（725-

---

❶　柏拉圖，《理想國》（Republic），475d。

❷　柏拉圖，《法律篇》（The Laws），644d-645d。

❸　亞里士多德，《政治篇》，中譯引自《西方政治哲學》1983，235。

645B.C.）堪稱為指標性人物。

管子的政治哲學有幾個特色，值得特別分析：

第一，管子是中國哲學家裡面，功業最大的一人，也是官位最高的一位、理論與實踐最能結合的一位。

孔子雖然做過大司寇（約同宰相），但才三個月；孟子基本上是做政治顧問，沒有實際施政；王陽明雖曾平亂，但是貶到貴州，官途很慘；朱熹做過一陣簿司，官位不大，學問傳世才更有名；王船山遭逢亡國之痛，著作還是在身後才能出版。

所以，從事功權位來看，中國哲學家裡，管子做到宰相，相當行政院長或者總理，而且做了很久，可說是官位最大、權力最大、功業也最大的一位。

第二，管子的事功，還不只是當宰相，而是統一的宰相，能夠做到九合諸候、一匡天下。

所以，他是完成統一大業的宰相，不只是一個承平時期的宰相，不是只做幾個月的宰相，而是一個有偉大事功的宰相！

第三，他同時得到中國最偉大的哲學家孔子、與最偉大的史學家太史公雙重肯定。

孔子稱讚管仲，「桓公九合諸候不以兵車，管仲之功也」，因為齊桓公不是以兵力強權統治天下，這是管仲之功，避除很多戰亂，造福廣大人民。所以孔子稱讚他：「如其仁，如其仁」。孔子在《論語》中，很少稱讚別人為「仁」，因為他從大局評論，管子能讓人民免於戰禍，不會「一將功成萬骨枯」，沒有製造家庭悲劇、孤兒寡婦，這才能夠稱之為「仁」。

羅素曾經在 1950 年的《不知名的論文集》（*Unpopular Papers*）

指出：「在我們所處的科學時代裡，戰爭即意味著普遍死亡。」

其實，即使在從前古代裡，戰爭也意味著普遍死亡。所以管子成功避開戰爭，竟能和平統一，自然大大受到孔子的肯定。因此，孔子不以管仲生活的小瑕疵而否定他。

管仲是人，當然也有毛病，但是他對整個民族有功，尤其對整個中華民族沒有陷入外族手中，是有大功！所以孔子從民族大義的立場，肯定管仲；加上管仲對統一大業有功，可稱功在民族、功在統一，因此孔子特別對他推崇，此即《論語》中所提：

子路曰：「桓公殺公子糾，召忽死之，管仲不死。曰，未仁乎？」

子曰：「桓公九合諸侯，不以兵車，管仲之力也。如其仁，為其仁！」

另外，子貢也問：「管仲非仁者歟？桓公殺公子糾，不能死，又相之！」

子曰：「管仲相桓公，霸諸侯，一匡天下，民到於今受其利。微管仲，吾其披髮左衽矣。豈若匹夫匹婦之為諒也，自經于溝瀆而莫之知也。」（〈憲問〉）

在上述內容中，子路與子貢均分別質疑，管仲未對原先主人（公子糾）殉難，反而幫其政敵齊桓公作相，是否不仁？

孔子則從大局著眼，認為管仲襄助桓公，九合諸侯，一統天下，中間沒有經過戰爭，生靈免於塗炭，這就是他的大「仁」。而且他能團結內部，一致對外，民族免於異族入侵，這也是大仁，怎能只從小節衡量？

此中很有大智慧與大胸襟。

所以，孔子對管仲的評價，至今可有兩項啟發。

一是今後兩岸統一，如果誰能「不以兵車」，不用透過戰爭，而能和平統一，孔子在天之靈就肯定會特別推崇他：「如其仁，如其仁！」

因為中國統一，在歷史上很多都是經由武力統一，因此，今後，能夠促進兩岸「和平統一」的領導人，當然就是很大的仁政！不但足可得到諾貝爾和平獎，也可在中國歷史上享有很崇高的「仁者」定位與榮譽。

當然，這種「仁者」，就需有孟子「仁者無敵」的精神，行王道、得民心，能讓人民心悅誠服，所謂「仁者以大事小」，管仲以仁統一，就是重要的啟發。

另外，第二項啟發，則是蔣中正先生的歷史定位。

蔣先生如同管仲，是人，不是神，生平當然很多爭議，也犯過錯誤；然而，他能領導抗日勝利，成功的將中國從積弱之國，提升為世界四強之一，並且廢除百年來不平等條約，免於外族日本統治，其功業正如同孔子所說：「微管仲，吾其被髮左衽矣！」

我們今天也可以說，如果沒有蔣中正先生，中華民族——包括大陸與臺灣，均將淪為日本人的臣民奴隸，「微中正，吾其被髮和服矣！」中華子孫將盡穿和服了！

所以，大陸學者辛灝年在《誰是新中國》，就曾持平的提醒兩岸人民，中華民族從前兩次亡於外族，如果文天祥（亡於元），史可法（亡於清）都可稱為民族英雄，為什麼領導全民抵抗第三次外族（日本）入侵、並能得勝的蔣介石，卻不能被稱為民族英雄？

他並指出，戴高樂帶領流亡政府，抵抗法西斯，都能被稱為英

雄，為什麼在國內，領導全民浴血抗戰成功的蔣介石，卻不能稱之為英雄？

另外，方東美先生也如同孔子稱讚管仲一樣，從民族主義稱讚蔣公，所以在蔣公過世後，他曾經寫輓聯致意，重點即在其「指揮能事」足以扭轉乾坤，抗日功業足以感動鬼神：

「少西伯專征有九年，指揮能事回天地；剩軒轅廟算零三戰，訓練強兵泣鬼神。」❹

另外，方先生評論蔣公歷史地位，也有兩句話很中肯：

第一句，他指出抗日勝利，蔣公統一全國，功業足可上溯六百年前成吉思汗；另外，蔣公生平遭受無數的艱難險阻，精神毅力都能一一克服，更是數千年來所首見。

此即方先生在政大紀念校刊中所說：「論豐功偉業，六百年來一人而已；生平遭受無數之艱難險阻，精神毅力足以一一克服，幾千年來，一人而已！」這可說方先生以一代大哲身份，評論蔣公的歷史定位，深深值得省思與重視。

尤其，蔣公生平遭受各種內憂外患，國內外處境之艱難複雜，均非古人所能相比，所以他的精神力毅力，特別值得肯定。

當然，蔣公生平有功有過，他最大的功在拯救民族，領導抗日勝利，即使中共也予肯定；雖然中共因他反共而成宿敵，但對蔣公一生堅持民族大義、肯定一個中國政策，即使毛澤東，都很公正的對其推崇。

另外，蔣公對於臺灣也是功大於過，他抗日勝利後，光復臺

---

❹　方東美，《堅白精舍詩集》（臺北：黎明公司，1978 年）。

灣，後來並且捍衛臺灣，提昇教育，建設臺灣，進而發展經濟，繁榮臺灣，同時推進地方自治，這些都是重要功績，不能任意抹煞。

臺獨人士因為很多媚日，蔣公功在抗日，並且堅持一個中國，所以對蔣公極為嫉恨。近年大力推動「去中正化」，更以「二二八事件」為藉口，誣指其為「元凶」、「屠殺臺灣人」等等。

但是，根據可靠調查，當時外省同胞先有八百多人被害，後來軍隊來臺鎮壓，本省同胞犧牲也是八百多人（從領取補償金人數，以及戶籍調查可證），兩者人數大約相同，絕非臺獨誇大所稱本省人二萬多被害！而且「二二八」事件本質上是臺灣人民反貪腐之爭，絕非省籍之爭，更非分裂之戰，不容任意扭曲！所以整體持平而論，蔣公仍然功大於過，如同管仲一樣。根據聯合報載（民 9610.11），認為蔣公「過大於功」的，只有 9%，反而認為陳水扁過大於功的，高達 54%！這才是真正的民心！

管仲死後，齊桓公因用人不當，本身快速衰敗；甚至齊桓公死後，無人收屍，蛆蟲還爬到室外。因此柳宗元即指出，此中勝敗之分，就是所用非人。由此更可反證管仲的能幹與重要。

管仲本身在《五輔》中曾經強調：

「古之聖王，所以取明名廣譽，厚功大業，顯於天下，不忘於後世，非得人者，未之嘗聞。」

他在本段強調「得人」的重要性，從齊桓公的成敗，更可印證，「得人」是成功與失敗的關鍵因素！

史學家司馬遷也強調「九合諸侯，一匡天下，管仲之謀也。」幾乎跟孔子同樣看法，可見英雄所見略同。

今天若問管仲政治哲學，有什麼深奧的理論？卻也沒有，所以

司馬遷進一步評論管子：「論卑而易行」。代表管仲理論很簡單，卑之無甚高論，但很容易實行，「易行」的結果，果然能夠九合諸候，統一天下，所以很有重大的啟發性！

另外，司馬遷對他評語，很能「轉禍為福，轉危為安」，也就是擅長化危機為轉機，把壞事變成好事，這就很難得。

因為，行政工作往往會碰到很多問題，甚至經常突發危機，這就考驗領導人的智慧與能力。

平常，在風平浪靜的時候，看不出一個船長的偉大，只有在驚濤駭浪中，才能看出船長的優秀。

在管仲身上，最能看到這項特色，深深值得政治家效法！

第四，很多古今大政治家，都很推崇管仲。

古代明顯例證，就是諸葛孔明。他治理蜀國，就特別強調，「每自比於管仲」。

因為管仲最重要的本領，就是能夠「轉禍為福」。因此，孔明除了忠心耿耿、鞠躬盡瘁，最重要的特色，也是能夠「轉禍為福」，化危機為轉機，在逆境中戰勝逆戰！

近代例如經國先生，生平對管仲也很推崇。

他曾向筆者親自強調，他生平最喜歡的哲學家，就是「管仲」！

很多客觀例證，均可顯示，經國先生的風格與政績，很能表現管仲的特色，一是平易近人，二是轉禍為福。

例如經國先生早期文章，就非常平易近人。他在贛南的時候，寫過〈贛州的水繼續在流〉，紀念一位朋友，非常親切感人；再如他紀念另一位朋友，題為「看不見，可是依舊存在」，非常通俗，

人人能懂，但是很有意境。

所以，他生平提倡「平凡、平易、平實」，擔任行政院長時，大門高懸兩對聯，更是人人可行：

一邊是：「盡心、盡力、盡責。」

另一邊是：「任勞、任怨、任謗。」

由此足證他的領導風格，也如管仲般「論卑而易行」。

另外，經國先生生前面臨多次重大衝擊，均能如管仲「轉禍為福」；一次是退出聯合國，經國先生主任行政院長，他把這個危機當作轉機，所以從 1971 年到 1988 年他過世，整整十七年，人民幾乎沒有感受到，退出聯合國對民生社會有什麼影響。因為，他把退出聯合國的失利，轉為內政上的民主革新，加倍勤修內政、繁榮經濟，如此化危機為轉機，終能「轉禍為福」！

同時，在他任內發生世界最大的能源危機，因為臺灣基本不產石油，所以石油價格飆漲，衝擊非常嚴重，但他就在這個時候，推出十大經濟建設，由政府領先衝刺，結果反而能把危機變轉機。

那時不但增加很多就業機會，而且大家都有具體奮鬥目標，所以人民充滿幹勁，生命充滿希望。直到現在，人民都能看到他對臺灣做的很多貢獻。後來他更以遠見培植高科技的人才與發展，到今天仍然是世界先鋒，人民仍然受惠。這種智慧與風格，與管子都很相通。

司馬遷還強調，管仲能夠注意「通工商、利漁鹽」，以政治結合經濟，非常注重民生疾苦，這些也都是經國先生的特色。

所以經國先生的建設，無形中都很吻合管仲的思想：如「衣食足然知榮辱。」先讓老百姓富起來，注重經濟改革，再進行政治改

革。因此他自己親自領頭拚經濟，上山下海拚進度，果然民間充滿活力，政府充滿士氣！

當時筆者記得，每次出國開會之後，回來向他匯報，他首先必定問，「那邊經濟怎麼樣？人民生活怎樣？」，可見他非常的務實，非常注重人民生活，這與管子非常接近。

柯林頓總統任內，有句名言：「笨蛋，問題在經濟！」所以雖然任內發生緋聞，但因經濟政策廣受歡迎，至今仍然聲望很高，就是同樣道理。

尤其，經國先生領導經濟成功的主因之一，就是先從法令改革，輔助經濟建設，修訂過時法令，這與管子的法家特色，更是息息相關。

被稱為「臺灣科技之父」的李國鼎，生前曾親自對筆者說，他發現，經濟建設的最大障礙，在於「法令不合時宜」，常常束縛經濟，所以要經濟繁榮，必先改革法令。

他並告訴筆者一句名言，希望「多造橋樑，不是多造圍牆」。經由他的努力，以及經國先生的支持，所以臺灣當時放寬很多投資法令，減少很多賦稅規定，並且積極訂出獎勵條例，終於在法令「多造橋樑」的暢通下，經濟可以暢通起飛！

相形之下，從李登輝到陳水扁，對兩岸經濟交流，卻是增加很多「圍牆」，從「戒急用忍」到「積極管理」，全部都是用法令限制經濟活動，當然會經濟萎縮，發展停滯，今後必須把圍堵的法令鬆綁解放才行。

經國先生時代，另外一位經濟建設功臣趙耀東，他領導的「中鋼經驗」，當時飲譽全球。他分析其中成功之道有三，「儒家的精

神，法家的制度，與科學的方法」，其中法家的制度，就是管仲的特色，深深值得今後重視與力行！

經國先生晚年，遭到反對人士強力挑釁，又突然有「江南事件」的國際衝擊，但他仍能處變不驚，胸有成竹的——化危機為轉機，所以領先解除戒嚴，「走在形勢前面」，並在權力最大時，主動釋出權力，解除黨禁、報禁，開放大陸探親，贏得海內外一致推崇，同樣是管仲「化危機為轉機」的最佳例證！

第五，以法律限制君主權力。

管子曾經強調：「君臣上下貴賤皆從法，此謂大治。」代表君主本身也要受法律約束，法律之前一律平等，連君主也沒有特權！此即管子所說：

「天不由一物枉其時，明君聖人亦不為一人枉其法。」（〈向心〉第三十八）

這是很進步的觀念，然而，即使今天在民主時代，很多國家也難以做到。

事實上，柏拉圖晚年在《法律篇》，也表達過類似思想，他說：

「不能過份相信統治者以智慧和良心治國，即使是一名年輕英明的政治家，權力也能把他變成暴君。」❺

另外，他也強調：

「對國王的權力只有有所限制，他才能長久地保持這權力，從

---

❺　柏拉圖，中譯引自《西方政治哲學》，頁 17。

而限制其他人。」❻

這是因為柏拉圖認為:

「人性,總是把人類拉向貪婪和自私,逃避痛苦、並且毫無理性地去追求快樂。」❼

因此,柏拉圖在晚年,更加注重法治思想,希望以此來防範人性墮落。

這與管仲,也非常的相通。所以管仲曾經強調,牧民者必用法。法是什麼?就是規矩:

「尺寸也,繩墨也,規矩也,衡石也,斗斛也,角量也,謂之法。」(〈七法〉第六)

英國史學家湯恩比在《展望 21 世紀》中,分析「中國的官制」時,曾經稱讚中國的考試制度,「通過考試,選拔任用行政官。」❽比羅馬要成功得多,因此英國已經特別學習與普及。

他並提到,綜觀官吏制度的歷史,便知艾克頓爵士的正確:「所有權力都要腐敗,絕對的權力要絕對腐敗。」❾

因此,如何防止腐敗?他認為,必須仰仗法律制度,而且這種制度,要能包含監督制衡最高領導人,才能從上層防止貪腐,避免上行下效,為害整體政風。

這也正是管子最早提出來的法治思想,即使君王,也要平等守法,在二千多年前,這是很難得的智慧與勇氣,至今仍然深具重要

---

❻ 同上。

❼ 同上。

❽ 湯恩比,引自《中國印象——世界名人論中國文化》,頁 130。

❾ 同上,頁 129。

性！

美國的尼克森總統，韓國的全斗煥總統、盧泰愚總統，日本的田中首相，均因濫權違法而下臺，但仍有很多國家司法不能獨立，無法約束其統治者，均有待加強法治的訓練與觀念。

在臺灣便是這種情形，陳水扁總統居然能為了徇私，可以利用職權，將自己與家人涉案證據，通通列為「最高機密」、「絕對機密」，並公然阻撓審判、踐踏法治，今後仍待改革力量奮起，才有真正法治，也才能真正保障公平正義。

希臘的亞里士多德，曾經分析六種政體，根據好壞程度，依序為：共和政體（以中產階級為主）；㈡平民政體（以群眾領袖為主）；㈢貴族政體；㈣寡頭政體；㈤君主政體；㈥暴君專政。

此中區分好壞的最大關鍵，就在能否對君權監督與制衡，並且能否照顧人民共同利益，這與管子精神便很相近。

柏拉圖在《政治家篇》（*The Statesman*）曾經認為，「國」是擴大的「家」，亞里士多德本於「吾愛吾師，吾更愛真理」的精神，則批評「國」與「家」本質上不同，因為，家庭中父對子、夫對妻，有關權力，都不具有政治性質。❿

因而，此中最重要的問題，是對政治權力的分配，這是「國」的重要課題，卻不是「家」的課題。

此亞里士多德在《政治學》中所說：

「一個政治制度，原來是全城邦居民，分配政治權力的體

---

❿　同❺，頁 21。

系。」⓫

因此綜合而論，政治權力應該如何分配、如何轉移、才算公平？這就必須有客觀的制度。

用牟宗三先生話說，這是「政道」，涉及政權轉移與權力分配，從前中國對此沒有建立制度，管子因為時代的限制也未提到，今後自需建立完備法治，才能可大可久。換句話說，今後為了與時俱進，並且與世界接軌，必須妥善安派「政道」的法制，才是真正「以法治國」長治久安之道。那才是國家與全民之幸！

二、相關評論

牟宗三先生在《政道與治道》中所說，中國歷史以往只有「治道」，而無「政道」，很有創意。

「政道」是相應政權而言，「治道」則是相應治權而言，真正民主化的道路，自應針對「政權」的來源，亦即政權轉移、政權的正當性與代表性，落實主權在民，才算現代化的民主體制。

換句話說，中國以往哲人，對於「如何領導國家」，「如何治理人民」，「如何展現風範」，均很有智慧與經驗，這是對於「治道」很有豐富的傳統。

然而，中國歷史以往對於政權如何轉移，不再用世襲或戰爭的方法，而是用人民選票和平轉移，並由人民監督制衡，從前並未發展出完整制度，這就是「政道」還有待加強的民主機制。

⓫　同上，1983，頁 109。

因而，今後如何建立健康、理性，與客觀性的法家制度，這種「新法家」，建立在「主權在民」的基礎，而不是「集權尊君」的前提，便有很大的現代意義。唯有如此，對於「政道」才能建立可大可久的現代化制度，亦對於即政權的「正當性與合法性」（legitimation），能有客觀的民主制度加以認定。

管子曾經強調：

「故法者，天下之承道也，聖君之實用也……君臣上下貴賤皆從法，此謂大治。」（〈任法篇〉）

這從「治道」而言，是一律平等的理想政治，也是一種政治理想；但若沒有客觀化的「政道」，便無法確定「君」能甘心從法；甚至現代世界，如陳水扁出身律師，但做領導人時，卻經常知法玩法，由此便可證明，真正民主「政道」，必須有完善的程序正義與法治制度才行。

牟先生在《論中國的治道》中，特別討論三個系統，一是儒家的「德化的治道」，二是道家的「道化的治道」，三是法家的「物化的治道」❷，均很有現代的啟發性。

他特別先指出，從字面講，「治道」就是「治理天下之道」，其本質就是「自上而下」，而治道之本意就是一句話：「君子之德，風；小人之德，草。」

他認為，中國以往對於治道之論述，已達「極端微妙之境界」。並且「無論德行、道化、或物化，雖有偏有全，有正有邪，

---

❷ 牟宗三，《政道與治道》（臺北：臺灣學生書局），頁29。

然皆有極深遠的意義，非淺薄者能測。」⑬確實非常中肯。

牟先生論法家「物化的治道」時，曾經大致將中國政治哲學區分成「軟心腸」與「硬心腸」的思想。

對於儒家、道家，他認為是屬於「軟心腸」，法家則屬於「硬心腸」、「事功主義」。⑭

牟先生並進一步通論法家：

「這些人比較實際，能注重現實，都有事功應世之才，亦都有冷靜的『乾慧』（無仁德以潤之，名曰乾慧）」有客觀的理智，故能「為政以法」。⑮

其實，牟先生上述所稱的「事功主義」，若以更恰當的用語，則可稱為「現實主義」或「功利主義」。

至於他所說的「乾慧」，因為「乾」元在易經中，本身代表「生生之德」，本身即內涵「仁德以潤之之慧」——所謂「大哉乾之，萬物資始，以統天。」所以此處「乾慧」若指「乾元」之慧，明顯前後有矛盾；但若是指「乾枯」之乾，有乾枯、枯竭、乾燥之意，似又太過；其意可能指中性之意，代表法家思想不動情、不動心，既冷冰冰，也乾巴巴。

然而法家中也強調「法律不外人情」，也論「經驗法則」，所以用此「乾慧」似乎仍然未能完整表達。

但牟先生所指，「為政以法」的治道，確符合政治的意義；他

---

⑬　牟宗三，《政道與治道》（臺北：臺灣學生書局），頁 30。
⑭　牟宗三，《政道與治道》（臺北：臺灣學生書局），頁 42。
⑮　牟宗三，《政道與治道》（臺北：臺灣學生書局），頁 42。

又認為政治運行的範圍，就是「共同事務的領域」。政治的本質，就是客觀性依法而行的東西。

所以「為政以法」的治道，就在表現「客觀精神」，而不表現「獨化」（郭象註莊子常用此詞）之天地精神，只達到政治意義的境界，而不是「超政治」的境界。❶

牟先生在此先將「政治」的定義與領域，等同於「共同事務的領域」，雖然有其見地，但也有限制，因為只見「事」未見「人」，未能考慮政治也是「管理眾人之事」，因而政治不僅在表現「客觀精神」，仍然需要推動教化，以提昇人性文化理想領域。

就此而論，這並非「超政治」的境界，而是應將「政治」的定義與領域擴大範圍，求其完備。因此，從廣義的政治而言，只講狹義的「法家」，只有客觀化精神便不足，仍賴「提昇化、超越化」的儒家、甚至道家才行。

另外，牟先生將法家分成「前期法家」與「後期法家」，卻是相當中肯。

他認為，前期法家以李悝、吳起、商鞅等人代表，稱他們為「精察的事功家」。後期則以韓非思想、與秦政李斯的行動為代表。他強調，「如果前期法家只是事功家，不越其畔，而若法家亦只依此而言，依此而轉化發展，則亦無害，且甚有益。」❷

牟先生並指出其中原因：

「因為這種法家只是成事功的政治家，此種法家與儒家並不衝

❶ 牟宗三，《政道與治道》（臺北：臺灣學生書局），頁44。
❷ 牟宗三，《政道與治道》（臺北：臺灣學生書局），頁45。

突，亦不對立。因為它本身並不是一個獨立自足的系統，不能代表一個整個的文化系統，所以他也需承認其他。」

牟先生在此所稱「前期法家」，定義在於「他們理論只是就法的領域、事功的範圍而說話，尚並未超出範圍而成一透及於全部人生的完整系統。」**⑱**

就此意義而言，管仲便可稱為代表，因為他本身就是「事功的政治家」，其學說與孔孟並不衝突對立，甚至還可以相互補足與輝映。

然而，牟先生緊接著說的也很重要，「但是中國通常所謂法家常不只此義，也不是此義，而常是以後期之法家意想法家，以韓非之思想與秦政、李斯之行動為代表」。

因此，牟先生在此稱「由前期法家發展至後期法家，在治道上始成為『物化之治道』。」**⑲**

尤其，因為韓非針對人性陰晴面，發展出一套理論系統，牟先生認為其「反先賢、反德、反民智、反性善，進而反孝悌、反仁義理智。如是人性只成一個黑暗的，無光無熱的、乾枯的理智，由此進而言君術。」

所以，牟先生結論為：「這就物化了一切，如是，人民只成了『物民』、芻狗、黔首，在今日就說是機械系統中的一個螺絲釘。」

因而，牟先生認為：「韓非之教是極端愚民、獨裁、專制之

---

⑱　牟宗三，《政道與治道》（臺北：臺灣學生書局），頁 45。

⑲　牟宗三，《政道與治道》（臺北：臺灣學生書局），頁 46。

教。秦政李斯實行這種思想的政策，就是焚書坑儒，反歷史文化，以法為教，以吏為師，而大敗天下之民，其自身亦不數年而亡。」

所以牟先生強調，「法家發展成物化的治道，則一切皆死，什麼也不能說。事功、政治意義、客觀精神，俱不可說。」

牟先生指出其原因：「它將魔性徹底透出，成了一個純否定，絕對之虛無，韓非之思想極深刻動人，亦如今日之共產黨，因為他弄出這一套來，而使人成為物，這就不容易。」

當然實際上，馬克思在早期 1844 年的巴黎手稿（Paris manuscripes）關心「勞工異化」問題（alienated-labour），以及人被「物化」的問題；並且也反對「商品拜物教」，原本還具有人文精神，這被為「人本的馬克思主義」（humanistic Marxism），或「創造的馬克思主義」（creative Marxism）。

但後來俄共奉其為意識型態之後，獨尊家變成「教條的馬克思主義」（degmatic Marxism），因為偏執階級鬥爭與無產階級專政，反而吞噬了原先的人文精神。

牟先生曾經感嘆：「前期法家只是事功家，他們能根據依法的領域，表現出政治意義與客觀精神，其發展成物化之治道是大不幸。」[20]此中的沉淪過程，與馬克思主義本身的物化僵化，屬於相同的問題。

牟先生並指出，法家因為尊君集權，「中國的法家型態不能完成政治意義與客觀意義。儒家倒反而能之。而事實上在以前亦只有儒者始對於政權政道方面有理想，如禪讓、公天下等。而法家道家

---

[20]　牟宗三，《政道與治道》（臺北：臺灣學生書局），頁46。

卻無一語及此。」㉑

　　法家從管仲到韓非，都因為以尊君為重，所以對於「政道」，視為神聖不容碰觸的權力來源，對於「政權繼承」與「和平轉移」等均未談，而只強調掌權的重要性。

　　但在儒家，則用「民本」、「民貴」的思想，將人民看成比君更重要；即使平民也可作人格上的大丈夫，「威武不能屈」，大臣中也有「不召之臣」。君主如果殘仁賊義，人民更有推翻的權利；凡此種種，均為法家無法比擬的進步思想。

　　另外，在道家之中，雖然老莊不像孟子說得如此明白顯豁，但也認為，人生應該看破權位、淡泊名利，這不只是一種對人生的豁達態度，也是一種對權貴的超越態度。

　　所以，莊子才會諷刺宋人，必定因為舐秦王痔瘡最多，才能得到厚賜。他更強調，只有「藏天下於天下」，才是真正鞏固天下之恆道。牟先生在此稱道家對於「公天下」，「無一語及此」，似顯用語太滿。

　　只不過，道家確實並無「禪讓」的思想與實例。

　　所以，就政治哲學與治國之道而言，今後仍應以儒家思想為主，再輔以人民對「政道」的現代化觀念──包括對政權的「參與」（participation），對「權力分配」的理性認知，恪盡公民的義務，與建立客觀的民主法治，特別是對憲政體制要尊重，對違憲的行為要重視，這才能真正長治久安。

　　所以，牟先生在此所稱，的確有其道理：

㉑　牟宗三，《政道與治道》（臺北：臺灣學生書局），頁46。

「中國文化，在以前只順治道思想，是不夠的，必須轉出政道來，對於政權有安排，始可能推進一大步，別開一境界，而現在亦只有本儒家骨幹始能做出此事業來。」

牟先生並慨言，辛亥革命之後，「我們的目的當然就是在建造民主共和國」，然而始終未能「走上正軌」，今後自應從儒家民本思想，結合法家制度，並與世界的現代化民主接軌，才能真正落實對「政道」政權的理性安排。

換句話說，這代表著，人民對政權的「選舉、罷免、創制、複決」等，都要有參與權，能有「自由選舉」（free election），才算真正完成中國民主化的工程。

在「政道」的健全體制，若要與世界民主思潮接軌，首應建立起完整的「議會政治」，對「治道」的統治者加以「監督與制衡」（check and balance），才能從根本制度防止有權者腐化，並且防止統治者獨裁。

政道的「議會政治」，同時代表民意政治。因為議會需要立法、修法，「法」的來源此時便是人民，而不是君主，這才能算「主權在民」。

另外，因為政權的「合法化」與「合法性」，必須來自人民的認可，亦即必須透過自由選舉產生，加上現代選舉往往來自政黨的競爭（含無黨籍），這就形成「政黨政治」。

因此，「議會政治」與「政黨政治」，堪稱「政道」的兩大支柱，如鳥之兩翼、人之兩腳，缺一而不可！

這對今後中國民主現代化的體制，實具重大啟發；未來如何把握儒家「民本民貴」的傳統精神，建立現代民主憲政制度，並且吸

收健康的法家精神，真正守法、執法，乃是今後中國融入世界，邁向民主化的真正成功關鍵！

西方是從孟德斯鳩開始，進行「三權分立與制衡」的思考，以法律規定統治者與被統治者之間的關係，這種法治思想認為，唯有如此，政治自由才能「通過三權的某種分立而建立」；政權的正當性，也才受到客觀程序與法律所規範。❷

另外，盧梭也提出「社會契約論」，認為只有「約定才可以成為人間一切合法權威的基礎。」❷

這種觀點，認為統治者要經過被統治者的同意與約定，即屬於「政道」範圍，包括政權之正當性與合法性，在中國傳統思想仍然缺乏。

根據盧梭所提，因為訂定誓約，需經由每個人的參與及同意，形成「公共之大我」、「公共人格」，因此可進入理想國。❷

在這理想國中，「公意」就是「人民的意志」，也是「全體國家成員的經常意志」。❷

所以人民在此既是公民，也是臣民，既「享受公民權利」，也「恪盡臣民的義務」。

但在中國，因為缺乏「政道」與「公民」的觀念，只有「臣民」的義務觀，這就需要吸收現代化民主憲政的觀念，才能更加保障公民的人權與自由。

---

❷　孟德斯鳩，《論法的精神》（商務印書館，1982年），頁187。

❷　同上，頁14。

❷　同上，頁24。

❷　同上，頁140。

尤其，近代民主政治的發展，是以「自由」為動力與根基，誠如海耶克（F.A. Hayek）在《自由的構成》（*The Constitution of Liberty*）所說：

「自由這理想，激發了現代西方文明的發展，而且這一理想的部分實現，亦使得現代西方文明取得了當下的成就。」❷⁶

就此而言，中國文化雖有豐富的自由精神，但對於「政道」的構成——亦即政權的產生與參與，從前卻缺乏自主的意識。

換句話說，中國歷史上很多民間人才，固然能夠透過國家考試，進入政府當官，但那還是參與「治權」，對於「政權」，仍無法用自由選舉決定，也無法透過選舉，和平轉移政權。

因此，今後這就賴「政黨政治」與「議會政治」的理性與良性運作，才能真正解決「政道」的民主化問題。

林毓生在《思想與人物》序言中感慨，在中國要實踐自由主義何其困難，此中問題應為主要原因。

此所以在兩岸的憲法中，雖然都完備的訂立了各種人權自由項目，但都未能充分落實力行，因為領導階層甚至人民，都未能真正體認憲法的尊貴性，與違憲的嚴重性。

李敖在 2006 年 9 月，應邀到北京清華大學演講，就曾特別提到，只要能落實憲法列出的人權自由清單，就是最好的「自由主義」❷⁷，比任何學理的定義都要好。這對兩岸當局，與今後振興中華之道，都是很好的啟發。

---

❷⁶　同上，頁 84。

❷⁷　《李敖檔案》（臺北：博揚文化公司，2005 年），頁 309。

德國社會哲學家韋伯（Max Weber）曾強調，「現代化」（Modernization）精神即「理性化」精神（Rationalization），可稱一針見血。

就此而論，從「理性化」的功能來看，中國政治哲學的儒家、道家與法家的管子，均深具理性精神，只有韓非過份注重權術，才容易斷喪理性，甚至損害人性。

這就證明，中國若要邁向理性的「現代化」大道，從主流思想的根源來看，完全沒有問題，不但順理成章，而且很能光芒萬丈！

所以，今後只要「正派治國」，以儒家、道家與管子精神為典範，擷取現代民主憲政的精華，相信必然能使民主，在中國遍地開花結果！

牟先生論〈中國文化的問題〉時，曾經特別談到，從前中國政治對於君權「約束無力」，因為「君權高高在上，握有生殺大權，絕對的權力」，從儒家到法家，並無辦法安排權力；因此今後只要結合傳統精神，與現代民主制度，就能根本解決。

牟先生並曾引述王船山《讀通鑑論》，從宏觀指出，由中國歷史興衰產生痛切之感，發現三大問題不能解決：

㈠朝代更替；

㈡皇位繼承；

㈢宰相難處。❷

實際上，這三項均屬於「政道」問題，也就是政權來源、政權轉移、以及政權制衡的問題。

---

❷　牟宗三，《時代與感受》（臺北：臺灣學生書局），頁195。

在君主專制時期，這些只能靠明君的自我克制，或者賢相的從旁輔佐，但人民本身均無力約束，也無力監督，更無力制衡。

這種問題，今後自需靠現代的「議會政治」、「政黨政治」，透過理性化與法制化運作，才能從根本處徹底解決。

重要的是，「徒法不足自行」，即使在民主國家，也經常可見，領導人身為律師，卻會知法犯法、知法玩法，甚至大鑽法律漏洞，成為負面教材！

由此可證，即使有現代化的民主憲政與監督機制，但仍須有儒家的自我克制、道家的自我提昇，以及法家的崇法守法，才能真正落實民主、利國利民！

牟先生曾經引述德國黑格爾，評論中國人民，只是「隨意揮灑的自由」（arbitrary will），並沒有「主體自由」（subjective will），亦即只是「天民」，沒有達到「公民」，沒有自覺應爭取參與國家政治，也沒有自覺是權利與義務的主體。

因而當黑格爾批評「中國文化還停在孩童時期」，牟先生對此認為很「中肯」，並稱「承認它」。❷⑨

然而，黑格爾在此的問題，顯然是用近代西方的鞋，想硬套在中國的腳上；如果不符合近代西方標準（公民自覺），便認為中國文化沒有自由，只能稱是「孩童時期」的文化。這就明顯犯了「削足適履」的毛病。

這正如同，如果只用黑格爾的標準，界定「哲學」，那就一定要求凡事先有定義，並有論辯，還有本體論、宇宙論等等，才叫

---

❷⑨　黑格爾，引自《中國印象》（上），頁197。

「哲學」；如此一來，中國很多先哲，都不能稱哲學家。這就是為了適用黑格爾之履，硬削中國先哲之腳，明顯在方法論上錯誤。

所以，面對黑格爾只知注重龐大系統，注重主體性，丹麥祁克果（Kierkegaard）首先就表反對。他強調，寧可住溫馨的小狗窩，也不願住思想的華麗大廈。

因此，黑格爾若能研讀梁漱溟所論《東西哲學及其文化》，就會領悟，中國文化本身有其獨特的天人之學與德治政體，當中國文化發達時，近代歐洲很多國家還在野蠻時期！所以中國文化可稱「早熟文化」，絕非「兒童時期文化」。

另外，牟先生很中肯的指出，「近代化的內容是民族國家（national state），人權（human rights）與科學（science）」，「孫中山就是此觀念」。❸

可惜，中國後來民主政治的命運，很多坎坷；先因袁世凱稱帝而破壞，後因中共利用馬列教條而專政；臺灣雖然反共，方法上卻也是透過戒嚴集權，形成牟先生所稱的「以毒攻毒」。

牟先生認為，都些並非「健康正常之發展」，所以，需要「明」從「無明」中冒出來。❸

如今中國大陸，已經重新肯定孫中山先生的理念，總算峰迴路轉，回歸正途；但是，臺灣卻又被臺獨的分裂主義糾纏，陷入無明，走入歧途，仍需早日覺醒才行。

牟宗三先生探討中國傳統思想與西方民主精神，針對二者如何

---

❸ 牟宗三，同❷。
❸ 牟宗三，頁 198。

融通與交流時，曾經指出：

「中國先秦法家思想的法治，與近代化的民主制度中之法治根本不同。」

他進一步說明：

「近代化的民主制度中之法治，其本質的意義，就是司法獨立，承認基本人權。先秦法家思想的法治，其所『法』不是根據承認基本人權、依政道上的憲法而來立法，而乃是自上而定的治道上的法、吏治上之法。」㉜

這段同樣區分「政道」與「治道」上之法，二者有所不同；很有其深刻慧見。

另外，近代化民主制度中的法治，其本質意義，就是很重視「自由」這核心觀念，此亦英國自由主義鼻祖洛克（John Locke）所強調：「在法律未加規定的事情上，能按照我自己意志去做的自由。」㉝

所以，洛克指出：

「法律的目的不是廢除或限制自由，而是保護和擴大自由。」㉞（《政府論》下，57 節）

因此他認為：

「法律按其真正的含義而言，與其說是限制，還不如說是要一個自由而有智慧的人，去追求他的正當利益。」

㉜　牟宗三，頁 198。

㉝　John Lock，《政府論》（下），22 節。

㉞　同上，57 節。

　　這種「保護和擴大自由」的人權概念，用法律保障人民追求正當權益，在法家仍然相當缺乏；甚至在今天，法界實務上也尚未完全落實。

　　因而，當洛克以此認定「政府有限論」時，也強調政府沒有無限權威，並須受制於法律；這種「限制統治者」的觀念，別說在法家當時很缺乏，即使今天臺灣，仍然無法做到。

　　相反地，法家到了韓非李斯，反而擴大統治者的權威，統治者非但沒有法律可以限制、監督，反而人民的自由，都由統治者決定限制，這就成為典型的獨裁專制。

　　這也正是史賓諾莎（Spinnoza）所說：

　　「想法子控制人心的政府，可以說是暴虐的政府，而且規定什麼是真的要接受，什麼是真的不要接受，這可算是誤用治權和篡奪人民之權利。」㉟

　　所以，史賓諾莎分析得很正確，如果統治者限制人民的思想與言論自由，人民並不會就此銷聲匿跡，反而會變成口是心非，或者刻意逢迎，產生很多後遺症：

　　「人們每天這樣想，卻那樣說，這就敗壞了信義（信義是政治主要依據），培養可恨的阿諛和背信，因此更產生了詭計，破壞了公道。」㊱

　　另外，他又指出：

　　「自由對於科學和藝術是絕對必需的，因為若是一個人判斷事

────────────

㉟　Spinoza，《神學政治學》（商務印書館，1982 年），頁 272。
㊱　同上，1982，頁 272。

物不能完全自由，沒有拘束，則從事科學和藝術，就不會有什麼收穫。」❸

這些毛病，也正是秦政韓非專制的結果。

所以牟先生強調，「真正典型而惡化的法家，乃在韓非那一套封閉黑暗的思想系統（ideology）。」❸

換句話說，他認為，「合理的善化的法治，當然是承認基本人權、司法獨立的法治。」

因此牟先生指出，韓非、李斯思想的法治，不但不是近代民主制度中的法治，也不是商鞅的法治，更不是管仲的法治！

由此可見，他對管仲相當肯定，並稱其為「開明通達的大政治家」，但對韓非批評非常嚴厲，而且認為，那才是中國所稱的「法家」。

其實，韓非偏重法術，應稱「法術家」；管仲有其政治理想，並重視客觀的司法獨立，仍可稱為「合理的善化的法治」。

只不過，牟先生所稱「近代民主制度中的法治」，除了「聽其言」還應「觀其行」，否則有些人口頭號稱「人權立國」、標榜「司法獨立」，但實際上卻常雙重標準，並且經常利用司法打擊異議人士，踐踏反對者人權；民主法治此時只成包裝，集權專制才是真相！有智慧的人士，自應對此警覺才行。

另外，牟先生也曾強調，研究中國文化，內涵可以分為三方面來討論，一是「道統」，二是「政統」，三是「學統」，很有啟發

---

❸ 同上，1982，頁 274。

❸ 同❸，頁 204。

性。

　　他並指出，有關「道統」，可用儒家的內聖外王之教作為代表，至今仍然深具教化的功能。但「政統」中的政治哲學，卻仍停留在「觀念」、「想法」中，不能形成客觀「系統」，仍然有待實踐力行。

　　尤其，因為，真正「政統」代表「政權更替」之軌道，與政治運作方式之統緒。❸所以他指出，今後很有必要從「政治現代化」，發展出民主憲政之路。

　　展望未來兩岸，今天中國大陸已從「教條的馬克斯主義」，進行思想解放，走向「發展的馬克斯主義」，並從「經濟現代化」，逐漸進入「政治現代化」，深值繼續努力與深化。

　　另外，大陸公開肯定孔子思想，振興中華文化，這是在「學統」與「道統」部份，有了好的開始，同樣深值普及教育、提昇民智，但應注意不能只是獨尊一家的道統，而應兼容並蓄，以整體中華文化為道統，那才能形成更恢弘的盛世！

　　相形之下，臺灣在李扁統治共二十年間，「內聖外王」早已沉淪，反而詐術當道，貪腐橫行，令人不勝感嘆！

　　尤有甚者，「去中國化」政策貽害無窮，「正名、制憲、入聯」，已從文化臺獨，進入法理臺獨，本來臺灣大好前程恐對葬送殆盡！亟需仁人志士從「政道」、「治道」共同奮起改進，才能扭轉敗亡、撥亂反正！

---

❸　同❷，頁 315。

三、管子政治哲學特色

㈠善爲國者，必先富民

　　管仲的第一特色，就是強調治國之道，「必先富民」，先讓老百姓富起來，這是第一要義，正如同孫中山先生所說，「國家建設首在民生。」

　　管仲又說，「民富則安鄉重家」，「民貧則危鄉傾家」，如果人民根本活不下去，就根本不在乎外面玩命，也不在乎家庭安定。此即管仲所說：

　　「民富則安鄉重家，安鄉重家，則敬上畏罪；敬上畏罪，則易治也；民貧則危鄉輕家；危鄉輕家，則敢陵上犯禁；陵上犯禁，則難治也。」

　　所以管子強調：

　　「故治國常富，而亂國常貧；是以善為國者，必先富民，然後治之。」

　　即使現代民主社會也是如此，一定在經濟上先能富民，形成中產階級為主，大家都想安定，才會去除造反的想法，共同追求民主穩定。

　　所以，管子從統治的角度看，怎樣才容易統治？才能讓人民不會造反，不會犯上？首先，是先讓人民富起來。

　　否則，如果民貧，人民一窮二白，就敢於犯上犯禁；如果人民很窮，就不在乎造反，也不在乎法令；法令受辱，能執不行，那就難治了。此即管仲所說：

「民不足，令乃辱。民苦殃，令不行。」（〈版法〉第七）

管子指出，明君要能順從人心，安定情緒，根據民眾心意，發為政策，才能真正使社會安定，刑法變成備而不用：

「明君順人心，安情性，而發於眾心之所聚。是以令出而不稽，刑設而不用。」（〈君臣〉上篇）

此亦管子所說：「政之所興，在順民心。政之所廢，在逆民心。」

那麼，民心是什麼呢？

「民惡憂勞，我佚樂之。民惡貧賤，我富貴之，民惡危墜，我存安之。民惡滅絕，我生育之。」

管子在此很能掌握民眾心理，並且很知道，只要政府順民心訂政策，民心就會支持政府，願意奉獻犧牲：

「能佚樂之，則民為之憂勞。能富貴之，則民為之貧賤。能存安之，則民為之危墜。能生育之，則民為之滅絕。」（〈牧民〉）

由此可見，管子雖然身為法家，但很清楚，只靠刑法不足以得民心：「刑罰不足以畏其意，殺戮不足以服其心。」

如果只靠嚴刑峻法，「刑罰繁而意不恐，則令不行矣；殺戮眾而心不服，則上位危矣。」（同上）

所以管子提醒領導人：

「倉廩實，則知禮節；衣食足，則知榮辱。」（〈牧民〉第一）

管子更指出，貧富之間若無制度，則會失去民心：

「貧富無制度則失。」（〈侈靡〉三十五）

而且，人民太富太貧都不好，因為都不好治理。從統治角度看，民太富，則眼中無君，「不可使」，太貧則無所顧慮，不知

恥；所以他說：「甚富不可使，甚貧不知恥。」（〈侈靡〉）

因此管子強調，貧富不能懸殊不均，因為人民太富，則不在乎官方對其利誘，人民太貧，則不在乎對其罰威，所以「萬民不治」，主要在於貧富不齊。此即他所說：

「民富則不可以祿使也，貧則不可以罰威也，法令之不行，萬民之不治，貧富之不齊也。」（〈國蓄〉篇）

因而，管子在此與孔子精神相通，很強調「均富」。他並具體主張，均農工商之利，並認為應由上位者統籌，管理金融幣制，以及農穀價格，以免民間炒作獲取暴利：

「人君操穀幣金衡，而天下可定也。」（〈山至數〉七十六）

另外，桓公曾問：「然則吾何以為國？」（〈海王〉七十二）

管子回答：「唯官山海為可耳。」

桓公再問：「何謂官山海？」管子回答：「海王之國，謹正鹽筴。」

另如，對於「鐵官」、對於森林礦產，管仲也都主張化為公營，才不會落入民間富人之手，變成富可敵國，難以統治。

由此可見，管子在經濟上，因為重視民眾的均富，所以傾向溫和的社會主義，對具有壟斷性的民生事業，主張由國家來經營，與孫中山先生思想很接近。

管子與中山先生不同之處，在於他仍以統治者的立場出發，為了鞏固政權、便於統治，才強調均富；人民本身並不是目的，只是方法，鞏固政權才是目的。

但孫中山先生強調均富，是以人民為主，所以強調「主權在民」，為了公平正義而主張均富，並不是為了統治者需要，而是為

了人民需要與公義需要，人民本身才是目的！

此外，管子若與孔子比較，他也曾強調：治國之道必先「富民」，這個結論跟孔子一樣。孔子到衛國去，一看人口眾多，首先強調「富之」，然後指出，其次要能「富而後教」。

只不過，兩人著眼點不一樣，管子很務實，他的著眼點，仍然是為了統治者的利益、為統治者的方便，並不是說人民富起來，是為了人民本身的好處，而是先為統治者好處，然後再說兩者都有好處。他是為了統治者的長治久安，所以讓老百姓先富起來，然後強調要能均富。

由此可見，管子出發點跟孔子不一樣，孔子注重以民為本，認為生存是每個人的基本人權，先要吃飽；但是管子並不是從基本人權來看，而是從「牧民」的需要著眼，從管理老百姓的角度來看。

所以，簡單的說，根據管子，怎麼樣統治老百姓？首先就是讓老百姓吃得好、吃得飽，他們才不會造反。然後讓人民富起來，等到人民在乎自己財產，就會珍惜現在，不會冒險犯罪，更不會犯上造反。基本上，都是從維護君權的立場出發。

㈡富國強兵

管子強調，農業發達，不只為了讓人民富起來，也是以此讓國家富起來，然後就能強兵。

此即他所說：

「粟多則國富，國富則兵強，兵強則戰勝，戰勝者，地廣。」
（〈治國〉）

他更明白主張：「國富者兵強，兵彊者戰勝，戰勝者地廣。」

（〈治國〉）並且公開指出：

「甲兵之本，必先予田宅。」（〈侈靡〉）

當然強兵之前，必先富國，使人民都豐衣足食。所以他說：
「民饑不可使戰」。（〈八觀〉）

另外，他又強調：「是以先王知眾民強兵、廣地、富國之必生
於粟也。」（〈治國〉）

簡單的說，他的治國目標就是「富國強兵」。

「主之所以為功者，富強也，故國富兵強，則諸侯服其政，鄰
敵畏其威，雖不用寶幣事諸侯，諸侯不敢犯也。」

然後他指出，領導人如果讓國家兵弱，是種罪惡，因為必定受
氣，而且走向衰亡。

「主之所以為罪者，貧弱也，故國貧兵弱，戰則不勝，守則不
固，雖出名器重寶以事鄰敵，不免於死亡之患。」（〈形勢解〉六十
四）

因此，他務實的指出：

「不能強其兵，而能必勝敵國者，未之有也。」（〈七法〉六）

所以歸根結柢，他強調，治國應以經濟、財政為優先施政項
目；如果財政不強，就不能正天下：

「是欲正天下，財不蓋天下，不能正天下。」（〈七法〉）

另外他也指出，國家份量重不重，也看其軍事能否戰勝，而軍
事成敗，則看人民能否堪用。仍看經濟財政是否足夠：

「凡國之重也，必待兵之勝也，而國乃重。凡兵之勝也，必待
民之用也，而兵乃勝。」（〈重令〉十五）

這種論點，在馬基維利的《君主論》中，也可清楚看到：

「可能使你喪失江山的主要原因，就是不重視戰爭這種技藝，而幫助你從別人手中奪取江山的手段，就是要以治軍為榮。」❹

這種以「治軍」為榮的思想，從管子到韓非都相同，也就是「強兵」的思想。

只不過，管子同時注重「富民」而「富國」，但馬基維利並未同時重視民富，也未照顧強調人民。他所強調的是「君主論」，而非「民主論」。

另外，馬基維利又指出，「手執武器」，才是最容易服人的方法：

「因為一個手執武器的人，和一個手無寸鐵的人，之間毫無可比之處，其理由是不能指望一個全副武裝的人，會心甘情願地服從一個沒有武裝的人；也不能指望一個沒有武裝的主子，在其武裝的僕人中間會無性命危險。」❹

因此馬氏強調：

「因為，有武裝的人目空一切，沒有武裝的人則擔驚受怕，兩者不可能合得來。」❹

但是，馬基維利在此論述過份簡化粗糙，因為有武器的人，若為仁者之師，則沒武器的人非但不會「擔驚受怕」，還會雀躍歡迎王師；試看二戰之後，各淪陷區人民歡迎反法西斯的軍隊，便可知此中道理。

---

❹　Machiavelli，高煜譯，《論君主》（桂林：廣西師範大學出版社，2002年），頁 59。

❹　同上，頁 59。

❹　同上，頁 59。

這種仁者之師，因為親民愛民，並且以保民為重，絕不擾民害民，當然也不會「目空一切」，馬基維利在此預設明顯有誤。

例如孫中山先生創立黃埔軍校，由蔣中正擔任首任校長，治軍嚴明，成為仁者之師，拯救人民於軍閥之中，所以能以五百枝步槍統一全中國，便為例證。

毛澤東深知此理，所以也強調「槍桿子出政權」，並且嚴令共軍「八大紀律」，強調軍要愛民，後來 1949 年能以少數擊敗多數，也是因為贏得民心。

所以馬氏強調：

「君主絕不可不考慮作戰訓練的問題，這可以以兩種方式進行，一種是通過實踐，一種是通過思考。」❸

所謂通過「實踐」，領導人除了要求士兵嚴格訓練，自己也要訓練身體，吃苦耐勞。至於「思考」，則是「君主應該讀史」，應該「分析傑出人物的行為，瞭解他們怎樣指揮戰爭，分析他們勝利或失敗的原因。」這項直到今天，仍然深具重大的啟發性。

另外，馬氏再進一步指出，明君應平日注重備戰，這倒與管子非常接近：

「明智的君主都應該採取這種方法，並且在和平時期也絕不要無所事事，而是要注意未雨綢繆，以便在背運時，能夠進行抗爭。」❹

要之，中國法家之中，管子因為綜和儒家精神，而能固守「民

---

❸　同上，頁 60。

❹　同上，頁 60。

本」立場，所以不像韓非太走偏鋒，走向集權專制，在今天衰世中，仍有振衰起弊之用，很值得重視。

㈢凡爲國之急者，必先禁末作文巧

管子強調，凡是治國之道，當務之急，一定要先禁止，只忙於枝微末節與粉飾奸巧，此即他說：

「凡為國之急者，必先禁末作文巧。」（〈治國〉）

根據管仲，治國第一要義，必先農業發達，令人民富起來，這才是務本。所以管仲指出：

「奸巧不生則民治，富而治，此王者之道也。」

相形之下，所謂「奸巧」，就是只知奸滑巧辯、硬拗詭辯，強詞奪理，導致政策錯誤，誤導民眾！

多年以前，**臺灣師範大學**曾做民調，詢問人民：最希望政府做什麼政策？結果發展民生經濟第一，次為肅貪廉政，最後一項才是「加入聯合國」！

因為，「入聯」太遙遠了，離民生也太遠了！人民連飯都沒得吃，很多家庭自殺，還講什麼「入聯」？這就是典型的「禁末」！

然而民進黨如今卻運用民調的文巧，只問民眾「是否希望加入聯合國」？卻不詢問人民對政府的整體希望，也不排出各種順位以此誤導民眾，便形成「奸巧」的政策。

目前臺灣自殺率已是全球兩倍高，如果人民活不下去，苦於各種物價飛漲，還會希望政府忙於「加入聯合國」嗎？

所以經國總統任內，自從臺灣退出聯合國、並與美國斷交後，便冷靜的評估形勢，知道外交用硬碰硬，划不來，所以更加勤修內

政、專心民生，展開各種經濟建設，並且加速民主改革，這才是真正為民務實之道，所以至今仍然是最受民眾愛戴的總統！

相形之下，民進黨因為治國無能、經濟低迷，平日治績拙劣，結果只會在選舉前搞「入聯」等花樣，企圖轉移焦點，此即選舉前的「奸巧」招數，深值人民警惕！

另外，管子強調，不生產糧食的國家，一定滅亡；能夠盛產糧食，農業發達，就可以稱霸。如果農業生產，還能有盈餘，更可以幫助別人，就可以行王道。

此即其所稱：「不生粟之國亡；粟生而食者霸；粟生而不食者王。」

此處管仲所說重點，第一指出亡國之因，第二指出稱霸之道，第三指出王道方法，通通是以最務實的糧食做為標準。

所以他才強調：「粟也者，民之所歸也。」

換句話說民心歸向，就看經濟！因為，粟也者，就是「財之所歸」、也是「地之所歸」！

以今天的工商社會而論，治國不能只看農業糧食，而應擴大看整體的經濟。

根據管子，民生經濟才是民心所歸的原因；所以，與其追求空幻的「入聯」、成立「臺灣共和國」，遠不如很務實的改善人民經濟。

因此，他若活在今天，絕不會贊成「入聯」，更不會同意「正名、制憲、建國」等「奸巧」之說。

他甚至強調，所有經濟建設，只要能實用，就不必求美觀：

「明君制宗廟，足以設賓祀，不求其美；圍宮室臺榭，足以避

燥濕寒暑，不求其大，為雕紋刻鏤，足以辨貴賤，不求其觀。」
（〈法法〉）

由此可見，管仲非常務實，凡事均以民生實用為優先，絕不說空話，更不打空話，在今天深具啟發性！

另外，根據管子，治國根本之道，在於上下均能守法，才能確立長治久安的法治。

所以他強調，「法」，是推動天下萬物的標準；如同「尺寸、繩墨、規矩、衡石、斗斛、角量」等。

因此，管子指出，「以法治國」，絕對不能因為私心自用，使用硬拗詭辯，破壞法治，也不能以奸巧之辭，知法玩法。

此即管子所說：

「私者亂天下者也。」（〈心術下〉三十七）

尤其，管子曾經警惕世人：

「為人上者釋法而行私，則為人臣者援私以為公。」（〈君臣上〉三十）

今天的明顯例證，即陳水扁對其親人所涉貪腐，竟然濫用總統職權，將所有私人相關證據，列為國家「最高機密」、「永久機密」，形成「亂天下」的最壞榜樣！也形成「上行下效」，共同以私害公的最壞榜樣！如此利用詭辯奸巧之辭，破壞「以法治國」，必定會遭人民唾棄，應該做為今後永久的戒惕！

㈣為民除害興利

管子曾經強調：

法治的成功，在人人「奉公法，廢私術」；明君所訂的法，應

該「法愛於民」，立法執法均應以「愛民」為基礎。也就是說，要能為民除害興利；這在今天仍然很有重要啟發。

管子並曾進一步指出：

「愛民無私曰德。」（〈正〉四十三）

根據管子，要把這種「愛民無私」的「德」，具體化成「為民興利」的「法」，以及為民除害的「法」，才能真正落實德政；這就同時力行了「以德治國」以及「以法國治」。這對今後兩岸，都深具重大的啟發意義！

管子並進一步說明，凡是愛護人民、生養人民，對於人民有利，對於天下有利的，都叫做「德」，都應透過「法」，才能形成可大可久的制度。此即管子所說：

「愛之，生之，養之，成之，利民不偽，天下親之，曰德。」（〈正〉四十三）

英諺有句名言：「法之保護，強過人之保護。」於此精神即能相通。

柏拉圖也曾經強調：「治道如醫理，治國如醫病。」因為「醫病」是要為病人除去病根，解決痛苦，恢復健康，這與「治國」要透過法律為民除害興利，二者很能相通。

所以管子指出：

「不為重寶虧其命，故曰：令貴於寶。不為愛親危其社稷，故曰：社稷戚於親。不為愛人枉其法，故曰：法愛於人。不為重爵祿分其威，故曰：威重於爵祿。」（〈七法〉第六）

另外，政府若要為人民除害興利，最重要的關鍵，就是如同周處除四害的故事，要能反省最後一害是否在自己。

　　所以，明君若真心為民興利除害，就應同時檢討，本身是否成為一害，是否本身知法犯法，領頭破壞法治！

　　英哲洛克曾經強調，執法要能平等，就是這種道理。他說：

　　「不論貧富，不論權貴和莊稼人，都要一視同仁，並不因特殊情況而有出入。」❹

　　另外，任何人均應平等的守法。他說：

　　「每一個人和其他最微賤的人，都平等受到那些他自己作為立法機關一部分所制定的法。」❹

　　然後，他並進一步的指出：

　　「法律一經制定，任何人也不能以自己的權威逃避法律的制裁，也不能以地位優越的藉口，放任自己或任何下屬胡作非為，要求免受法律的制裁。」❹

　　他並語重心長的提醒世人：

　　「公民社會中的任何人，都不能免受它的法律制裁。」❹

　　洛克所稱的「公民社會」，要能夠平等執法、平等守法；在管仲思想中，同樣相同。任何人（包括領導人）不能以「地位優越」的藉口，從中領頭違法，至今仍有重大的啟發性！

　　另外，管子強調：「政者正也，所以正定萬物之命也。」對於領導人，也有重大的警示作用。

---

❹　同❸，142 節。

❹　同❸，94 節。

❹　同❸，94 節。

❹　同❸，94 節。

他並明白指出：「聖人明正以治國。」

根據管子看法，他雖與孔子同樣強調「政者正也」，但他所說的「明正」，還有個客觀標準，那就是法治，而不是自由心證，只有明白這個法治「正道」，才能治國，既不能過，也不能不及。

此所以他緊接著指出：

「正者所以止過，而逮不及也，過與不及皆非正也。」而且，「非正，則傷國一也。」

在管子看來，法治太嚴，或者太寬，對國家的傷害，都是一樣的。

經國先生晚年，毅然開放大陸政策，開放大陸探親，對冰封了四十多年的兩岸關係解凍；也以他的威望打開兩岸交流大門，並為兩岸和平邁出第一步，都具有極重大的時代意義；究其根本動機，就在為民「興利除害」，這與管子極為相通。

另外，經國先生上山下海，經常深入民間，尋求民隱，每次出巡，必定先請地方領導帶他去看「最窮苦的地方」，也就是最應該「興利除害」之處。地方領導自然不敢隱瞞。看了之後，汗顏之餘，才能更加決心，改進人民痛苦。

所以經國先生生前強調，「永遠與民眾在一起」，才能瞭解民眾心中最想除去的大害，就是「貧窮」，就是「貪污」。因此，他除了繁榮經濟，而且嚴懲貪腐，政風清廉，所以廣受人民好評，至今仍為民調最高的總統，均與管子風格完全相同！

管仲當時的「利」，講得很清楚，「興利者，利農事也」，就是利於農民，利於農業改革。

在今天，大陸人口仍然以農民為主，所以仍應將「農事」做為

經濟建設的首要工作。對於農民、農村、農品，均應全力謀福利，才能真正贏得民心。

在臺灣，因為經濟轉型，農業已逐漸提昇為工業，尤其以民生工業為重，並已進一步提昇為高科技與服務業，這種現代化的轉型步驟，也是歐美經濟繁榮的因素，今後仍然值得重視，並應針對每個步驟，進行「除害興利」，才算真正的愛灣臺愛人民！

尤其，從臺灣整體經濟而言，最能立即振興經濟之道，就在促進兩岸經濟暢通，及早進行直航，並且開放兩岸觀光、促進農業合作、加強金融合作等等，這些都與統獨意識型態無關，而與人民「除害興利」有關，深深值得共同重視！

尤其管子曾指出：「人主之大路，有人之途，治國之道也。」

做為領導人，應注意治國之道，在使人氣旺盛，成為很有人脈的大道。

如何才能人氣旺盛呢？首先就是，領導人要能為民「興利除害」，此中關鍵很值得深思！

所以，管子在〈五輔篇〉強調，「德有六興」：

「所謂六興者何？曰：辟田疇、利壇宅、修樹藝、勸士民、勉稼穡、修牆屋，此謂厚其生。」

另外他又指出：

「發伏利，輸墦積，修道途，便關市，慎將宿，此謂輸之以財。導水潦，利陂溝，決潘渚，潰泥滯，通鬱閉，慎津梁，此謂遺之以利。」然後他再進一步強調：

「薄徵斂，輕征賦，弛刑罰，赦罪戾，宥小過，此謂寬其政。養長老，慈幼孤，恤鰥寡，問疾病，弔禍喪，此謂匡其急。衣凍

寒，食飢渴，匡貧窶，振罷露，資乏絕，此謂振其窮。」

最後他做結論：「六者既布，則民之所欲，無不得矣！」

從上述內容，證明管子所說「民之所欲」，都是很切身的人民利益，尤其善於吸收天下各地資金，「使天下寶壹為我用」（〈地數〉）難怪能夠廣得民心，完成霸業。

因此，蕭公權稱讚管子所論理財之道，多達全書四分之一，頗多精義，「足為古代經濟思想之要籍」。[49]可說相當中肯。

史記齊太公世家也稱，「太公主國修政，因其俗，簡其禮；通商工之業，便負鹽之利，而人民多歸齊。」堪稱很公正的定論。

另外，人民切身感受之害，就是法令太多障礙，或已過時，這不但對經濟發展是大阻礙，對人民利益更是大破壞。所以應從修法與立法的根源著手，才能從根本為民除害興利。

根據管子以法治國的精神，真正要為民「除害」，便應先廢惡法，通過良法；雖說「惡法亦法」，但仍需儘早改革；所以英諺曾謂「惡法非法」，其中深意很值得領導人警惕！法哲馬里旦也曾在《人權和自由法》中強調，「不公平的法律便不是法律。」

尤其重要的，法律之前，人人平等；任何領導人，均應以身作則，守法守分，否則就屬罪加一等！唯有如此認識，才能樹立法律的權威性，也才能真正除害興利。

(五)國有四維

「禮、義、廉、恥」，可稱管子推行的公民教育，管仲的治國

---

[49] 蕭公權，《中國政治思想史》（臺北：聯經出版社），頁223。

之道，除了強調民生食衣住行等物質文明建設，同時也注意對公民的精神文明建設。

根據管仲，「禮，不逾節，則上位安」，如果大家都懂得守禮，人民就不會犯上「義，不自進」，人民如果曉得正當的規則，就不會自己去鑽營，也不會到處走後門、找門路，「民無巧詐」，因為有一定的規範可循。

另外，「廉，不蔽惡，則行自全」，人民若能不隱藏自己惡行，自然行為會非常端莊理性；「恥，不從枉，則邪事不生」代表不走歪路，邪事當然就不會發生。

所以先總統蔣公在抗戰時期，為了動員民心士氣，提倡「新生活運動」，具體內容就是「禮義廉恥」四字，後來各級學校也以此為共同校訓，可見他也很看重管子。事實證明，這種精神動員，對於抗戰的精神戰力，有很大的幫助。

由此可見，蔣公雖然提倡孔孟之道以及陽明學說，但對治國之道與公民教育，很多均從管子思想，發揚其現代意義。

另外，管仲在此所稱「國之四維」，很接近亞理士多德所稱「公民教育」。

亞里士多德曾經強調：

「在我們所曾講到的保全政體諸方法中，最重大的一端還是按照政體（憲法）的精神，實施公民教育；這一端也正是被當代各邦鎮普遍忽視的。」

他並進一步指出：

「即使是完善的法制，而且為全體公民所贊同，要是公民們的情操尚未經過教化陶冶，而符合於政體之基本精神……這終究是不

行的。」[50]

事實上，孟子曾說「徒法不足以自行」，一定要公民能有法治教育、守法習慣，與公民教養。管仲在此堪稱具備完整的配套治國措施，直到今日仍然值得重視。蔣公的「新生活運動」成功推動抗戰勝利，便是明顯例證。

所以他在〈君臣篇〉，曾經特別以此標準，界定有道之君與無道之君：

「有道之君，善明設法，而不以私防者也，

無道之君，既已設法，則捨法而行私者也。」

因此管仲強調，在上位者，應該更加自我警惕，一定要有「禮義廉恥」，否則，如果「捨法于私」，風氣一定更加敗壞！

紅衫軍在 2006 年，以「禮義廉恥」要求陳水扁下臺，創了臺灣民主史上，群眾自動聚集的空前人數記錄，結果扁不但未反省，反而「捨法于私」，相信必定失敗，形成歷史上最典型之例證！

所以管子明確強調：

「毋以私為惡害公正。」（〈桓公問芻〉）

另外，管子雖然被認為是「法家」，但他這個法家，卻很重「誠信」，這與韓非大不相同。

他曾經強調，「誠信者，天下之結也」；在他看來，能團結人心的關鍵，就在領導人很有誠信。

反之，如果領導人沒誠信，那無論有多少動人的口號，都不能凝聚人心，也不能促進團結，這在今天尤具啟發性。

---

[50] 亞里士多德，同[3]，頁 420。

管子所說「誠信」，還代表賞罰分明，必定守信；所以他說：

「用賞者貴誠，用刑者貴必。」[51]

另外，他並指出：「正法直度，罪殺不赦。殺僇必信，民畏而懼。」[52]

然後，他更提醒世人，既知是非善惡，便應明確用賞罰，肯定是非標舉，否則如果是非混淆，好的不能賞，壞的不能罰，那國家不可能治理。此即他說：

「言是而不能立，言非而不能廢；有功而不能賞，有罪而不能誅，若是而能治民者，未之有也。」（〈七法〉）

美國政治家漢密爾頓也曾強調：

「對法律觀念來說，主要是必須付有制裁手段。不守法，就要處以刑罰或懲罰。」

另外，漢密爾頓並曾進一步提醒：

「如果不守法而不受處罰，貌似法律決議或命令，事實上只不過是勸告和建議而已。」

這種崇法務實的精神，也正是管子重視的觀念。

此所以，管子也曾指出：

「賞罰不信，五年可破。」（〈八觀〉）

他並提醒世人：

「賞罰不信，民無廉恥。」

到韓非更強調：

---

[51] 管子，〈九守〉第五十五。
[52] 同上，〈版法〉第七。

「故明主必其誅也,是以賞莫如厚而信,使民利之;罰莫如一而固,使民知之。故明主賞罰不遷,行誅無赦,譽輔其賞,毀隨其罰,則賢不肖俱盡其力矣。」(〈五蠹〉)

然而,管子與韓非有所不同。韓非走向法術家,手段偏激,但管子仍有仁厚之風,碰到罪行無法決定時,仍然從寬處理。這就具有儒家在《尚書》「罪疑惟輕」,以及道家寬容慈惠的精神。

因為管子記得很清楚:「所謂仁義禮智者,皆出於法。」(〈任法〉)維護正義還要合乎仁心。

另外,管子在〈心術〉上也說明「道」與「義」、「禮」、「法」的關係。

「虛無無形謂之道,化育萬物謂之德;君臣、父子、人間之事謂之義;登降操讓,貴賤有等,親疏之體,謂之禮。簡物、小末一道,殺僇禁誅謂之禮。」(〈心術上〉)

根據管子上述,從「道」到義、禮、法,均為一脈相承的精神,因萬物乘「道」,生成之後,各有其理,在人間就稱「義」,制度化就是「禮」,統一確定賞罰就是「法」。

因此,本來「法」的功用,在於「決疑而明是非」,但如果遇有疑義,未能決疑而明者,心中便應遵循與追溯大道精神,亦即天地慈惠好生之德,從善意的仁心解讀,進而寬大認定,這才是正派的法律精神。

所以英諺也曾強調:

「一行為得為善惡兩可之解釋時,法律上寧採善之解釋。」

另外,羅馬法也強調:

「遇有疑義,以比較寬大而便利的推定為優先。」

再如法國也有法諺「善意常被推定。」

凡此種種，均與管子在此精神完全相通，今天在臺灣的情刑法「無罪推定」原則，與民法「善意推定」原則，均有此精神，深深值得領悟以及力行！

㈥和同聽令，上下一心

管仲曾經指出，不受法令管教的人民，如同繩子之外的牧民：

「不牧之民，繩之外也，繩之外誅。」（〈法法〉十六）

所以蕭公權稱「孔子以教為政，管子以教行法」。❸並說：

「儒家以個人道德之發展為政治最高理想，故其治術雖禮義與刑教兼用，而禮義為主。管子教育之目的，則不在個人道德發展之完成，而在人民之順服以事君國。」❹

然而蕭公權稱「管子又復有『順民』之說」，如此一來，管子既要君「順民」，又要民「順君」，到底何者為大，看似有矛盾。其實管子在那時代，最終仍以「尊君」為主。「順民」之說，其目的仍在為「政之所興」，以君為目的，「順民」只是方法，人民本身不是目的。這與孔孟「民本」、「民貴」以民為目的，明顯有所不同。

因此，為了維護君主尊嚴，一國只能一君，如果變成兩君，就不可治。管子指出：

「使天下兩天子，天下不可理也。一國而兩君，一國不可理

---

❸　同❹，頁220。

❹　薩孟武，《中國政治思想史》。

也。一家而兩父，一家不可理也。」（〈霸言〉二十三）

管仲又曾強調，眾臣之所以不敢違抗君上，並非特愛君主，而是因為害怕主人的威勢。人民也是同樣情形，並非因為愛主，而是因為害怕法令：

「群臣之不敢抗主者，非愛主也，以畏主之威勢也。百姓之多用，非以愛主也，以畏主之法令也。」（〈明法〉六十七）

所以管子提醒君主：

「生之教之，富之貧之，貴之賤之，此六者，主之所得者。」（〈任法〉四十五）

管子並進一步強調：「凡人君之所以為君者，勢也。」（〈法法〉十六），而且「人主之所以制臣下者威勢也。」（〈明法解〉）

他明確的指出：

「故人君失勢，則臣制之矣。勢在下，則君制于臣矣；勢在上，則臣制于君矣。」（〈法法〉十六）

凡此均可看出，管子仍以「尊君」為主，要求人民聽令。到了韓非，過份專制，終於產生很多副作用。

但管子很重視用人，他曾強調：「明主之治天下也，必用聖人，而後天下治。婦人之求夫家也，必用媒，而後家事成。故治天下而不用聖人，則天下乖亂而民不親也。」（〈形勢解〉六十四）

另外，他也公開提醒領導人：

「凡人君所以尊安者，賢佐也；佐賢，則君尊國安民治；無佐，則君卑國危民亂。」（〈明法解〉十六）

因此，明主要能「任其所長，不任其所短，故事無不成，而功無不立。」

另外，從荀子開始，就曾強調「得民之力者富」的道理，荀子在儒家中，傾向人性中有惡的因子，所以重視以「利民富民」為誘因，管子便很接近。此即荀子所說：

「用國者，得百姓之力者富，得百姓之死者強，得百姓之譽者榮。三得者具而天下歸之，三得者亡而天下去之。」（〈王霸〉）

就此而言，管子「利民」，仍是為了「尊君」，鞏固政權，人民仍然只是方法，並非目的。

因此，管子在用人方面，非常強調合群、服從，亦即團隊精神。

他曾特別指出：

「聖王之治人也，不貴其人博學也，欲其人之和同聽令也。」（〈法禁〉）

所以，在管子看來，個人學問是否淵博，並非重點，即使是博士，如果不合群、不服從，那反而是負擔：

「有國之君，苟不能同人心，一國威，齊士義，通上之治以為下法，則雖有廣地眾民，猶不能以為安也。」

管子曾舉武王伐紂為例；紂有億萬眾，卻是億萬心，離心離德，而武王只有千萬眾，卻能做到「唯一心」，同心同德，所以能夠伐紂成功！

因此管子曾說：

「先王善與民為一體，與民為一體，則是以國守國，以民守民也，然則民不便為非矣。」

管子所說重點，即全民都能守望助，與莊子所稱的「藏天下於天下」很能相通，也很符合今天民主法治的精神。

　　因為，只要真正民主，以民為主，人民便會自動保家衛國，維護社會治安，也自能遵守國家法令。因為他們深知，這個國是人民的國家，而非那個一人的國家，所以全民甘心共同挺身維護。

　　此亦亞里士多德所說：

　　「邦國雖有良法，人民如果不能遵循，仍然不能實現法治。」

　　另外管子又曾強調：「見必然之政，立必勝之罰。故民知所必就，而知所必去。」（〈七臣七主〉五十二）

　　然後他還進一步指出：「威不兩錯，正不二門，以法治國，則舉錯而已。」（〈明法〉）

　　「號令已出，又易之。禮義已行，又止之。度量已制，又遷之。刑法已錯，又移之；如是，則慶賞雖重，民不勸也。殺戮雖繁，民不畏也。」（〈法法〉十六）

　　亞里士多德也曾指出：「法律所以能見成效，全靠民眾服從；而遵守法律的習性，需經長期培養，如果輕易對這種法治，常常做這樣或那樣的廢改，民眾守法的習性必然消滅。」

　　因此管子提醒人們，「法」者「所以一民使天下也」（〈任法〉）而且：「不法法則事毋常，法不法則令不行。」如果不能建立法制，則事情沒常規，人民不守法，法律與命令均無法執行，自然形成紊亂。

　　根據管子法治理念，明確傾向「集體主義」（Collectivism），並否定個體的特殊性。任何不能合於群體的個人，就被視為異類；這當然對「個體性」（individuality），是項公然抹煞。若行之太過，就可能形成「集權主義」（totalitarianism）。

　　尤其，如果只有上位者根據私心，規定集體的法令，便會形成

獨裁的法西斯主義；因而到韓非子，便不幸走向獨裁專政的歧途。

然而，若是合理的法律，而且君主同樣守法，則可成為號召民心的重要因素。所以盧梭在《論人類不平等起源和基礎》指出：

「不論是我或任何人，都不能脫離法律的光榮束縛。」❺

盧梭因為法律來自共同約定，所以人人都樂於接受法律約束，「國內任何人都不能自以為居於法律之上。」

他並明確指出：「主治者的一切行為，都只能是根據法律。」

在管子的時代，雖然法源仍然來自君主，但他仍然強調：「君臣上下貴賤皆從法。」而且「不可為一人枉其法」。精神完全相通。

由此再看今天陳水扁很多的枉法行為，經常自居法律上，比二千年前的君主時代的管仲都不如，今後肯定會受歷史公評！

(七)有道之君，行法修制

管子曾經強調：「有道之君，行法修制，先民服也。」至今仍然很有啟發性。

換句話說，管子此處所說「有道之君」，就是「守法之君」，只要君主率先服從法律，民眾對法制就會遵從。反之，如果君主本身知法犯法，或知法玩法，則民眾也必上行下效，那法紀就蕩然無存！

所以管子強調，法令的權威性，建立在君王本身能遵守。若君主能夠遵守禁令，禁令對君主都能約束，那人民必能全體奉行：

---

❺ 盧梭，《社會契約論》（商務出版，1982 年），頁 51。

「禁勝於身，則令行於民也。」（〈法法篇〉）

另外，管子特別指出，法治絕不能有特權，如果統治者親人親信不能依法處罰，則法令不可能實行：

「凡令之行也，必待近者之勝也，而令乃行。故禁不勝於親貴，罰不行於便辟，法禁不誅於嚴重，而害於疏遠，慶賞不施於卑賤二三，而求令之必行，不可得也。」（〈重令〉十五）

管子並且提醒統治者，若拋開法制，強行私意下屬，也會引進私心，充作公道：

「為人上者，釋法而行私，則為人臣者援私以為公。」（〈君臣〉三十）

因此管子強調，一切必須依法行政：

「合於法則行，不合於法則止。」（〈明法〉六十七）

所以管子進一步指出：

「法令者，君臣所共立也。」（〈七臣七主〉）

既然法令是君臣共立，當然就應共同遵守，這與盧梭的《社會契約論》的精神，很能相通。

英國霍布斯（1855-1679）在其名著《利維坦》中，分析國家的本質，也強調，國家「就是一大群人相互訂定信約，每個人都對它的行為授權」，在此也能接近。（商，1985，頁132）

盧梭更曾強調，因為政府依法受託於民，所以統治者也是「法律的臣僕」，政府「除非以人民的名義，絕不能號令人民」。❺❻

明君「置法以自治，立儀以自正也。」只有明君，才能做到，

---

❺❻　同上，頁90。

用法律自治治人，絕不會只治人而不治己，因為只有如此，先以法自治，才能治人。

所以他公開強調：

「憲律制度必法道，號令必著明，賞罰必信密，此正民之經也。」（〈法法〉十六）

他並進一步指出，對不行憲，不從命者，要受最嚴厲的制裁：

「憲既布，有不行憲者，謂之不從命，罪死不赦。」（〈立政〉第四）

管子時代，當然還沒有現代的「憲政主義」（Constitutionalism），他們說的「憲」，也還並非現代民主國家的「憲法」概念，但他已經將「憲」視為根本大法，這是很進步的觀念，值得特別稱道。

事實上，今天中華民國憲法也明文規定，如果總統不能遵憲行憲，則應受「最嚴厲的制裁」。管子時代明白定為死刑，足證管子對於行憲守法的重視。

觀乎今天李扁均將憲法視同兒戲，並且公然踐踏憲法，實在還不如二千年前的管仲！管子能夠統一天下，並未動用軍隊，而是和平統一，主要也是因為他能厲行法治拿出必行，並且上下全體守法，因而民富國強，對今後兩岸也深具重大的啟發性！

所以管子強調：「憲律制度必法道，號令必著明，賞罰必信密，此正民之經也。」

另外，所以管子也曾強調：

「法者，天下之至道也，聖君之實用也。」（《管子・任法》）

這句話的前半段，說明有道之君，把「法」看成「天下之王

道」，也就是最能治理天下的法寶；往好處看，所以要根據仁心公義，「行法修制」，透過法律，弘揚仁道，維護公義。

但是無道之君，卻把「法」看成統治工具，透過司法機器折磨異己，恐嚇人民，一念之差，仁或不仁，就形成「道」與「無道」的最大差別！尤其，第二句話提出「法者，聖君之實用也。」司法系統在聖君（有道之君）手上，是維護正義的法寶，但在昏君庸君（無道之君）手上，卻也可以成為打壓異己的法寶！

所以，此處所稱「實用」安井衡稱原文為「寶用」，因為轉寫而有誤，但無論「實用」或「寶用」，意思都相通，主要仍在看統治者的心態，能否尊重司法獨立，還是強行干預大逞私欲！如果是前者，自為百姓之福，但若是後者，則是人民之福，危害國家最為嚴重！

尤其，眾所皆知，「司法」如同是否貞操，絕對不容懷疑，但若統治者是司法為政治鬥爭之工具，任意玩弄於股掌中，則將形成對國對民最大危害！

所以管子強調「一人之治亂在其心，一國之存亡在其主。」（七臣七主）而存亡的關鍵主要在其心術能否真正尊重司法！這種睿智與警惕，在司法常受干預的今天，實具莫大的啟發意義！

這正如同亞里士多德，在《政治學》中強調，法律「是不受主觀願望影響的理性」。其目的在促進「正義」和「善業」。因而絕對不能遭到外利或私欲干預。

英國法諺也曾指出：

「公平與善良乃法律之法律。」（That which is egnal and good is the law of law.）

　　由此可見，法律的核心價值，就是追尋「公平」與「善良」，不是要求公平公正，還要能夠秉承良知良能。

　　所以統治者與司法人員的良心，都是同樣重要，一旦失去良心，司法反而成為為虎作倀的幫凶！

　　如果統治者干預司法，司法人員甘於出賣人格，出賣司法獨立，最後結局必會導致民怨，並且引發人心不平，甚至社會動亂，這更違背了法律的最高目標。

　　英諺曾說：「人民之安寧，乃為最高法律。」（The safety of the people is the supreme law.）

　　「人民之安寧」在此可有兩解，一是身體上的安定，二是心靈上的安詳，如果司法不公，不能獨立，兩者都會喪失保障，國家社會自然更會動盪！

　　因此，「有道之君」在「行法修制」後，應該絕對尊重司法獨立是絕不從中干預，直到今日，仍有極大的重要性。

(八)法者，理也

　　管子曾經強調：「法出於禮。」「禮者謂有理也。」

　　英國也有諺語：「法理乃法律之精神。」（The reason of the law is the soul of the law.）於此完全相通。

　　這也如同中國諺語所說：「有理行遍天下，無理寸步難行。」

　　但是，如果君主不講道理，怎麼辦？

　　更如果，君主用政治權勢干涉司法審判，怎麼辦？

　　根據管仲，這是絕對不允許的，因為君主本身應該絕對守法、遵守道理；萬一君王本身不講理，身為司法人員，也應據理力爭。

管子當時就曾指出：

「**法者，天下之程式也，萬事之儀表也。**」（〈明法解〉第六十七）

因此，君主如果不守法，司法人員也應依法處理，絕不退縮。

管子兩千多年前，就有這種氣節，強調法是「天下」共同遵守的標準，即使君主也應尊重，不能有雙重標準，這種精神非常令人欽佩！

英諺曾說：「法律乃善良及公平之藝術。」（Law is the science of what is good and just.）

因此，如果君主領頭破壞法律，就是破壞不公平與善良，當然應該冒死反對！

民國 96 年 10 月 2 日，各報刊登司法院長翁岳生的退休感言，他以不點名批判的方式，感慨八年任內：「**有些人為達政治目的踐踏司法，有些部分逾越分際，使司法一再受到傷害！**」

因此，他說「**身在其位，痛苦萬分**」，甚至用「**椎心泣血**」形容，可見司法被踐踏到什麼程度！

翁岳生在八年任內，任由司法遭受政治踐踏，卻一直沉默以對，直到退休才敢略吐苦衷；令人感嘆，相形之下，中國歷史上很多司法人員勇於向君王力爭的，其中風骨氣節，至今仍然令人欽佩！

根據《史記·張釋之傳》，漢文帝時，有個盜墓賊進入宗廟，偷了一個玉環，文帝盛怒之下，想殺死該人與全部家族。

這時，廷尉張釋之立即加以勸阻，指出只要對該案人犯判死刑即可；然後強調，否則今後，如果有人侵犯更嚴重之罪，比如在帝

王墳墓上挖土，那在誅族之上，還能如何加重其刑呢？

　　文帝聽了很有道理，就照廷尉張釋之的建議判刑。

　　「廷尉」相當於今天司法院長；這段內容，正如同司法院長能勇於指出總統的不當，提醒領導人，應該按照法理上的「比例原則」判刑，不能因為領導人個人情緒，而影響理性與公平。

　　相形之下，今天只見在領導人羞辱司法、踐踏司法，完全不把其恩師翁岳生放在眼中，翁岳生也噤若寒蟬，令人更加敬佩中國古大臣捍衛司法的風骨與正氣！

　　另外，文帝某次出巡，有人違反天子出巡的禁止行人的規定，文帝交由張釋之發辦。張釋之依照法律規定，只判他罰金。

　　文帝盛怒之下，本來也不同意。張釋之就分析：

　　「法者，天子所與天下之公共也。今法如是，更重之，是法不信於民也。」

　　他並進一步強調：

　　「今既下廷尉，廷尉，天下之平也，一傾而天下用法皆為輕重，民安所措其手足？」

　　他冷靜的分析，法律規定如此，如果天子想要自己加重，「法」就無法取信於民。

　　他又指出，天子既然交付司法，司法屬於「天下之平」，應如秤桿，如果一旦傾斜，天下都將錯亂。

　　文帝冷靜考慮之後，不但沒生氣，反而稱讚：「廷尉當是也！」認為司法院長本當如此！這才像個司法院長！

　　從這段內容內，可以看出張釋之強調，依法判刑的重要性。即使文帝盛怒，也應客觀量刑，不能因為人而扭曲法律，否則「民安

所措其手足？」這正是管子同樣的精神！

　　另外，文帝在盛怒後，也能自我反省，認同「廷尉」本應如此，同樣也很值得肯定！證明漢文帝能夠從善如流，依理而行，凡事講道理、尊重法律，很有胸襟，果然能在歷史上形成「文景之治」的盛世。

　　在全世界的例證中，除了中國因為能夠執法公平，而達到盛世，在西方同樣也因為法治公平，而能達到興盛。

　　例如，英諺曾經強調：「法律顧及平衡。」（Law regards eguility）因為平衡就是公平正義的表現，基於理性，絕不偏頗，自然最能代表法治「如秤」精神。

　　例如，英國哲學家洛克（John Locke, 1632-1704）曾經在《政治論》中指出：

　　「理性，也就是自然法教導著有意尊崇理性的全人類。」❺❼

　　洛克認為法律來自理性，與管子精神完全相通。

　　此外，法國哲學家孟德斯鳩也同樣認為：

　　「法律，在它支配著地球上所有人民的場合，就是人類的理性。」

　　他並曾進一步指出：

　　「每個國家的政治法規和民事法規，應該只是把這種人類理性通用於不同的情況。」❺❽

　　可見他們與管子所稱，「法出於理」，凡事應講道理，均能完

---

❺❼　John Lock，同❸❸，第 6 節。

❺❽　孟德斯鳩，頁 6。

全相通！

洛克也曾指出，自然法正是「理性與公道的規則」⑲同樣在此理念一致。孟德斯鳩，在《論法的精神》中，更從整體最廣泛的意義論述「法」：

「從最廣泛的意義來說，就是由事物的本質產生出來的必然關係。在這個意義上，一切存在物都有他們的法。」⑳

然後他進一步指出：

「上帝有祂的法；物質世界有它的法；高於人類的「智靈們」有祂們的法；獸類有牠們的法；人類有他們的法。」

孟德斯鳩在此肯定，上帝與「智靈們」的存在，並認為其中都有法；另外他說，天下一切萬物也都有法，均是由萬物本質產生出來的必然關係，代表也來自於內在的理則與法則，與管子所說也完全相通！

除此之外，法國盧梭也在《論人類不平等的起源和基礎》，明確中指出：

「法的觀念，尤其是自然法的觀念，顯然就是關於人的本性的觀念。」㉑

他並進一步認為「人類天生是善良的」㉒因此他指出，要說「自然法完全以理性為根據」，還是不夠，因為自然裡「還有一個更堅實、更穩固的基礎，由自發而產生對他人的愛，是人類正義的

---

⑲　同㉝，第 8 節。

⑳　孟德斯鳩，同㉒，頁 1。

㉑　盧梭，同㊺，頁 64。

㉒　盧梭，同㊺，頁 39。

本源。」⑥⑧

所以他強調，「法」，還代表正義的伸張。這與管子所說，也完全相通：

「正之，服之、勝之、飾之、必嚴其令，而民則之，曰政。」

（〈正第〉四十三）

根據管子精神，政也是「正」，除了人品端正，也代表公平正義。政府要能維護公平正義，這是政治理想，但其方法，就必須透過法律；這種精神，無論英美法或大陸法，都能完全相通，身值得重視與力行！。

㈨治國三器：號令、斧鉞、祿賞

管子認為治國之器有三：

「非號令毋以死下，非斧鉞毋以威眾，非祿賞毋以勸民。」

這段內容，即使在今天，都很有啟發性。

因為，沒有號令，就無法驅使部屬；沒有斧鉞，就無法鎮懾民眾；沒有祿賞，就無法激勵百姓，這的確是很務實的觀察。

這正如同西方所說「紅蘿蔔跟棍子」的理論，只不西方強調的是兩種方法，管子則是三種。

紅蘿蔔是獎賞人民；棍子則是懲罰人民。一個是拖力，一個是拉力；一個在前面引誘，一個在後面打擊。

可是管子強調，另外還有一個，就是超乎這兩者之前與之上的，稱之「號令」。

---

⑥⑧　盧梭，同㊌，頁 39。

這個「號令」，平常是中性的，任何人只要遵守，就能相安無事，但如果不遵守，就開始用紅蘿蔔跟棍子。根據管子，這種超然而中性的法令，就是「法」的根本精神。

另外，管仲更進一步分析，治國之方除了「三器」，還有「六攻」。兩者需要並論。

「三器」，是建設的力量，「六攻」是破壞的力量。「六攻」包括「親也」，因為親人最會讓領導人心軟手軟，破壞公平；另外「貴也」，就是貴人，也會讓領導人有私心。

還有「貨也」，是指被人收買，領導人因而動搖；「色也」，是指有人色誘；「巧佞也」，是指巧言令色、逢迎拍馬；「玩好也」，是引誘領導人去玩樂。

管子認為這六種情形，都會破壞治國的三器。

所以，管子特別強調：

「不為六者變更號令，不為六者疑錯斧鉞，不為六者益損祿賞！」

他堅定的主張，一定要能依法行政，依法治國；該怎麼辦，就怎麼辦；不能因為皇親國戚就不辦，不能因為私人情誼就不辦；更不能因為賄賂引誘就不辦。

經國先生領導的時代，政風非常清明，因為他在行政院長任內，就曾嚴辦親人貪污。那時發生一個弊案，人事行政局局長王正誼涉及貪污，他是經國先生的表親。但經國先生尊重司法判決，絕不關說，結果照判無期徒刑！不但重辦而且速辦，結果就沒有人再敢貪污！

經國先生這種作風，也正是管子的作風！難怪經國先生生前最

喜歡管仲！

當然，在管子心目中，人民仍是君主「牧民」的對象；從好處看，人民是被照顧的對象，但從民主政治看，人民只是被統治的客體，還並非主權在民的主體；管子那時，還未論及人民的天賦權利，也未論及人民本身就是目的，今後自應更進一步的現代化，與世界接軌。

相形之下，現代民主政治哲學，從人民的主體性，與天賦人權自由分析政治，便很有啟發性。

例如，德國大哲康德曾說：

「人，是主體，他有能力承擔加於他的行為。因此，道德的人格不是別的，他是受道德、法則約束的一個理性人的自由。」[64]

另外，康德又強調：

「不能把你自己僅僅做為別人使用的手段；對他們來說，別人像自己同樣，是一個目的。」

因此，根據康德，人本身是目的，「一個人絕對不應僅僅做為一種手段，去達到他人的目的。」[65]

這正是「民主」政治，與「民粹」政治，最大的不同！

民主，是真正的以民為主；民粹，則是以民為客，統治者才是主。民主，是把人民當作目的；民粹，則是把人民當作政客野心的手段。

在民粹政治中，納粹希特勒就是典型例證；他利用國家各種機

---

[64] 康德，引自《西洋政治思想史》，頁 157。

[65] 康德，引自《西洋政治思想史》，頁 157。

器，製造族群分裂、煽動人民仇恨；人民只淪為他滿足野心的手段。人民只成工具，不是目的。

這就區分了真正的民主與民粹；「民粹」利用「人民」為幌子，但骨子裡仍然是獨裁，人民只被一人朦騙，只被一人驅使與利用；這哪裡是以民為主？

另外，國家為什麼能夠治？為什麼有時亂？管子認為，所謂「治國者」，就是君主之道，要很公正，法律嚴明，政治清明，「主道得以彌也」。

另外，所謂「亂國者」，就是詐術權謀，開始盛行，作臣子重心機，私心盛行；明君此時，就要特別留心「治亂之原」。

所以管子強調：

「君之所審者三：一曰德不當其位；二曰功不當其祿；三曰能不當其官；此三本者，治亂之原也。」

然後他再指出：

「故國有德義未明於朝者，則不可加以尊位；功力未見於國者，則不可授以重祿；臨事不信於民者，則不可使任大官。」
（〈立政〉第四）

除此之外，管子並曾強調「威不兩措，政不二門」。也就是說，一國之內不能有兩種政令，不能出現二君，用今天的話來講，就是沒有「雙首長制」！

所以，真正能夠運作成功的憲政，要不就是總統制（如美國），要不就是內閣制（如英國），就是不能有「雙首長制」！

中華民國憲法，如今被改成所謂「雙首長制」，只成為替「帝制」做障眼法，必須及早回歸憲法精神，才是長治久安的正途。

因為，中華民國憲法，至今仍然明文規定，國家最高行政機關是行政院，然而目前明顯徒具虛文，成為「有責無權」。反之，總統卻是擁有各種大權而無責，成為現代「帝制」。

通常看一個憲法，到底是什麼制，所以有兩個重要的標準。

第一，最高權力機關是什麼？如果規定是總統府，那就是「總統制」；如果規定是行政院，那就是「內閣制」。

第二，是哪一個機關向國會（立法院）負責？如果是總統府，就是「總統制」，總統有權，但也有責。如果是行政院，則是「內閣制」，內閣有權，但也有責。

中華民國憲法 53 條仍然明確規定，「行政院為國家最高權力機構」，57 條規定，行政院對並向立法院負責，足證是責任內閣制。從前因為動員戡亂時期，才有臨時條約，擴增總統職權，但那是非常的情況，如今已經廢除動員戡亂時期，自應回歸憲法才行。怎能對於總統職權非但不減，反而更加擴大，並且無法監督？

由此可見，李登輝與民進黨共同修憲毀憲之後，總統掌握大權卻無需任何負責，才是形成今天各種亂象的亂源！

這正如同管仲所講，「君權」太盛，卻無監督，才造成各種亂象！

陳水扁更誣指這憲法是「烏魯木齊」憲法（臺語，意指亂七八糟），如果真正如此當初為何成為修憲共犯？陳水扁當時附和李登輝的修憲決定，人數才會超過四分之三，把「權責相符」的原則，全部破壞！這才形成今天政局各種亂象，以及與貪腐橫行，歸根結柢，臺灣民主憲政的罪人，自應首推李扁二人！

管子很早就曾強調一句名言：「以法治國，則舉措而一」。

　　這是中國歷史上最早的一句話，強調要能「以法治國」，並且指出法律就是一致性的、是唯一、也是統一的標準，所以絕不能有雙重標準，更不能因人而異！

　　但李扁統治臺灣近二十年，卻經常出現雙重標準，法律更經常為其政治私心服務。今後歷史也會記載，始作俑者不只是民主憲政的罪人，也是破壞法治的罪人！

㈩權者，神聖所資

　　管仲是很務實的政治家，他曉得人性中很多有權力慾，所以很明白的講出來，「權力」就是神聖的資源：「夫權者，神聖所資也。」

　　因此他也指出，這就是「君」的重要性：「予之在君，奪之在君；貧之在君，富之在君。」（〈國蓄〉七十三）

　　為什麼人民看君主，覺得很神聖呢？因為君主手上有權力，有了權力；就變成什麼都很偉大。

　　所以管子指出：

　　「人臣之行理奉命者，非以愛主也，且以就利而避害也。百官之奉法無姦者，非以愛主也，欲以受爵祿而避刑罰也。」（〈明法解〉六十七）

　　另外他也強調，人主有六項大權：生殺大權、富貧大權、以及貴賤大權（〈法法〉）：

　　「君臣之會六者，謂之謀。」（〈法法〉）很多君臣就靠這六種關係維繫。

　　管子很清楚，也很務實，因為領導人手中握生殺大權，並握經

濟大權、以及升遷大權，才令很多人臣服，並且對其效忠。因為「人主操此六者以畜其臣，人臣亦望此六者以事其君」。

用今天的話來說，就是領導人擁有司法權、財政權以及人事權；並且掌管賞罰、經費以及人事，所以可以駕馭百官，以及控制人民。

當然，管仲這段內容，主要在為「牧民」，為了團結全民意志，統一全國，以完成霸業。權力此時只是成為工具，並非目的；他並非為權力而權力，更非為私心而權力，而是為人民而權力，為統一大業而權力；權力為民所用，也為振興國家所用。

然而，中外古今歷史證明，很多人卻因權力慾薰心，為了爭權而不擇手段，並且把權力當春藥，結果上癮之後，便成為毒藥。不但沒有為國為民，反而自私自利；這就形成很多暴君，造成很多現實政治的黑暗手段！

另外，管子對領導人也提醒：「獨明者，是天下之利器也」，代表只有君主能掌握情報，擁有各種訊息，特別是機密訊息，因而可以充分掌握臣民與敵人的動態。

用今天的話說，就是只有君主才能只有君主才能透過情報資訊，掌握各種動態，這是最厲害的利器。

所以早在管子時代，就已知道，這是「獨家」、「獨門」、「獨步」的絕學，總結成為「獨斷」的情資來源。因此他說，除「獨明」還要「獨斷」，那是「微密之營壘也」，並且說「此二者聖人之所別也」。

當然，這也容易成為監控臣民的獨裁手段，明君不能不慎！在民主時代，尤應遵循法治規範才行。

　　另外，齊桓公曾經問管仲，憑他條件能不能夠統一天下？管仲說：可以。齊桓公說「寡人有疾」，就是「好貨」，喜歡很多金銀財寶。

　　管仲回答，這個問題不大，跟領導人的要件不相干。

　　然後齊桓公又講，還有毛病，「好色」，喜歡女色；另外又還「喜歡土地」。但管仲都說，沒有關係。

　　管子這段，跟孟子見梁惠王的對話，有部分相通之處。

　　梁惠王當時講，他有各種毛病，孟子都說沒有關係，只要「行仁政」就好，這是孟子的答案。

　　管子的答案，同樣也說沒有關係，但他不是講行仁政，而是提了兩個要件。

　　這兩個要件不是孟子說的「仁」跟「義」，管子是從領導學提出領導人要有兩個成功要件：第一，要能「獨明」，具有正確的判斷力，然後要能「獨斷」，要有果敢的決斷力！

　　換句話講，根據管子的政治哲學，任何領袖人才，只要有這兩項要件，就可以勝利成功！

　　換句話說，當別人昏庸無法作判斷時，領導人能正確判斷，這就是「獨明」；當別人猶豫做不了決定時，領導人斷然能決定，這就是「獨斷」。兩者缺一而不可，要能兼備，才是真正成功的領導人！

　　所以管仲強調，身為領導人，有其他毛病關係不大，即使愛財寶、愛女色、愛土地，都沒關係，只要能夠「獨明」、「獨斷」！

　　從反面說，領導人不能做出錯誤判斷，也不能夠優柔寡斷。

　　否則，錯誤的決策，比貪污更可怕；遲來的決策，貽誤時機，

也會造成更大的損害！

當然在民主國家，上述這些毛病也不能到違法程度；管仲在此是要突顯一個重點：領導人必須兼具「判斷力」與「決斷力」，這在今天很有重大的啟發性！

四、管子政治哲學在歷代成功的例證

管子政治哲學，成功的為齊桓公九合諸侯，統一天下，證明他結合法家與儒家的治國方略，經過實際的經驗，的確能夠振衰起弊，振興國運！

事實上，管子政治哲學，不但振興了當時齊國，後代聖君名臣中，凡能運用管子政治哲學的朝代，均能成功的開創盛世，反之，則均會走向衰微危亡，此中歷史啟發，深深值得重視！

今天，從歷代《名臣奏表》可以證明，管仲很多治國之道，深具現代意義，很值得警惕與力行。

中國早在《尚書·五子歌》，就曾提到「民惟邦本，本固邦寧」，成為儒家的中心思想，也成為管子思想的根源。

所以管子在〈小匡〉中說：「士農工商四民者，國之石民也」，認為這四民，是國家的基石。

另外在〈霸形篇〉，齊桓公與管子對於霸業有段對話，也很有啟發性。

管子對齊桓公說：「君若將欲霸主舉大事手？則必從其本事矣。」

桓公曰：「敢問何謂基本？」

管子對曰：

「齊國百姓，公之本也。人甚憂饑，而稅斂重；人甚懼死，而刑政險；人甚傷勞，而上舉事不時。公輕其稅斂，則人不懷饑，緩其刑政，則人不懼死；舉事以時，則人不傷勞。」

從管子這段話，很可看出他的政治哲學，很人性化，也很生活化，能夠深入民間心理，扣緊民間需要，完全以民為本。

漢代賈誼也曾強調，民為國之本，為君之本，還是官吏之本！

他在〈新書大政上〉說：

「聞之於政也，民無不為本也。國以為本，君以為本，吏以為本。故國之民為安危，君以民為威侮，吏以民為貴賤，此之謂無不為本也。」

賈誼並對愚民政策的領導人，提出重要的警訊：

「故夫士民者，國家之所樹而諸侯之本也，不可輕也。嗚呼！輕本不祥，實為身殃。戒之哉，戒之哉！」

同時他也指出：

「夫民者，萬世之本也，不可欺。凡居於上位者，簡士苦民者，是謂愚；敬士憂民者，是謂智。」（〈新書大政上〉）

凡此種種，足以證明，中華文化歷來都是「民本位」，而不是「官本位」；領導人若心中為民，為民照顧、為民設想，便均能真正得到民心，國家就能興盛！

此亦管子〈牧民〉所說，「凡有牧民者」的道理，「務在四時，守在倉廩」，均為人民著想。

另外，管子又曾強調：

「自古於今，與民為仇者，有遲有速，而民必勝之。」

這就代表，領導人必須永遠與民眾在一起，如果成為對立面的敵人，那遲早會被人民推翻！

唐玄宗時，「救時宰相」姚崇原先被貶到同州（今陝西省大荔縣）刺史，玄宗親自看他，問他如何振興國運？他回應了著名的《十事要說》，列舉中宗以來應該反省的衰微原因，並一一說明如何解決問題❻❻，即使今天，仍然深具啟發作用。

姚崇所說的十事內容，結合了儒家與法家，可說是對管仲政治哲學的最佳詮釋；後來玄宗欣然完全接納，果然成為盛唐「開元之治」成功的重要原因。

這十事是什麼呢？

第一、先用仁義：因為從前朝政淪於嚴刑峻法，所以應該重新「聖政先仁義」。

第二、不求邊功：因為從前朝政貪功而失敗，所以應先務本，不求近功。

第三、宦官不能干預公事：因為從前「喉舌之任，均出閹人之口」，以致朝廷大亂，所以應加禁止。

第四、國親外戚不得任官：因為從前很多外戚干政亂紀，導致法制混亂，所以應予改革。

第五、法辦佞幸之士：因為從前充斥馬屁精，犯法都能倖免，所以今後應予糾正。

第六、防止鉅額禮金：因為從前豪強貴戚，「貢獻求媚」，政風因而敗壞，所以應予改革。

---

❻❻　姚崇，〈十事要說〉，《名臣奏表》，頁318。

第七、防止奢靡豪宅：因為從前宮廷，「皆費鉅百萬，耗盡生靈」，影響純樸民風，所以應該「止絕建造」。

第八、防止藐視大臣：因為從前不能尊重大臣，很多正直風骨之士不願任官，應予改進。

第九、容忍諫臣直言：因為從前直言都會獲罪，「由是諫臣三跪」，所以應容忍諫臣。

第十、吸收歷史教訓：因為從漢代到唐代，都有第一家庭違法亂紀，所以應該公開列入史冊，「永為啟警」，警示後人！

姚崇這十項建言，也是他答應上任宰相的十項條件，因為姚崇有勇氣，玄宗也有胸襟，所以共同勵精圖治，國運為之大盛，形成了著名的「開元」之治。

只可惜，玄宗在姚崇過世後（開元九年，公元 721），逐漸因為寵愛楊貴妃，荒廢政事，加上後來宦官外戚干政，自己違反了這十條，終至政局沉淪，引起「安史之亂」。此中盛衰之間，原因極為明顯，後人怎能不警惕呢？

玄宗對於上述十事，因為深為贊同，所以可以振興國運，到近代毛澤東，生前也曾批註圈點，成功運用。**❻⑦**

另外，管子很注重農業的重要性，並以此代表財政富裕，若能「國多財，則遠者來」。至今在中國仍很有重要性。

並曾進一步又說：「地辟舉，則民留處」，代表土地開墾的成功，人民就會留在該地。「倉廩實，則知禮節；衣食足，則知榮辱」。只要農民富裕，屯墾成功，就能治國成功！

---

❻⑦ 同上，頁 5。

中國大陸在十七全後，全面取消農民賦稅，被公認是胡溫體制照顧農民的重要政策，本質也是很能得民心的重要措施。

蘇格拉底曾經強調：「沒有經過反省的生活，是不值得活的」。同樣情形，「沒有經過反省的政策，是不值得支持的」，「沒有反省能力的政黨，是不值得支持的」，「沒有反省能力的領導人，是不會成功的」！

管子曾經強調，領導者要反省三個興衰之道，深值警惕，振興國運的原則：

第一，「越不當其位」，如果一個人的德行，跟他的官位不相稱，品行有問題、卻還給他高位，這是不行的！

第二，「功不當其祿」，如果一個人拿很多的薪水，可是功績卻不相當，形成尸位素餐，或者政治酬庸，這也不行！

第三，「能不當其官」，如果一個人官位很高，但能力卻不足，只有地方經驗，胸襟格局均不足任大官、做大事，便不能委以中央重任！

管子以這「三本」，做為治亂之源，也是治國根本，深深值得今日很多領導人重視。

西漢時，趙充國著名的《三上屯田書》，是給漢宣帝的奏折（公元前 60 年），對於西漢羌部力主屯田政策，他強調「以民為本」、「明德除害」為特色，後來果然成功，成為歷史佳話。❻❽

另外，管子還曾經指出，安邦、治國各有要領。

他指出四個穩固安邦固國之道，稱之「安危之本」，是那四個

---

❻❽　同上，頁 155。

呢？

第一、「大德不致，人不可以授國柄」：如果沒有仁德，就不能給國之權柄，不能給太大的權力。

第二、「見賢不能讓，不可與君位」：如果忌妒別人的能力，見到賢能之人，不能禮讓，很會排擠別人，對於這種人，也不可以給官位。

第三、「罰避親貴，不可使主兵」：對於用兵，指揮官應該絕對，軍令如山，公私分明；如果有人私心太重，不罰自己親人貴人，就不能給他兵權。

第四、「不好農事，不務地令，而不可予都邑」。如果不喜歡農業生產，不喜歡土地開發，又不注重稅收，就不能夠叫這種人去管理財政。

另外管子強調：「富國」有五事。即使減免賦稅，也都不比這重要。因為這五件事，是務本之道，是建設性方法，深值重視。

第一、「山者不救之火，草木付之塵，國之貧也」。也就是說，如果山林無法防止火災，國家就會貧窮，這代表要能注重國土安全，以及保護環境。

第二、「溝堵不遂於陰，髒水不暗於藏」。也就是說，如果溝渠不能暢通灌溉，河堤水壩不能防洪，國家也會貧窮。這代表要能通水利、修水壩。

第三、「菶麻不植於野，五穀不遺其地」。也就是說，所有的紡織與五穀，如果不能夠適時適地種植，國家會貧窮。

第四、「六畜不役於家」。一般的家畜，如果沒有好好讓它成長，瓜瓠、葷菜、水果不能盛產，國家也會貧窮。

第五、「工事技於刻鏤，女士繁於文章」。如果工事重注刻雕蟲小技，女性只忙於寫文章，國家也會貧窮。這因管子當時，仍然重男輕女，認為女性應該多做訪視女紅，因為時代侷限，對女性不公平，今天自應改進。

管子上述內容，簡單的講，上述內容，強調森林使用、水利水壩，植麻五穀六畜、蔬菜水果，還有女紅等，都要能夠充分的發展。也就是很重視是物質生活建議。

然而，除此之外，管子也曾注重文化和精神生活層次，放在，「國有四維」、禮、義、廉、恥。

從管子看來，真正的文化建設，不是文學工作而已，文化建設是「國有四維，禮義廉恥」，這才能夠建立社會核心價值。

所以綜合而論，管子非常注重經濟建設與基層建設，然後同時強調「國之四維」的文化建設。即使今天，仍然深值重視！

今後展望中國未來的民主大道，從管子的政治哲學，也可以發現很多的重要啟發。

美國著名的中國學家，哥倫比亞大學教授黎安友（Andrew J. Nathan）曾經有兩本中國問題著作，廣受世界重視，一為《中國之民主》，一為《中國危機的出路》，都很懂得深思。

他在《中國之民主》中，評論「梁啟超與中國民主傳統」，提到梁啟超 1903 年訪問美國的心得，對美國民主很失望：「深嘆共和政體，實不如君主立憲者之流弊少，而運用靈也。」⑥⑨

另外，梁氏更痛心的，還有在美國的華僑；他本來以為，由於

---

⑥⑨　Andrew J. Nathan, p.91.

華僑經濟情況較好，教育水平較高，而且享有自由，應比國內人民更進步，未料似乎把民族性中的缺失，都帶到了美國。他並且舉出四大具體缺點：**❼**

「一曰有民族資格而無市民資格，二曰有林落思想而無國家思想；三曰只能受專制，不能享自由，四曰無高尚之目的。」

其中最嚴重的缺點，梁啟超他認為就是：「如果有機會在自由國家重新組織的話，他們便顯出政治上非常無能。」

梁啟超因為親眼觀察，認為華僑社區的組織，若不由少數人獨斷獨行，就會事事爭論不休，所以高度懷疑「以若此，國民而欲與之行合議制度，能耶、否耶？」，並且感慨「以若此之國民，而欲與之行選舉制度，能耶、否耶？」

換句話說，民主制度兩大指標——「合議制度」（即國會制度）與「選舉制度」，在梁啟超看來，都很擔心：在中國能否真正執行？

因此，梁啟超很憂心忡忡的指出：

「如果海外華僑尚且不能實行民主，國內人民又如何能夠做到？」

梁啟超這種憂心，並非全無道理；因為海外有些僑團，至今仍然經常內鬨，彼此攻訐，難以團結。即使號稱民主化的臺灣，在議會也經常打架，成為國際笑柄；有關選舉，除了黑金問題，還有各種作弊問題；真正瞭解這些情形之後，的確令人憂心。

從梁啟超看來，他因為擔心民主在中國無法生根，所以開始期

---

❼　同上，頁91。

待管仲與商鞅式的法家,或英國的克林威爾等英雄能出現,雷厲風行,鍛鍊民性,否則「吾今若採多數政體,是無異於自殺其國也。」⓰

　　他當時很沉痛的強調:自由民主、共和立憲,並非不美,但卻仍不適合中國:

　　「自由云,立憲云,共和云,如冬之葛,如夏之裘,美非不美,其如於我不適何!吾今其毋眩空華,吾今其勿圓好夢。」⓱

　　在梁啟超看來,民主憲政只是「空華好夢」,不切實際,所以他悲觀的結論:

　　「一言以蔽之,則今日中國國民,只可以受專制,不可以享自由。」⓲

　　然後,他並指出:

　　「吾祝吾禱,吾謳吾思,吾惟祝禱謳思我國得如管子、商君、來喀瓦士、克林威爾其人者生於今日,雷厲風行,以鐵以火,陶冶鍛鍊吾國民二十年、三十年乃至五十年,夫然後與之讀盧梭之書,夫然後與之談華盛頓之事。」

　　梁啟超這段沉痛而悲觀的論調,寫於 1903 年 10 月,是在孫中山先生領導辛亥革命之前。他心中想到的,是中國人民還在渾沌混亂之中掙扎,不知何去何從;即使在舊金山,也只看到早期華人移民,悲慘求生的一面,所以有此灰心論調,可以理解。

⓰　同上,頁 92。
⓱　同上,頁 92。
⓲　同上,頁 92。

　　但是，若以梁啟超上述年限為計，他說「二十年、三十年乃至五十年後」，中國人民才可以談盧梭、談華盛頓；然而，即使五十年後，到了 1953 年，不幸的事實是，國共經過抗日戰爭，又再內戰，當時仍在兄弟鬩牆！哪有餘暇建立民主？

　　其後，兩岸分立至今，中共歷經「三反、五反」、「總路線」、「人民公社」等整風運動，甚至 1966 年起，還有長達 10 年的文革大浩劫！怎能有空奢談自由民主？

　　在港臺的情形，香港仍為殖民地，雖有自由空氣，卻無民主制度；臺灣雖有民主形式，但也受反共戒嚴政策的限制，都沒有充分開出民主憲政。中國現代化的民主道路，的確崎嶇、坎坷、而又辛苦！

　　按照孫中山先生規劃，「軍政」以後在「訓政」時期，就應該普及教育，提高民智；到了「憲政」，便應「還政於民」，貫徹主權在民的民主精神。

　　中國國民黨雖然在 1949 年後，在臺灣因「動員戡亂時期」，另定臨時條款，縮減了人民權利與自由範圍，但在 1987 年，經國先生解嚴後，開放各種報禁黨禁，擴大國會選舉，在形式上，終於大體回歸了完整的民主制度。

　　李登輝在 1988 年接任之後，卻又因為私心太重，企圖快速集權，而與黑金勢力結合，並以省籍意識號召，形成「黑金政治」與「臺獨路線」，導致選風敗壞，族群分裂，民主精神更加沈淪！

　　到了民進黨執政，更因憲法監督機制已被破壞，導致高層貪腐不斷，臺獨路線更以意識型態掛帥，企圖轉移人民不滿，而經常走偏鋒，搞鬥爭，形成「文革」一般的黑暗時代！

在這八年，民進黨口稱人權立國，真相是利用司法折磨，滿口自由民主，真相實為綠色恐怖，更加令人感嘆萬分！今後必須人民覺悟，才能早日撥亂反正。

梁啟超在《管子傳》中，曾經明確認為：

「當代議制度未興之前，非重君王權威，不足以圖富強之計。」

仍而時至今日，畢竟兩岸都已肯定民主共和的大方向，梁啟超當年主張「君主立憲」之說，早已時過境遷，君主專制也早被孫中山推翻，歷史不可能倒轉，時光更不可能回流！

因此，今後重要的是，展望未來，「民主憲政」如何能夠真正在中國土地上落實？如何在兩岸，都能真正力行，不再視之形同具文？

就此而言，管仲的法家精神及其「治道」，若能配合現代化的民主憲政，就能將儒家的民本基礎，轉化成為「政道」，成為真正「人民有權，政府有能」。

這正如同孫中山先生所主張：「權能區分」，只要「政道」與「治道」能夠各盡其責，民權與民意能充分發揮功能，議會制度與選舉制度也能理性推行，相信中國民主大道，今後仍然充滿光明前程！

第六章　韓非子的政治哲學

在中國政治哲學內，韓非子思想可算極為罕見的異類。

究其原因，主要有三：

一是因為，中國政治哲學多數贊成「性善」，或至少人性向善，但是韓非卻傾向性惡，或至少人性向惡。

二是因為，中國政治哲學多數主張「德治」，或至少正派治國，但是韓非卻傾向「術治」，主張權謀治國。

三是因為，中國政治哲學多數強調「王道」，或至少「民本」，但韓非卻明白主張「霸道」以及「君本」，人民只成工具。

為什麼韓非，會有如此另類的思想呢？

主要因為他身為韓國公子，而韓國為弱小之國，受盡列強欺負壓迫，所以他在恨鐵不成鋼、激憤之餘，深盼快速稱霸，並且因為看盡世態炎涼、人情冷暖，所以對人性缺乏信任。

歷史經驗顯示，中國很多盛世，因為秉承「民本」仁心，行「德治」、「王道」而成功，但在亂世之中，卻也有些，因為行霸術，而能在短暫期間強大。

最典型的例子，便是秦王與李斯，用了韓非的權術治國，果然在短期內併吞六國，完成統一霸業。

然而，這種霸術，卻正如同飲鴆止渴，雖然能滿足一時，但卻

貽害無窮，絕不可能維持長久！

所以，客觀歷史也證明，秦王因為操弄霸術過甚，結果物極必反，偌大帝國，在二世就及身而亡，形成鮮明例證！因此中國歷代興亡，仍然印證一個真理：「得民心者強，失民心者亡」，而且，「行王道者長命，行霸道者短命」！

本文字旨，即在評論韓非政治哲學的利弊，及其現代啟發，並從正反兩面，分析其可借鏡之處。

一、歷史定位與評論

韓非生於約公元前 280 年，卒於前 233 年，享年才 47 歲，可稱英年早逝，而且死於非命，如同商鞅作法自斃，令人有「玩火自焚」的感慨。

韓非曾為荀子學生，李斯則為其同學。他因痛心韓國積弱，屢次進言都不被用，感嘆「所善非所用，所用非所善」，「廉直之士，不容於邪極之臣」；所以寫出〈孤憤〉、〈五蠹〉、〈內外儲〉、〈說林〉、〈說難〉等著作，極力倡言尊君、集權、專制，以及權謀治國之術；為求快速稱霸，對於可能影響人權自由與人性，寧可拋棄不顧。

秦王讀了他著作之後，起初非常欣賞，甚至認為若能見面，「死不恨矣」；然而，等到韓非拜見之後，李斯卻從中進讒言，認為韓非若是回韓，必成秦國大患，進而說動秦王，竟將韓非賜死。韓非遂成為自食惡果的權術犧牲品。

這也令人感嘆，李斯為了爭權奪利，竟可以起心動念，殺害自

己好同學；證明現實政治的黑暗，有時足可泯滅人性。

　　秦王後來運用韓非霸術學說，加上李斯的執行，終於併吞六國，稱霸一時，卻也形成空前暴政，造成生靈塗炭的更大悲劇。結果二世即亡，證明霸術畢竟不能長久。李斯後來也同樣死於非命，證明人生報應，天網恢恢，疏而不漏！

　　所以熊十力先生，曾批評韓非為「霸術之宗」，很有見地。他稱其只為「法術家」，因為「法莫如顯，而術不欲見」；若真正以「法」治國，必須將法公諸各地，但若以「術」駕御大臣，自然不能示人，必須隱密才行。

　　熊十力先生稱，韓非強調「人主必善持法術」，所以認為韓非「全書所竭力闡明者，究在於術。」❶可稱一針見血之論。

　　試看韓非本身論點，就很清楚：

　　「霸王者，人主之大利也。人主挾大利以聽治，故其任官者當能，其賞罰無私，使士民明焉盡力致死，則功伐可立而爵祿可致。爵祿致，而富貴之業成矣。」（〈六反〉）

　　另外他又指出：

　　「富貴者，人臣之大利也。人臣挾大利以從事，故其行危至死，其力盡而不望。此謂君不仁，臣不忠，則可以霸王矣。」（〈六反〉）

　　正因韓非極端走偏鋒，寧可「君不仁，臣不忠」，也要稱霸，成為典型的「為達目的，不擇手段」，足證他對於「法」與「術」，已到沈迷的地步。

---

❶　熊十力，《韓非子評論》（臺北：臺灣學生書局，1984 年），頁 3。

　　所以，韓非為達到霸業，在〈難三〉明白強調：「人主之大物，非法則術也。」

　　熊先生因而指出：

　　「通觀韓非者，對君主制度無半言攻難；對君權，不唯無限制，且尊其權，極於無上。而以法術兩大物，唯人主得操之。」

　　他又分析：

　　「人主持無上之權，操法術以統御天下。將使天下之眾如豕羊然，隨其鞭策之所及，而為進止。人民皆無自由，何自主之有？」❷

　　因此，熊先生指出，法術、霸術思想，中外古今都難免有，但不可以太過分，否則國家必亡：

　　「然重國輕民，要不可太甚。太甚，則民質被剝，而國無與立。」❸

　　另外，熊先生的評論很有見地：

　　「韓非直以國家為驅策人民，用致富強，以伸張于域外，而逞侵略雄圖之工具。從來霸者為術皆如此，今之列強尤甚。故由彼言國家者，不祥物也。侵略者之利刃也。」❹

　　相形之下，儒家精神看整個國家，是一個充滿文化理想的園地，絕對不是一人一姓之私，這才是真正可大可久之道。熊先生在此看法非常的中肯：

　　「吾先聖，則以國家為一文化團體，此意義甚深廣大。非深究

---

❷　同上，頁5。

❸　同上，頁7。

❹　同上，頁101。

於六經四子者，無可與語也。非超越世俗之慮，而懷人道之憂，又深達天人之故者，亦不可與談勝義，嗚乎微矣！」❺

另外，熊先生並曾引史記〈秦始皇本記〉，證明秦政用韓非之說，流弊甚遠。他稱：

「秦以後，中國遂無學術、無思想。雖韓非呂政之遺毒，而漢以來經師、文士之鄙陋，亦不可道也，言之醜也，哀哉！」❻

熊先生在此，因為痛切，憤慨之情，溢於言表；固然其心情可以理解，但是若說春秋至今，中國「全無學術」、「全無思想」，話也似乎太過。

因為，如此一來，則置佛學經典於何處？又置宋明儒學於何處？或置中國科技發展、詩詞藝術於何處？由此可見，熊先生在此論點未免過激。

然而，韓非強調用「術」，成為千古霸術的始祖，的確流毒深遠，至今仍然貽害後人，不能不加以分析與批評。

例如，韓非一方面稱：

「法者，編著之圖籍，設之於官府，而布之於百姓者也。」（〈難三〉）

這是他公開在檯面上的方法，稱之為「法」。

但另一方面，韓非卻又稱：

「術者，藏之於胸中，以偶眾端，而潛御群臣者也。」（〈難三〉）

---

❺　同上，頁 101-102。

❻　同上，頁 105。

　　換言之，他強調，「術」乃是君王控制大臣與百姓的秘密武器，藉此才能讓大臣不敢輕舉妄動。

　　所以他假借「聖人」之名，強調：「人主誠明於聖人之術，足以左右近習之臣，知偽詐之不可以得安也。」（〈姦劫弒臣〉）

　　甚至韓非還強調，一定要排除異議人士，根除反對意見，才能「徹底禁奸」，而其手段，更為專橫：

　　「禁奸之法，太上禁其心，其次禁其言，其次禁其事。」（〈說難〉）

　　所謂「禁其心」，就是箝制心靈思想；「禁其言」，就是箝制言論自由；「禁其事」，就是禁止集會、出版，新聞等具體事由，明顯淪為近代的法西斯主義、白色恐怖、與綠色恐怖等統治。

　　羅斯福總統曾稱人有四大自由，其中一條，強調人應有「免於恐懼的自由」，唯有保障人民，免於恐怖統治；全力伸張人權自由，才是真正的人道王道，的確語重心長。

　　所以，熊先生也曾以儒家立場批評：

　　「民為邦本，尚書經之明訓，千古不可易也。」❼

　　他並根據歷史教訓，明確的強調：「秦行韓非之說，雖併六國，然亦後六國十五年而自亡矣。」

　　熊先生在此，明白指出，秦朝行韓非主張，雖能併吞六國，但也維持不久，在六國亡後十五年也亡了，說明以力服人、以術治國，終究不得人心，不能長久！

　　他並認為，領導人如果對霸術審慎使用，不要太過分，那麼，

---

❼　同上，頁 105。

在激烈競爭的衰世亂世，也還有其用處，但若操弄過度，以致人民失去自由，則必敗亡，後患也會無窮：

「故霸術用之審，而無過甚，則當競爭之世，此其良圖也。用之而過，至人民無自由，則後禍不堪言。」❽

熊十力撰寫此篇論文，正當中共席捲大陸之後，開始傾向秦政韓非之說，所以有此感慨。

後來歷史證明，中共「重國輕民」過份時，即開始激起民怨，到了文革，人民更加悲慘，哀鴻遍野；直到四人幫被捕，中共才承認錯誤，開始改革開放，提倡思想解放，這才逐漸起死回生。

如今，中國大陸社會雖然仍有很多問題，但因政策開始強調「以民為本」、「以德治國」、「以法治國」，並且能回歸中華文化，所以國力快速成長，活力明顯復甦，足證熊先生遠見之正確。

熊先生當時擔憂，「虞商周含茹之天下，至秦斬喪，而一切無餘，中夏族類自此弗振，念此不能不寒心」。

他很關心中華民族的生命興衰，憂時之情，躍然紙上；後來中共文革「批孔揚秦」，並用「破四舊」摧毀中華文化，成為中共自己所說「中華民族有史以來最大浩劫」，足見熊先生並非多慮。

幸虧四人幫垮臺後，鄧小平復出，力倡改革開放，如今更明確提倡儒家，並在世界廣設近兩百所「孔子學院」，民族生機才能重新振作。然而，這種凶險風浪，對民族生命的斲喪實在太大，實應永遠讓後代子孫警惕才行！

尤其，如今中共已經認清文革的錯誤，撥亂反正，但諷刺的

---

❽　同上，頁7。

是，臺灣卻因臺獨執政，企圖分裂中華民族，反而也進入文革的黑暗時代，很多手法都極雷同！

例如──

1.中共當初以「階級鬥爭」進行奪權，現在臺獨則用「省籍鬥爭」鞏固政權；文革時強調「階級意識一抓就靈」，現在臺獨則認為「省籍意識一抓就靈」！

2.中共文革時，製造很多冤假錯案，並用「扣帽子、抓辮子、打棍子」為手段；臺獨也用同樣手段，稱反對人士為「中共同路人」，不斷用抹黑、抹紅、抹黃等方式誣陷，並用司法迫害。

3.中共文革時強調「無產階級」對「資產階級」的鬥爭，亦為「反對資本主義復辟」的鬥爭。臺獨則稱為「本土政權」對「外來政權」的鬥爭，亦為「反對外來政權復辟」的鬥爭。

4.中共文革時強調，凡事都要「一分為二」，臺獨同樣「一分為二」，製造族群分裂，並且利用族群仇恨，不斷鬥爭；後來，文革造成大陸經濟停頓，民生困苦，臺獨同樣造成經濟停滯。

5.中共文革時期，只要「紅」，不要「專」，用意識型態掛帥，篡改歷史，破壞古跡；臺獨政權同樣只要「綠」，不要「專」，並且利用「教改」、「正名」等藉口，篡改歷史，破壞兩蔣文物古蹟。

6.中共文革如同秦朝統治，形成「紅色恐怖」，甚至利用子女鬥爭父親，泯滅人性；臺獨政權也用「綠色恐怖」扭曲人性，如利用施明德女兒鬥爭父親，並利用情治與司法機器折磨異己。

然而，歷史經驗告訴人們，暴政畢竟不可能長久，文革十年之後，「四人幫」終究失敗，臺獨「去中國化」的政策，終究也會失

敗，因為「毀德反智」的愚民暴政，畢竟不能長久！

　　所以，熊十力先生批評韓非：「毀德、反智，而一以尚力為主」，的確非常中肯。

　　另外，他並曾分析：

　　「所謂去偓王之仁，息子貢之仁，循徐魯之力，此三語者，是韓非思想之根荄。」

　　然後他強調，韓非的根本問題所在：

　　「其一切知見，一切論證，一切主張，一切作風，皆自毀德、反智，而一歸於暴力之大根荄之出發。」

　　最後熊先生指出，韓非著作，因為碰到秦始皇才能真正執行，形成霸業；但是「流毒甚遠」❾，「使無秦皇其人，則韓非之書，恐亦徒托空言耳。」

　　這種「韓秦」結合，近乎「馬列」結合，如果馬克思沒有碰到列寧執行，恐怕也是徒托空言。廿世紀對此併稱「馬列主義」。同樣情形，秦朝能統一天下，形成霸業，也應併稱「秦韓思想」才算更中肯。

　　熊先生並曾用孔子的三達德，做為比較研究：

　　「三達德，同體而異其方面。故曰，智仁勇，無可孤修其一，而捨其二也。剛健創新而無退屈曰勇；渾然與天地萬物同體曰仁。大明不息，周通萬物曰智；三德一體也，人性之正也。」❿

　　然後他批評韓非：

---

❾　同上，頁 104。
❿　同上，頁 15-16。

「去仁，息智，而獨彊其力，則暴力而已矣，反人性也。」

因此他感嘆指出：

「韓非學於儒，而卒毀儒，其亦不善變矣。」

熊先生並分析：「韓子雄奇哉，惜其思想誤入歧途，致啟秦政暴力，遺害天下萬世。使其無逞偏見，而深究儒術，則經世之略，當有為孟荀所不逮者。」

熊先生這種評論，很能追溯韓非的思想根源，並且分析他可惜誤入歧途，走向偏鋒與極端，以致貽害無窮；否則以其雄才大略，若能走上正道，從人性光明面，振興中華，甚至可能做到孟荀所不及的功業，很有其見地。

就此而言，管仲綜合儒家與法家，強調「富國強兵」，但並未誤入歧途，終能統一中國、抵抗外族，連孔子都稱讚，即為明顯例證。

另外，蕭公權也曾比較儒家，對韓非提出批評：

「儒家以民為政治的目的，以道為生活之標準。」

然後他強調：

「臣民順從與否，以君主之有道與否為條件。韓子之尊君則與此大異。其勢治之說，不問君主之勢為如何，而責臣民以無條件之服從，於是君主本身成為政治上最後之目的、唯一之標準，而勢治亦成為君主專治最合邏輯之理論。」[11]

換句話說，儒家以道建國、以德治國，但韓非只論勢，完全不論道德，只論權勢。蕭公權稱此「劃道德於政治領域之外，而建立含有近代意味純政治之政治哲學。無論其內容是否正確，其歷史上

---

[11] 蕭公權，《中國政治思想史》（臺北：聯經出版），頁247。

地位則甚重要。」⑫

然而，「近代意味」的政治哲學，仍然注重道德，蕭公權在此論點，似乎以偏概全。

另外，蕭公權進一步稱韓非「不僅劃道德政治範圍之外，且認為道德與政治需要根本上互不相容」⑬，則相當中肯。

韓非這種思想與儒家相反，認為政治可以不顧道德，甚至不顧人性，這正是很多人認為「政治很可怕」的主因。故應加以改革，才能脫胎換骨，唾棄現實政治，迎向理想政治。

例如柏拉圖便呼籲，應將現實政治，提昇到理想政治境地，認為這才是人民之幸；此中深意，直在今天仍有很大的啟發性。

另外，蕭公權曾經引述韓非所說：

「民智之不可用，猶嬰兒之心也。」而且，「禹利天下，子產存鄭，皆以受謗，夫民智之不足用亦明矣。」（〈顯學〉）

蕭公權據此指出：

「人性之涼薄愚蒙如此，則非仁恩德教之所能化，而專制君威，誠唯一治民之術矣。」⑭

蕭公權在此，只引用韓非，並未加以批評，其實「禹利天下」，以及「子產存鄭」，仍然得到多數人民肯定，並能得到歷史好評；並不像韓非所說，行善反而受謗，所以「民智不足用」。

換句話說，任何領導人在任何時代，都可能「受謗」，但從長

---

⑫ 同上，頁247。

⑬ 同上，頁247。

⑭ 同上，頁249。

遠來看，人民自有公評，歷史自有公論，不能只因一時「受謗」而
認為「民智不可用」。

當然，更不能以此厚誣「人性涼薄愚蒙」，尤其不能以此推出
「尊君抑民」的根據；韓非在此前提謬誤，而且以偏蓋全，明顯不
足為訓。

簡要而論，韓非的政治哲學，在中國歷史上，有其特色與影
響，但也有其後遺症，應該分別加以討論。

所謂有特色，是因為中國哲學家，對人性論幾乎均持「性善
論」或「情善論」，即使荀子也只是講情為惡，人性仍為中性，但
到了韓非，則明白認為人性本惡，可稱中國哲學的異類。

然而，民主政治的人性論，很多的確建築在人性本惡上，認為
權力必定讓人腐化，絕對權力使人腐化；所以必須監督制衡，因而
建立行政、立法與司法三權分立的機制，仍有其重要性。

儒家本於性善論，以人治與德治為主，寄望聖君賢相，並以內
聖為外王基礎，其理想性很可欽佩；但對殘酷的現實政治，有時的
確只有無奈與悲憤，所以也應多吸取現代民主的經驗才行。

牟宗三先生分析中國與「政」道與「治」道，曾指出以往君主
時代，對「政道」無法安排，亦即對於政權來源與轉移，未曾建立
制度，只有靠打天下或世襲。

對此弱點，到了現代民主憲政，才建立民主選舉的程序正義。
以往在儒家，還能用抗議精神與御史風骨監督，但到韓非子，對君
權既無限制更無監督，反而助其集權，自然容易淪於暴政。

然而另一方面，從「治」道來看，韓非對於如何駕馭大臣，仍
有其完整的方法論；尤其對於君主如何防範蒙蔽、防止架空、防範

陰謀，很有完整的論述，對於宮廷鬥爭與權力鬥爭的權術，也都詳盡分析，甚至鉅細靡遺，倒有一定的啟發性。

因為，心術不正的君王，對此可能視若至寶；但心術光明正大的君王，同樣可做「知己知彼」之用。，若從「害人之心不可有，防人之心不可無」來看，也有一定的參考功用。

另外，從現代民主政治來看，法家的管仲，很可補儒家之不足；但是從人性論來看，韓非太偏重人性的陰暗面，可能走向極端，固然可供參考，但其中也有副作用。

因為，韓非不相信人性，所以重視制度與防弊，這對儒家也是警惕。但流弊也在此，若對人性毫無信心，君臣就會淪於勾心鬥角，永無寧日；加上韓非根本致命傷為「尊君集權」，所有制度均為一人所用，民主政治自然更難建立。

其實，韓非也並未明白斷言，人性必然為惡，他也很重視環境影響；所以他強調，如果人民生活窮困，連親兄弟都很難相讓，但若生活富裕，則對路人也可能請客。

此即韓非所說：

「饑歲之春，幼弟不饟；穰歲之秋，疏客必食；非疏骨肉愛過客也，多少之實異也。」（〈五蠹〉）

換句話說，他在此處強調「多少之實異也」，代表人的本心，並無明顯本惡，主要受外在條件影響。嚴格說來，這也如荀子所說，並非「人性本惡論」；要明瞭這點，便知韓非起初，也並未走極端，但到秦王、李斯，才更走入偏鋒。

尤其，現實政治之中很多情形，如同叢林法則，弱肉強食；在國際政治中更加清楚，形勢比人強，非常現實勢利；在貧窮的社會

或衰微的世代，人性也的確很現實勢利。

　　所以，韓非的現實主義思想，若從激勵人心、奮發圖強去看，則仍有其值得重視的一面；只是不能憤世嫉俗，過份走向極端，那樣破壞中庸之道，自然無法可大可久。

二、比較研究

　　蕭公權比喻，韓非如同義大利馬其維利的《君主論》（On Prince），因為馬其維利也是提出速成的統一霸術，兩者確有相通之處。

　　尤其，兩人均生長在危弱之國——韓非生於弱韓，馬氏則生於弱勢威尼斯，因而都急於成就霸業，振衰起蔽，這對對很多意圖奮發圖強的君主，當然心有戚戚焉。

　　只不過，凡事過猶不及，統治者如果太強調霸術權謀，終必失去民心，如果太剝削人權自由，也終必引起反彈，這已是現代世界的必然道理。

　　換句話說，韓非與馬氏學說，對所有野心家，都有不可抗拒的致命吸引力，但都不能太過。韓非堪稱中國先哲唯一講霸術、擅法術、重權勢的思想家，所以無論贊成或反對他，都需先研究他。

　　尤其，若要超越韓非的流弊——只重霸道不重王道，只重權術不重仁政，只重尊君不重民本，更要徹底分析批評與比較研究，才能免於流毒為害。

　　例如，韓非重視「術」、重視「權」、重視「勢」，他認為為了保有權勢，必須用術，所以他指出：「用術，則親愛近習莫得聞

也。」可見他極重視陰沉的權術，雖對親近群臣，也強調保密。

馬氏同樣主張，君主應兼有「獅子之猛」與「狐狸之狡」，代表重視權勢與謀略，缺一而不可。

扼要來說，馬氏三項特色，和韓非很相近，且其論述方法，常引史實故事為佐證，也與韓非相似，兩人極具比較研究的價值。

第一，兩人均傾向「性惡論」。

韓非為荀子學生，更明顯主張人性傾向於惡，認為人性本為自私自利。所以他在〈姦劫弒臣〉中說：「夫安利者就之，危害者去之，此人之情也。」

他又曾說：

「醫善吮人之傷，含人之血，非骨肉之親也，利所加也。輿人成輿，則欲人之富貴；匠人成棺，則欲人之夭死也；非輿人仁，而匠人賊也；人不貴，則輿不售；人不死，則棺不買；情非憎人也，利在人之死也。」（〈備內〉）

韓非指出，賣棺材的老板總希望自己生意好，而不在乎他人的悲苦；造馬車的老板也希望自己生意好，所以希望大家都升官，兩者並不是誰的心好心壞，而是自私自利之故。

馬氏《君王論》中同樣認為：

「一般人都是奸巧利作、忘恩負義，貪婪怯懦的。當你成功時，他什麼東西都願奉獻給你，甚至於他們的生命、財產，他們的子孫，也願意給你，以討你的歡心。一旦你失敗了，他們便忘卻前些忠心耿耿而來背叛你了。」❻

---

❻　《君王論》（廣西師範大學出版，2002 年），頁 1。

可見兩人都從世態炎涼中，推論人性本惡。他們固然也並非無見，但是畢竟以偏蓋全；事實上，五步之內，仍有芳草，不能以部分人士的勢力眼，概括解釋為全部的人性。

否則，人間就不會有「患難見真情」、「時窮節乃見」等忠義氣節的人士出現；文天祥說的正氣歌，儒家所稱「德不孤，必有鄰」「五步之內，必有芳草」，仍有其真實性。

第二，兩人均為忠君思想，擁護成君主專政。

馬氏甚至認為，「君主須以保全國家生命為目的，凡能保全國家生存的，任何手段都是光榮的、值得讚美。」

因此，兩人均將「尊君」、「鞏固君權」無限上綱，並且忽視人權自由。韓非也認同君為貴、民為輕，與孟子正好相反。

在今天來講，就是逢迎上意，強調「鞏固領導中心」，並將「國家安全」無線上綱，以此打壓異己，迫害忠良，並換取自己的榮華富貴。

無論君主或民主時代，都不缺乏這種馬屁精，都很令人不恥，也都難逃歷史罵名！

然而，這些畢竟也只是部分，無論君王或民主時代，都有人權鬥士與自由勇士，〈正氣歌〉所舉的例證，都是可敬可佩的真人真事；所以不能對此忽略，形成以偏蓋全。

第三，是兩人都強調權謀策略。

熊先生在此所說非常中肯：

「以騙詐為事，人類其可久乎？」❶⑥

---

❶⑥　同❶。

然後他扼要分析：

「聖人非不知人性雖善、而亦有心為形役之患，易流於惡也。故德教為本矣，必輔之以刑威，匡其失，予其改過，非劫之以供吾鞭策也。」❶

換句話說，熊先生在此認為，人性向善乃人之常道，堪稱「人性向善論」，與孟子稱「人性本善」略有不同。

他指出，聖人也很明白，人姓受到慾望或外界引誘，難免有些會流於惡，所以才強調道德教育，若仍不及，便輔之以刑威。

然而，聖人絕不會用性惡看一切人性，更不會利用人性某些弱點，作為自己驅使鞭策的工具，最後導致泯滅人性。

所以他強調：「人類畢竟有常道，向善其常也，為惡其變也。」他更提醒領導人：「人生不可無自由，獨裁切忌過甚，恐毀萬物之性也。」⓲

他也感嘆：

「古之言治道者，儒家其至矣。韓者中之聖人、非吾儒之所謂聖人也明矣。」（同上）

也就是說，熊先生批評韓非，冒用「聖人」之名，與儒家所說「聖人」，完全不能相提並論。

所以熊先生在此評論很重要：

「通觀韓非之書，隨處將人作壞物看。如防蛇蠍，如備虎狼。雖夫婦父子，皆不足信；卷五，備內篇曰，人主之患，在於信人，

---

❶　同上，頁 67-68。
⓲　同上，頁 68。

信人則制於人。」⑲

　　根據韓非講法，夫婦父子都會相互猜忌，君臣之間更是無法開誠布公，這與孔子所說儒家完全相反，事實證明，畢竟不能長久。

　　另外，西方政治學家曼斯菲德評論馬氏，也有很多值得比較研究之處，只是其中也頗多誤解。

　　例如，曼斯菲德稱：「馬基雅維利的《君主論》是迄今最著名的政治學論著；能夠與之匹敵是柏拉圖的《理想國》。」⑳

　　然而，《理想國》為理想政治的代表，《君主論》卻是現實政治的代表作，一個境界在天上，一個境界在地下，其本質與氣質完全不同。

　　當然，若從正常中道來論，兩者皆是極端，柏拉圖太理想主義，馬氏太過現實主義；相形之下，儒家屬於中庸之道，堪稱：「現實的理想主義」（realistic idealism）或「理想的現實主義」（idealistic realism），才能真正適用，並能可大可久。

　　在曼斯菲德心目中，認為《君主論》「是一部最有名的政治學論著，但是我們不能不馬上糾正說，它也是一部名聲最臭的書。」㉑

　　因為，尋求霸道權術的君王，對這種論調，心中都會狂喜一如秦始皇便是如此，並且暗中力行，但又害怕敵人也會運用，所以秦王先殺韓非，就是例證。馬氏在義大利命運，也很接近。

　　曼氏對此很中肯的指出，馬氏該著「因其臭名而有名，因為它

---

⑲　同上，頁 16。
⑳　馬其維利，《君王論》，序（中譯引自廣西師範大學出版本，2002 年）。
㉑　同上，頁 9。

發揚了此後，一直被稱為『馬基雅唯利主義』的這種政治哲學。」
亦即為達到目的而不擇手段，韓非在此也很相近。

曼氏並分析，這種政治哲學的精髓，就是：「你可作惡而逍遙
法外，即你不會遭到天譴，靈魂不會墮落，良心也不會受到譴
責。」❷

因而，這就形成很多暴君、昏君精神上的避風港，也形成很多
小人「爛招」、「奧步」、「賤招」的擋箭牌，甚至形成很多壞人
做壞事，都認為無所謂的藉口。

究其原因，馬氏是一種「以成敗論英雄」的政治哲學，「成者
為王，敗者為寇」，因而為了成功，可以不惜一切卑劣手段，韓氏
於此也很相近。

此即曼氏所稱：

「你要是保護得成功，甚至都不會背上謀殺的罪名，因為『每
當他們有機會，都會這樣做，並且教人們讚揚，至少不會受到指
責』（第三章），只有失敗者才是罪人，留下臭名。」

所以曼氏指出：

「馬基維利及馬基維利主義的政治學有名（或者說臭名），就甘
心情願冒著遺留臭名的危險。」

他並引述馬氏所稱：「人們對於父親的死亡記不住，但對家庭
財產的喪失卻是刻骨銘心。」以此指出，人性私心重於親情。

另外，馬氏也說，君王必須利用人的獸性，亦即對孟子所說
「人之所異於禽獸者幾希」，馬氏不顧「幾希」，卻將「禽獸」的

---

❷　同上，頁9。

部份，充分擴大。

他具體的例證，便是認為君主，同時要有獅子的狠毒，與狐狸的狡猾。因為：

「單是獅子不能提防陷阱，單是狐狸又不能抵禦惡狼；所以君主應該像狐狸，能夠識破圈套，又應該像獅子，讓狼聞風喪膽。」㉓

他更進一步說：「人的本性都是惡的，人們不會對你忠誠，因此你也不必對他們恪守信義。」他甚至說：「君主要粉飾他的失信行為，合適的理由也多的是。」

因此，馬氏曾經清楚的以當時的宗教領袖，教皇亞歷山大六世，做為例證：

「教皇亞歷山大六世除了欺騙之外，什麼事都不做，除此之外，什麼都不想，而且總能找到這樣做之正當理由。」㉔

這正如同李登輝批評民進黨：「執政七年以來，只會騙人」。而且眾所皆知，總能硬拗詭辯，「總能找到這樣做之正當理由」。

所以馬氏指出：

「行為最像狐狸之人，就最容易獲得成功，但是君主必須熟知怎樣去粉飾這種天性，要非常會包裝打扮。」㉕

就此而言，民進黨與陳水扁，同樣很符合這種作風。

馬氏更曾指出，「君王為了維持他的國家，常常不得不言而無信，心狠手辣，背棄信仰。」㉖

㉓　同上，頁72。
㉔　同上，頁72。
㉕　同上，頁72。
㉖　同上，頁72。

　　然後他進一步分析，君王必須「隨時準備見風轉舵，而且若有可能，不要放棄行善，但若有必要，也知道去作惡。」❷⑦這就足以解釋為什麼很多領導人，可以「變變變」，甚至「騙騙騙」，但仍臉不紅、氣不喘。

　　這些領導人，並不是為了自己國家，只是為了自己權位，卻能「言而無信」、「心狠手辣」，經常「作惡」！

　　由此可見，如果馬氏這論調盛行，一國之內將會成為「上下交相騙」，國際之間，也會成為毫無信義的叢林蠻荒，所有穩定和平、公平正義，均將蕩然無存！

　　尤其馬氏指出：

　　「人們的理念也非常簡單，而且只顧及眼前的需要，所以君主總能得到讓他矇騙的人。」❷⑧

　　這充分證明了，為什麼總有部分人士，甘心受騙上當，甚至終身不解！

　　勝雅律博士在《智謀新典》中，曾經引述《新約》馬太福音，指出耶穌提醒世人，一方面「像鴿子一樣溫柔」，另一方面同時要「像蛇一樣機警」。❷⑨

　　聖經中這比喻，因為屬於正當防衛，類似中國所說「害人之心不可有，防人之心不可無」。所以仍能讓人接受；與馬氏所說的「獅子與狐狸」侵略性不同。

---

❷⑦　同上，頁 72。

❷⑧　同上，頁 72。

❷⑨　聖雅律，《智謀新典》，頁 457。

但在文革時期，毛澤東曾經從武漢寫信給江青，信中比喻自己身上有點「虎氣」，有點「猴氣」，前者為主，後著次之。這種「虎與猴」的結合，類似「獅與狐狸」的結合，只是稍微溫和而已。

毛的生平，沒有證據顯示他看過馬氏的論著，因而在此，可說殊途同歸，不約而同；以毛熟讀中國線裝書的風格，他對韓非學說以及歷代的宮廷鬥爭史，應該非常熟悉。

尤其，毛在文革「批孔揚秦」，對秦始皇高度肯定，自然代表認同秦政以及韓非的作法，包括焚書坑儒、偶語棄市等等，在文革時都可看到現代版的推行。

另外，馬氏還曾指出：

「君主可以裝作憐憫心，誠實可靠，有人情味，甚至自律，篤信宗教。」

但是，馬氏也指出，當情勢不允許他這樣為人處世時，君主要「能夠並知道怎樣按相反的品質行事。」

他甚至告誡新君王，「不可老老實實做一個正直的人！」❸⓿

這在韓非，則很相通：「上古競於道德，中世逐於智謀，當今爭於氣力。」（《韓非·五蠹》）

實際上，「爭於氣力」的現象，非但古今皆然，而且中外皆然，這就是「叢林法則」。

英國邱吉爾曾說：「怕熱，就不要進廚房。」就是指如果怕鬥爭，就不要搞政治，因為叢林法就是如此！

---

❸⓿ 同❶⑨，頁 73。

列寧也曾指出:「打獵,就不要怕狼咬」,均與韓非可說有異曲同工之妙。

重要的是,在叢林中,如何既能保護自己,又能戰勝敵人?

韓非在此提供了重要的經驗與心得。因此在他學說中,沒有空談道德,沒有高談理想,也沒有任何倫理,而是在現實政治中,如何爭權成功?如何奪利致勝?一言以蔽之,就是如何在叢林中攻敵制勝,無論有多血腥,也都在所不惜!

所以,馬氏對於「殘酷手段」,也公開肯定其必要性:

「應該記住,占領者在攻佔一個國家時,必須採取各種必要的殘酷手段,而且要一次全部實施,決不可天天重複實施,做到不去翻新殘酷手段,而且使人們安心,還要施與恩惠來籠絡人心。」❸❶

然後,馬氏進一步指出:

「所有的惡行,一定要一下子幹掉,人們嘗到苦頭的時間很短,就會覺得苦少些,而善事則要漸漸地做,人們才覺得甜。」

馬氏在此對攻佔其他國家的正當性,並未置一辭,但是專門教導君王,如何攻佔之後,先殘酷的鎮壓人民,再用恩威並重手段長期攻佔;此中既抹煞了正當性,也抹煞了人性,明顯不可能長久,也不可能得到民心。

但臺灣的政情,卻與此很相近,聯合報社論(民 96.7.18)曾經深刻的指出:「近來有極多的專家學者警告指出,臺灣的民主憲政與政黨政治,已有文革化及納粹運動化的傾向。」

該文並分析:

---

❸❶　同❶❾,頁 73。

「民主選舉與文革及納粹運動的根本不同之處，即在文革否定了他人作為『國民』的平等權利，納粹運動則甚至否定他人作為『人』的權利。」

然後該文指出，「臺灣的政治危機」已近乎此，民進黨對於看不順眼的人就說不是臺灣人，甚至稱為「中國豬」，進而否定是「人」！與你競選，就說你是「外來政權」；不肯行憲守憲，就說憲法是「烏魯木齊憲法」；無能治理國家，就否定中華民國，而揚言另建臺灣共和國；自己把臺灣撕扯得四分五裂，卻說臺灣不是一個正常的國家！

尤其，中共文革時即擅長用二分法，將敵我粗糙的分成「資產階級／無產階級」，順我者為革命，逆我者為反革命，順我者生，逆我者亡！臺獨鬥爭手法，與此也完全相同！

這正是懷海德（A.N. Whitehead）早就批評的「惡性二分法」（vicious bifurcation），以及「簡單定位法」（simple location）；如此亂貼標籤，只為了政治鬥爭，那有公平正義？怎能長治久安？

尤其，目前在臺灣，「省籍鬥爭」已被挑起，如同「階級鬥爭」一般嚴重，所以該文分析相當中肯：

「如今所謂『臺灣人／非臺灣人』的區分標準，根本不在種族與血緣的差異，而完全是一種政治標籤。」

「民進黨批發的政治標籤，無非支持臺獨，就是臺灣人，支持民進黨就是臺灣人，不支持就不是。

支持貪腐的陳水扁，就是臺灣人；不支持就不是。支持謝長廷選總統，就是臺灣人，支持馬英九就不是臺灣人，就是中共同路人，就是賣臺集團。」

此中操弄手法，堪稱混淆視聽，莫此為甚！

然而，臺獨人士當政之後，挾其「權」與「勢」，利用這種「權術」（臺灣本土稱之「奧步」，即「爛招」、「賤招」之意），製造綠色恐怖，掩飾貪腐與無能，其心態及風格，與秦政幾乎大同小異，堪稱韓非子的現代版！

只不過，即使韓非，也並沒有忘本，並沒有數典忘祖，更不可能否認自己是韓人！

更何況，秦政固然行霸政，但也從未否定自己是中國人，它的特色，在於統一中國，而非分裂中國；就此而言，臺獨就更加背叛了民族大義，更會永留歷史罵名！

三、韓非政治哲學特色

韓非政治哲學的特色，可以扼要論述如後，本段即從比較政治哲學角度分析，並以《君王論》與哈佛教授羅埃斯《正義論》相互對照評論。

㈠尊君抑民

韓非主張，對「君」要能獨尊，對「民」則應威鎮，明顯是「尊君抑民論」，與孔孟「民貴論」不同，與老子「以百姓心為心」也不同。

他認為，君主「獨制四海之內」，因此，臣子均應追隨服從：

「臣毋或作威，毋或作利，從王之指；無或作惡，從王之路。」（〈有度〉）

　　法家雖然強調「法治」，看似與儒家「人治」有所不同，但因其法源仍來自君主，並且主張尊君；所以歸根結柢，仍然是種「人治」；更因其尊君，不像儒家貴民，所以反而把司法看成控制人民的工具，目的與現代民主法治剛好相反。

　　雖然蕭公權說的也對：「法家尊君，非尊其人，而尊其所處之權位。」❸但究其本質，仍以維護統治者權位為主，人民仍然只成被統治的犧牲品。

　　因此，法家「尊君」、「重勢」的特色，到韓非便集大成，其結果便是絕對的忠君事主，反對諍諫；甚至反對批評，並且反對言論自由。

　　根據韓非，做臣子的人，不要講什麼堯舜的賢明禪讓，也不要說什麼烈士的高風亮節，只要盡力守法，盡心事奉君主，就是忠臣：

　　「人臣毋稱堯舜之賢，毋言烈士之高者，盡力守法，盡心於事主者為忠臣。」

　　韓非在此，對於「君」，不要求賢明，對於「臣」，也不要求勇於諫言，只要求臣要一味事君，形同盲目服從；這就已成愚忠，自然不足為訓。

　　所以蕭公權稱韓非，「認臣民必須效忠於暴主，而反對孟子一夫可誅之說」❸。韓非子在此，甚至認為堯舜湯武，違反君臣之義，教壞了後世：

---

❸　同⓫，頁 245。

❸　同⓫，頁 246。

「堯舜湯武，或反君臣之義，亂後世之教者也。堯為人君而君其臣，舜為人臣而臣其君，湯武為人臣而弒其主、刑其屍，而天下譽之，此天下所以至今不治者也。」

蕭公權在《中國政治思想史》中，對此評論很中肯：

「至商韓言法，則人君之地位超出法上，其本身之守法與否，不復成為問題，而唯務澤親貴之守法。君主專制之理論，至此益臻成熟，而是秦『法治』思想去近代法治思想，亦愈遼遠矣。」

換句話說，韓非在此所說的「法」，其根本用意，乃在鞏固領導人的地位，只從對君主的「利害」觀之，而未從人民本身的尊嚴與權益去看；所以雖然穩固了君位，但卻離民意更遠，人民即使想要改革，也都無法可行。

所以，韓非強調，「一民之軌，莫如法」，他主張要用強勢的法治，掌控全民，從而富國強兵，這與納粹便很接近。

另外，韓非又明確認為，人民的程度都不夠，如同嬰兒一般無知。在孟子與老子，「嬰兒」都代表正面意義，但在韓非則是負面意思：

「民智之不可用，猶嬰兒之心也」（〈顯學〉）

所以，韓非認為，人民只會服從權勢，很少心懷正義：

「故服於勢，寡能懷於義。」（〈五蠹〉）

他曾舉例，若有不成材的孩子，無論父母、鄉人、師長都無法管教，但政府只要用法律辦人，他就會立刻恐懼，轉而變好：

「不才之子，父母怒之弗為改，鄉人譙之弗為動，師長教之弗為變，州部之吏，操官兵、推公法而求索姦人，然後恐懼，變其節，易其行矣。」（〈五蠹〉49）

　　韓非很明顯，在此為了「一民」，而用鐵腕貫徹法治，固然一時有用，然而如果做過了頭，為統一全民意志，而抹煞個別差異，便會成為集體主義（Collectivism）。如此無限上綱，為了「國家」而犧牲「個人」，就容易成為獨裁專制。

　　另外，韓非痛斥仁義禮樂的政治哲學，貶為「六虱」、「五蠹」，認為足以影響國運與風氣。

　　他強調，人心非常現實，都很勢利，甚至父母重男輕女，也均因從長遠考慮私利：

　　「且父母之於子也，產男則相賀，產女則殺之。此俱出父母之懷衽，然男子受賀，女子殺之者，慮其後便，計之長利也。」（〈六反〉）

　　當然這種論調，到了重視兩性平權的今天，已經早已過時，自應及早推翻。

　　然而，韓非認為，君臣關係也是如此，完全建立在利害關係：

　　「臣盡死力以與君市，君垂爵祿以與臣市。君臣之際，非父子之親也，計數之所生也。君有道，則臣盡力，而奸不生；無道，則臣上塞主明，而下成私。」（〈難一〉）

　　所以從韓非觀點看，君臣之間，並沒有什麼道義情感可言，只有利害關係，君民之間也是如此。這是典型的「尊君賤民論」，以及「尊君卑臣論」。

　　在這種「尊君」的前提下，法律尊嚴就被貶抑，成為政治的附屬品，甚至成為統治人民的工具，危害人權與公義就很嚴重！

　　然而，柏拉圖在〈法律篇〉即曾強調：

　　「如果一個國家的法律屬於從屬地位，沒有權威，我敢說，這

個國家一定要覆滅。」

換句話說，如果君主用政治力，凌駕法律權威之上，統治者用政治干預司法，用權勢踐踏司法，這個國家就會很危險，這在今天尤具警惕作用！所以，柏拉圖又曾指出：

「我們認為，一個國家的法律，如果在官吏之上，而這些官吏都服從法律，這個國家就會獲得諸神之保佑和賜福。」

反之，如果一個國家官吏。知法玩法，並且破壞司法獨立，那這個國家，就必定毫無公義可言，也根本無法贏得民心的尊敬！

(二)奉法強國

基本而論，韓非特重「以法治國」，認為唯有奉法者才能強國。此即其在〈有度〉中所說：

「國無常強，無常弱。奉法者強，則國強，奉法者弱，則國弱。」

韓非的施政目標，仍然是以富國強兵為主，要求國家強盛，人民安定。最重要的，根據韓非，必須奉行法治，而且必須徹底。此即其所稱：「以法治國，舉措而正矣」。

在〈飾邪〉中，他更明白強調：「明法者強，慢法者弱。」、「明主之道，必明於公私立分，明法制，去私恩。」

同時他也指出：

「公私不可不明，法禁不可不審，先王知之矣。」

然而，他所講的「奉法」，表面上看「公私分明」，實際上卻是為了更大的「私」，也就是為君主鞏固政權。

因此，最高的法律原則，在要求人民奉法，以服從統治者，這

樣一來，法律就變成統治工具，而不是社會正義的最後防線。

梁任公曾對此批評：「法家之最大缺點，在立法權不能正本清源。」（《先秦政治思想史》）確為一針見血之論。

尤其，如果君主可以依其個人意願掌控立法，或者統治者可以依其私利影響司法，則人民對司法就毫無信心，那就不但不能「國治民安」，反而會國亂民怨！

若以高雄市選舉官司為例，高等法院一方面承認民進黨確有誹謗、抹黑行為，二方面卻又認為仍不符「選舉無效」要件；如此一來，今後豈非總統選舉，也可鼓勵任意抹黑誹謗，可以不受法律拘束？

司法官的自由心證，竟然如此為民進黨寬大解釋，當然令人合理懷疑，背後另有政治力介入。

特別是，陳水扁的總統身份，竟然事先公開宣布高雄市民不需要投兩次票，明顯有政治干預痕跡。綜合他從前多次操控司法的紀錄，更讓人民為司法感到悲痛。

事實上，柏拉圖很早在《法律篇》，就曾指出：

「我稱這些官吏是法律的僕人，或法律的執行官。我這樣稱呼他們並不是隨便說的，我確信他們具有遵守這法律的品德，這是決定國家興衰的因素。」

柏拉圖在此重點，就是今天所說「依法行政」、「行政中立」的精神，不因政治干預而改變，也不因政黨輪替而改變，更不因政治利益而扭曲法，這才是普世價值與民主指標！

另外，熊先生稱：韓非為君主思想，「絕無民主思想」，為列強競爭時代之極權主義者，其志在致國家於富強，以兼併天下，

「故可謂為侵略主義者。」大體可稱正確。❽

　　固然，韓非也說「法不阿貴，繩不撓曲」，而且法可以「矯上之失，詰下之邪」，然而，所謂權「貴」，所謂「上之失」，仍然未及於君，只及於君以下的大臣。

　　因此「法」在韓非，仍然只淪為君主的御臣術，並無真正公義。所謂「下之邪」，也可能只是人民要求溫飽、要求基本人權，卻被君當成造反之「邪」。

　　所以，如果對立法源頭未能釐清，就如同河流的源頭不清，則下游無法講「明」、「慎」，也無法保障公正，更無法保障民心。

　　當然，或有人認為，以現代民主人權觀念，要求韓非時代，或許過分；然而同一時代，《尚書》就有「天視民視，天聽民聽」的民主思想，肯定法律的根本源頭即為天理，而天理又來自民心，這才能真正保障人民公平正義，明顯可看出韓非遠不如儒家。

　　熊先生曾同時評論孟子以及韓非，進而強調：

　　「孟子倡民貴之論，所以摧霸王。但其持論嫌簡，而又無韓非之術，孟子本人亦非實行家，世無文武為之王，故其說弗行也。」❿

　　因此熊先生認為，韓非若能從儒家春秋中吸取民主思想，加上他能「用術」，努力向當時七國民眾，作真民主運動，則秦朝兼併政策，必定會「自毀」無疑。

　　可惜韓非未悟及此，「欲以弱小垂斃之韓，而行霸術，殆不可

❽　同❶，頁 4。

❿　同❶，頁 25。

能，竟以其術，資秦人之成功也。」**㊱**

綜合而論，熊先生認為，孟子講「民貴」，是高尚的理想主義，但有學無術，不容易實行；韓非講「尊君」，固然不可取，但其「用術」仍可參考，兩者若能互通有無，更能兩全其美。

換句話說，孟子若與韓非能夠截長補短，以孟子的「民貴論」，結合韓非的「用術」，讓君子也能懂用術，那就不會空談外王，也不至於淪為暴君「用術」為惡。

尤其，很多世人感慨，君子與小人鬥，君子永遠輸，因為君子不懂用「術」。但若此「術」意指中性的謀略，則為天下公器，猶如軍備兵器，本身是中性的，重點在於何人所用？為何所用？

如果善人徒有善心，而無利器，自然無法致勝；但若利器用於惡人惡心，當然成為災難。所以，兩者若能建設性的有機結合，缺一而不可，的確有其重要性。

因此熊先生強調的很中肯：

「韓子極權之論，必有道者而後行。無道，而恃其陰鷙以用之，雖逞志當時，而禍害之中於蒼生者無也已。」**㊲**

另外，熊先生並進一步指出：

「漢以來儒者，只管說三代聖人以道為治，而不言聖人有術，則聖人幾成笨物矣。其實，聖人自有術，但其用術，始終不違道，所以為聖人之治。」**㊳**

㊱　同**❶**，頁 25。
㊲　同**❶**，頁 31。
㊳　同**❶**，頁 36。

　　然後他感嘆的評論：「近世列強之才，於物理知識方面確有訓練，惜於天道不究。」因而徒以強權壓迫弱子，終究不能服眾，可說一針見血之論！

　　總之在韓非觀點下，法盡由君所出，人民並沒有立法權，因而無法監督君王，人民也沒有立法機構，無法制衡君王。

　　孟德斯鳩對此分析，也很精闢：

　　「當立法權和行政權集中在同一個人或同一個機關之手，自由便不復存在了。因為人們將要害怕這個國王或議會制定荒唐的法律，並暴虐地執行這些法律。」❸

　　因此，孟德斯鳩特別強調：「有一條基本規律，就是只有人民可以制定法律。」❹深深值得今天重視與力行。

　　熊十力先生對此批評韓非，非常中肯：

　　「憲令二者，總稱法，皆人主之所自出聖哉，或集眾議而核定者。故立法權，操之人主，是古今獨裁政體之必然也。」❹

　　很明顯地，韓非在此忽略了法律內容的正當性，以及法源的代表性。

　　他在此只強調，君為一切法源，而法的內容，又以鞏固君權、便於統治為主要考量，自然更易為野心家所用，而將法淪為統治工具，不是保障公平正義。

　　雖然韓非也曾提到「刑過不避大臣，賞善不遺匹夫」，比起

❸　孟德斯鳩，《論法的精神》，上冊（商務印書館，1982 年重印本），頁156。

❹　同上，頁12。

❹　同❶，頁52。

「刑不上大夫」已經進步，但問題是，怎樣的刑過不避大臣？如果是「不准誹謗君主」，等於不准忠臣直言諫過；這樣的刑，當然不避大臣，但又怎能真正進步？至若「賞善不遺匹夫」，如果是鼓勵民間密告批評者，這種「善」，是真正的善嗎？這明顯只為鞏固統治者一人，並非真正的善。

根據韓非政治哲學，為了尊君，鞏固一人權位，可以用盡各種法術，這明顯違背了現代民主法治精神。

尤其，孟德斯鳩講得很重要：

「一切有權力的人都容易濫用權力，這是萬古不易的一條經驗。」❷

他並強調，「有權力的人們，使用權力一直遇到有界限的地方才休止。」

因此，法律必須成為這條界限，用來制衡統治者的濫權。韓非對此完全沒有討論到，顯然是大疏失。

更況，權力愈大，除了容易濫權，更容易腐化，所以更需要以法律加以約束與監督。

此即孟德斯鳩所說名言：

「要防止濫用權力，就必須以權力約束權力。」❸

然而，韓非於此，非但不約束君王，反而拚命增加其權力，顯然有違法律的根本精神！

另外，盧梭也曾強調：

---

❷ 同上，頁154。
❸ 同上，頁154。

「立法權屬於人民的，而且只能是屬於人民的。」㊹

因此他認為，立法權才真正重要，如同「國家的心臟」，「而且，國家的生存絕不是靠法律，而是依靠立法權。」㊺

另外，他進一步指出：「任何人都不能擺脫法律的光榮之束縛。」㊻

凡此種種，對今天建立真正民主政治，實有很大的啟發性！

熊先生在此觀察很深刻，韓非只因「急於救韓之亡，思以極權振起，此其所以不言民主」；走偏鋒的結果，等於飲鴆止渴，結果不但自己被秦王殺，韓國被秦王滅，後來秦朝也因此亡，深深值得後人警惕！

㈢法術並重

韓非在〈定法篇〉主張，應該「法」、「術」並重，「不可無一」。他並認為，申子在韓國無法完成霸業，就因「申子未盡於術」，而商鞅在秦國無法完成霸業，則因「商子未盡於法」；他批評「二子對於法術，皆未盡也」，所以強調，必須「法術兼備」，才能完成霸業。

此其所謂「君無術，則弊於上，臣無法，則亂於下」，所以「不可一無，皆帝王之具也」。

另外，韓非除了強調「法」、「術」，又曾強調「勢」的重

㊹　盧梭，《社會契約論》（商務印書館，1936 年），頁 75-76。

㊺　同上，頁 117。

㊻　盧梭《論人類不平等的起源和基礎》（商務印書館，1982 年），頁 51。

要，三者需鼎立，才能鞏固統治地位：

「君執柄以處勢，故令行禁止。柄者，殺生之制也；勢者，勝眾之資也。」（〈八經〉）

另外他又說：

「萬乘之主，千乘之君，所以制天下而征諸侯者，以其威勢也。威勢者，人主之筋力也。」（〈人主〉）

如果君主失勢，就會就被臣欺負，「主失勢而臣得國」（〈孤憤〉）。所以他強調：

「凡明主之治國也，任其勢。」（〈難三〉）

綜合而論，韓非以「法」做為國家法令，以「術」做為統御謀略，更以「勢」做為鎮懾工具，這些均須中央集權專制才能成功，因而成為集權獨裁者最喜愛的學說。

因此，韓非結合「法」、「術」、「勢」，成為中國經典集權專制的帝王術。

蕭公權稱「韓非尊君抑民，可謂至極！」❹❼可說相當正確。

熊先生對在此評論他很中肯：

「蓋極權之政，為應付非常時代而興，必人主有術，足以知臣下之邪正與異同，而一切以法繩之，使不得懷私挾異，不得雜法而行。所以能齊一步驟，而成帝業也。故法術二者，不容缺一。」❹❽

另外，蕭公權「法」與「術」之不同有三，其說相當完備：❹❾

---

❹❼　同❶❶。

❹❽　同❶，頁 50。

❹❾　同❶❶，頁 258。

第一，法治者，生活的對象為民，術則專為臣設。

第二，法者君臣所共守，術則君主所獨用。

第三，法者公布眾知之律文，術則中心暗運之機智。

然而，蕭公權似忽略，法者仍以人性為善，術則純以性惡論為基礎。而且，法者還有理想，術則純為實現政治中爭霸。

另外，法者尚稱王道，術者純為霸道，對此也應注意。

韓非在〈五蠹〉中，曾將歷史分為四個時期，「上古」、「中古」、「近古」、「當今」，然後強調，「上古競於道德，中世逐於智謀，當今爭於氣力。」

因此他明確認為，在當時現實政治，就是赤裸裸的比氣力、搞鬥爭，所以必須用權謀與法術。此說固然有其背景，但是，過猶不及，如果用權謀太過，就會害人又害己！

本來韓非很重視法的權威性、強制性、以及普遍性，這些倒很有啟發性：

「人主之大物，非法即術也，法者、編著之圖籍，設之於官府，而布之於百姓者也。」

他並強調：「法者，憲令著於官府，刑罰必於民心，賞存乎慎法，而罰加乎姦令者也。」

這些對於建立客觀的法制化，也有一定作用。

另外，韓非並提醒領導人：

「不知治者，必曰『無復古』、『毋易常』。變與不變，聖人不聽，正治而已。」（〈南面〉）然後他舉例證：「太公毋變周，則湯、武不王矣。管仲毋易齊，郭偃毋更晉，則桓、文不霸矣。」

所以韓非主張「有所變，有所不變」，本來也有道理。他批評

泥古不化者為「守株待兔」（〈五蠹〉），如果真能配合客觀形勢與民心需要，自然應該有所改革。

問題在於，韓非在絕對「尊君」的前提下，並未將符合民心、與配合社會需要放在優先，反而是以適合統治放在最優先，然後以改革為藉口，配合君主個人意志，這就變成玩弄權術，產生很大的弊病。

所以韓非所說「法，莫如一而固，使民知之。」（〈五蠹〉）看似有理，先讓法令統一，進而穩固，使民認知；但這只是就外在形式而言，至於內在的法理，是否合乎民心，法源是否來自民意，他卻全然不顧，不能說不是根本病源！

姚蒸民對此稱「此非韓非一人問題，而係當時環境尚無深入討論之必要。」❺似太簡化，也與事實不符。

因為，同樣在先秦的時代環境，孔子早有「民為邦本」思想，孟子早有「民貴君輕」的思想；即使遠在希臘，早期的柏拉圖、亞里斯多德，也有某種程度尊重民意思想；反觀韓非卻「貴君主」，到了絕對的君主專制，對人性也從性惡去看，影響所及，確實有重大後遺症！

㈣嚴刑峻法

韓非所強調的法治，並非中庸之道的法治，而是嚴刑峻法：

「夫嚴刑者，民之所畏也；重罰者，民之所惡也。故聖人陳其所畏以禁其邪，設其所惡，以防其姦。」

---

❺　姚蒸民，《韓非子通論》（臺北：東大圖書公司，1999年）。

他甚至認為，這才可以治國：

「是以國安而暴亂不起，吾以是明仁義愛惠之不足用，而嚴刑重罰之可以治國也。」

所以他在「姦劫弒臣」中說：

「聖人者，審於是非之實，察於治亂之情也。」

然後他再強調，這是「功之至厚者也」：

「故其治國也，正明法，陳嚴刑，將以救群生之亂，去天下之禍，使強不陵弱，眾不暴寡，耆老得遂，幼孤得長，邊境不侵，群臣相親，父子相保，而無死亡系虜之患，此亦功之至厚者也。愚人不知，顧以為暴。」

問題在於，嚴刑峻法如同苦行，並非正常與長久之道，或可濟亂世於一時，但前提必需是「亂世」與「亂象」；如果亂世已治，亂象已改，仍用嚴刑峻法，對民眾的人權與基本自由，便明顯是一種傷害。

然而他仍強調：

「故明主必其誅也，是以賞莫如厚而信，使民利之；罰莫如重而必，使民畏之。」（〈五蠹〉）

他並進一步指出：

「故主施賞不遷，行誅無赦。譽輔其賞，毀隨其罰，則賢不肖俱盡其力矣。」（〈五蠹〉）

另外，韓非又在〈六反〉中稱：

「今不知治者，皆曰：『重刑傷民，輕刑可以止奸，何必於重哉？』此不察於治者也。」

他認為，真正能讓人民服從的，就是服之以「法」：

「有道之主,遠仁義,去智能,服之以法。是以譽廣而名威,民治而國安,知用民之法也。」

然後,韓非進一步的說明:

「上設重刑者而奸盡止,奸盡止,則此奚傷於民也!」(〈六反〉)

問題是,他仍然是以統治者的立場講話,想用重刑恐嚇人民,但以人民立場來看,若刑法的輕重與罪行不成比例,民心必定不服,甚至會認為既然都是重刑,何不犯更重罪?韓非忽略了這些副作用,明顯不夠精細,更忽略了老子所說「民不畏死,奈何以死懼之?」

韓非所注重的是:「賞厚,則所欲之得也疾;罰重,則所惡之禁也急。」他只想得近利見急效,但卻忽略了,人民不可能長久被奴役,甘心做順民。

尤其,韓非他說「禁奸」的方法,先從每個人的心思禁起,然後還要禁每個人的言論與活動,這就形成恐怖統治,完全踐踏人民,怎能得到民心?

他說:

「禁奸之法,有上禁其心,其次禁其言,其次禁其事。」(〈說難〉)

另外他又指出,君主要能掌控天下訊息,獨聽、獨視、獨斷:

「獨視者謂明,獨聽者謂聰,獨斷者故可以為天下王。」

因此,這就形成徹底的控制思想、控制言論,打壓異己,成為典型的極權主義。

韓非對此曾經辯解:

「海內之士，言無定術，行無常議。夫冰炭不同器而久，寒暑不兼時而至，雜反之學不兩立而治，今兼聽雜學繆行同異之辭，安得無亂乎？」

在韓非看來，兩種不同學說，如同冰炭不能同器，甚至如同寒暑不能並存，這明顯是引喻失義；因為萬紫千紅始成春，同一個春天就能容納各式各樣花朵，形成花團錦簇的文化生機，何以一定要形成肅殺氣氛，讓萬物無生機？

尤其，從《易經》的生命哲學看來，「一陰一陽之謂道」❺，均呈合作並進；太極圖中，陰陽並非相反而相斥，而是相反而相成，孤陰或孤陽均不能成道，只有一家之言，也不足以成道落實在；政治哲學，韓非在此，明顯胸襟與器識均太狹隘，未能從《易經》中得到啟發。

另外，韓非又曾指出，有必要禁止不軌的「言行」：

「明主之國，令者言最貴者也；法者事最適者也。言不二貴，法不兩適。故言行不軌於法令者，必禁。」

這正如同，社會若是「戒嚴」，或者黨禁、報禁、書禁，表面看似平靜「無亂」，「強不凌弱，眾不暴寡」，但公權力本身卻成了最大的「強」，也扮演了最大的「暴」。如果又是一人專政，自然很容易淪為獨裁暴政。

韓非在〈心度〉中，甚至將嚴刑峻法稱為「愛之本」，並且假借「聖人」之名，反倒將此「治民」稱為「愛民」：

「聖人之治民，度於本，不從其欲，期於利民而已。故其與之

---

❺　《易經》，繫辭大傳。

刑，非所以惡民，愛之本也。聖人之治民，度於本，不從其欲，其於利民而已，故其與之刑，非所以惡民，愛之本也。」

他並以家中教育做比喻，進而強調「慈母有敗子」，所以嚴刑峻法反倒是「愛之本」：

「夫嚴家無悍虜，而慈母有敗子。吾以此知威勢之可以禁暴，而德厚之不足以止亂也。」（〈顯學〉）

按照韓非說法，如同俗語所說「棒下出孝子」、「嚴師出高徒」，父母用打罵教育，反而是愛小孩，師父用嚴格訓練，才可以出高徒。

誠然這在古代，部分人士、部分領域，或許有用，但其前提也有二項：一是必須父母對子女，二是必須師父對學生。然而即使如此，也有爭議，所以文明國家多半禁止體罰。

尤其，畢竟政府對人民，並不是父母對子女，也不是老師對學生。韓非在此立論，明顯是將君權看成父權，人民當成子女，這與儒家的「民本」、與現代的「民主」都相差甚遠。

然而在韓非眼中，只有嚴刑峻法，才能讓人民服氣「盡死」，唯有用如此激烈手段，才能「兵強主尊」：

「故先王明賞以勸之，嚴刑以威之。賞刑明則民盡死，民盡死則兵強主尊。」（〈五蠹〉）

平心而論，只有君主時代，才會將君主「視之父，視之師」，但在民主時代，人民為主，主權在民，「政府的公權力，來自人民的同意」，明文載於美國〈獨立宣言〉，成為民主政治的基石，所以韓非的這一套，就完全行不通！

反之，只在集權國家，才會有如此論調，「管你是為你好」、

「打你是愛你」。有些父母對子女，經常如此說，但當子女已經成年，成為獨立生命，即使是父母，從法律觀點看，這些話也不能夠成立。

所以當韓非說：「法者，王之本也，刑者，愛之自也。」（〈心度〉）他說的「王之本」，其實是「霸」之本。因其主是指君王，並非民主體制的王道。

尤其他所說的「民之性」，更加偏頗偏激：

「夫民之性，喜其亂而不親其法。故明主之治國也，明賞，則民勸功；嚴刑，則民親法。」

韓非於此所說「明主」，也與「民主」的價值觀，相去甚遠。

因為，「民主」體制的法源，是由人民制定，是由下而上，而韓非尊君的「明主」，是由君主立法，便於控制人民，自然「眼中所見均為壞人」。這與孔孟所稱人性本善，以及陽明所說「眼中所見均為聖人」，在源頭上即大不相同！

尤其，韓非所論嚴刑峻法，均以民為對象，不以官為對象，更加證明目的為君主霸業，而不是為人民，更不是為公義。

從人民心情來看，貪官污吏是民心最痛恨的對象，因此，對於貪腐才應嚴刑峻法，但韓非卻幾乎無一語及此，當然令人民失望！足證他只為君主統治人民著想，而並未從人民本身著想。

例如，包公（999-1062）擔任監察御史時，便曾向仁宗上呈〈乞不用贓吏疏〉，其中開宗明義就強調「臣聞廉者，民之表也，貪者，民之誡也。」但貪贓枉法之事「無日無的」，「貪猥之績，肆無忌憚」。

所以他懇求今後，用嚴刑峻法，「不從輕貸」，並且「從遇大

赦，更不錄用」，如此「則廉吏之所勸，貪夫之所懼矣。」❺

這種精神才是真正為民除害、為民著想的民本法治主義。

誠然，民主政治部份理論也以「性惡」為根源，但那是為了要防止政府官員腐化，才用民權加以監督制衡，對象為公務員，並非人民本身，與韓非「性惡論」由上而下監督人民，性質完全不同！

因此，雖然韓非也認為，法律應與時俱進，他在〈心度〉中曾提出：

「治民無常，惟法為治，法與時轉則治，治與世宜則有功。」

但因韓非基調為嚴刑峻法，所以，再怎麼與時俱進，也是依統治者的需要而定，並非因應人民需要而定。

例如，如果科技進步，統治者只知用更先進的科技，加強監控民眾與政敵，而未能修訂舊法規，跟著民意改革開放，這種不重視民本與人權的「與時俱進」，就絕並非民眾之福。

歸根結柢，因為韓非以「尊君」為前提，以鞏固君權為首要，所以他說「嚴刑峻法」，很容易淪為整肅異議人士、剷除異己的恐怖統治。後來的秦始皇，近代的法西斯，均為重要例證，明顯不足為訓，也必定失盡民心！

(五)反對德治

韓非根本否認「德治」的可能性，所以明白反對德治，強調為治者，「不務德而務法」。（〈顯學〉）

他的理由是，人性多私心，所以不能靠仁德之治。領導人只能

---

❺　包拯，《名臣奏表》，頁 520。

靠法律禁令，先用預防的心，禁止人民為非作歹，不必奢望民心能主動為善。

此即他在〈顯學〉中所說：

「聖人之治國，不恃人之為吾善也，而用其不得為非也。」

根據韓非說法，真正明主，絕不會不靠賞罰，而靠人民自覺為善。此亦其所謂：

「不恃賞罰，而恃自善之民，明主弗貴也。」

誠然韓非所見也有部份道理，如果只靠人民做義工、行善事，便缺乏積極動機，畢竟這類人數有限；所以他說「為治者用眾而舍寡」，認為多數人民只能靠法禁，有其部份原因。

但是，韓非忽略了，如果只務法而不務德，人心不能從根本內心起善念、做善事，那麼就算法令多如牛毛，照樣會道高一尺，魔高一丈。

尤其盧梭有句名言，非常中肯：

「這種法律既不是銘刻在大理石上，也不是銘刻在銅表上，而是銘刻在公民們的內心裡。」❸

然而，若要把法律成功的「銘刻在公民們的內心裡」，首先仍要有善良的人心與人格，這就仍要「德治」，絕對不能偏廢！

韓非在此的錯誤，在於以偏概全，將人性的部份弱點誇大，導致必要嚴刑峻法才能治國的結論，卻完全忽略了，「仁治」至少也有其相當程度的教化作用。

另外，熊十力先生曾指出：「韓非之書，千言萬語，壹歸於仕

---

❸　同❹，頁 73。

術而嚴法。雖法術兼持，而究以術為先。」❺❹

　　熊先生在此認為韓非畢竟仍以「術」為先，所見非常中肯，他先引述韓非：「凡術也者，主之所以執也。」（〈說疑〉）然後強調：「此一執字，甚吃緊；執有執持，執藏二義。」

　　他進一步說明：「藏之深，納須彌於芥子，天下莫逃於其所藏之外，是謂執藏。」並且，「持之堅，可以百變，而不離其宗。持之妙，有宗而不妨百變，是謂執持。」

　　所以他的結論：「不了解『執』意，則不知韓非所謂術也。」❺❺此即韓非所說：「道在不可見，用在不可知，虛靜無聲。見而不見，聞而不聞，知而不知。」（〈主道〉）

　　正因帝王之術，在於喜怒不形於色，令人捉摸不定，藏之胸中，所以令臣民坐立不安，這才能展現君威難測。

　　此即韓非所稱：「君無見其所欲；君見其所欲，臣將自雕賜人，君無見其所意，君見其所意，臣將自表異。故曰去好去惡，臣乃見素；去舊去智，臣乃自備。」（〈主道〉）

　　問題在於這種權術，上行下效之餘，君臣眾人之間，均成爾虞我詐、鉤心鬥角，政風從此沉淪，民風從此尖刻，淳樸人心不再，怎麼可能長久？

　　另外，韓非在〈五蠹〉中，也明白的強調，反對仁治：

　　「夫重法不欲刑者仁也；然而不可不刑者，法也。先王勝其法，不聽其陰，則仁之不可以為治，亦明矣。」

他並指出：

「仁人在位，則下肆而輕犯禁法，偷幸望於上，暴人在位則法令妄，而臣主乖，民怨而亂心生，故曰：仁暴者皆亡國者也。」

他並批評，仁義會導致暴亂，形成很奇怪的謬論：

「夫施與貧困者，此世之所謂仁義；哀憐百姓不忍誅罰者，此世之所謂惠愛也。夫有施與貧困，則無功者得賞；不忍誅罰，則暴亂者不止。」

韓非自認其論點很清楚，其實是用跳躍的邏輯，直接認為「仁之不可以為治」，只能說他是為了服務君權，不想施行仁義，先有這項結論，才硬找推論，正如同今天有些硬拗的方法，是先射箭（先有結論），再畫靶（再找理由）。

尤其他稱「有施無貧國，則無功者得賞」，但貧困者受接濟，並非「得賞」，而是滿足基本生存需要；如果對這點也要反對，則全世界公益慈善機構均應取消；因為根據韓非這樣都會亡國，這與事實明顯不符。

同樣情形，韓非認為，如果「不忍誅罰」，暴亂者會不止，明顯因果顛倒，因為經驗事實證明恰恰相反，暴亂產生，常因暴君大肆誅罰，令人民產生反彈，人民別無生路，只好拚死暴亂。

另外，韓非又曾謂：

「聖人之治也，寓於法禁，法禁明著，則官治；必於賞罰，賞罰不阿，則民用。民用官治則則國富，國富則兵強，而霸主之業成矣。霸王者，人主之大利也。」（〈六反〉）

但他忽略了，法禁明著，並不一定就聽「官治」，賞罰不阿，也不一定就能「民用」。因為很多經驗顯示，法令愈禁，罪行愈

多，很可能只是轉到地下而已，法律成為虛文。另外，縱然「賞罰不阿」，但如果並不合情合理，人民也可能口服心不服，而消極怠工。

更何況，就算「民用官治」，也不一定國強，可能只是虛有其表，並未藏富於民。縱然「國富」，也不一定「兵強」，因為不一定用經濟發展軍事（如同瑞士與北歐等國），由此可見，韓非一系列的推論，都過分簡化，太多邏輯的跳躍，並無有效論證。

尤其，韓非強調，應該棄置「仁人之相憐」，此中論證也有很多問題：

「法之為道，前苦而後樂；仁之為道，前樂而後窮。聖人權其輕重，出其大利，故用法之相忍，而棄仁人之相憐也。」

因為，何以見得法之為道，是「前苦而後樂」？如果法源不符合民心，法令不符合民意，怎能保證不是「前苦而後更苦」？另外，何以證明，仁之為道「前樂而後窮」？何以知道不能可大可久、長期樂利？

所以，韓非輕率認為，用法即為「大利」，用仁即為「相憐」，顯然存有偏見。殊不知，仁政可以讓人民奔相走告，共同投效，並不只是「相憐」，而是足可「相連」，團結人心，如《尚書·泰誓》中所稱：「紂有億萬民，卻有億萬心，武王千萬民，惟一心耳。」

武王之所以能以寡擊眾，就是能得民心。看似人寡，其實人心團結，反成大利；這也正如《易經》所說：「二人同心，其利斷金。」更何況千萬人能同心呢？

㈥以吏為師

慎子曾經主張，中央集權「民一於君」，而且「臣下閉口，左右結舌」（《慎子·佚文》）。

到了韓非，根據君主專制的需要，更進一步強調「以吏為師」，那就更加貶抑獨立的學術自由，從而抹煞客觀的公正興論，成為專制暴君的溫床。

此其所以他在〈五蠹〉中指出：

「明主之國，無書簡之文，以法為教，無先生之語，以吏為師。無私劍之悍（捍），以斬首為勇。」

這段話，形成李斯建議秦始皇「焚書坑儒」的根據；前半段抹煞「書簡之文」，後半段否定「先生之語」，一切以官方法令為準，一切以官員言行為師，成為徹底的中央專制集權。

這時，民間獨立思考蕩然無存，學者獨立批判更慘遭壓抑，一切御史學統的監督制衡，均在「君權至上」的嵌制下被掃蕩無存，一切自由民主都在「國家安全」藉口下被踐踏無遺，一切創意文化與民間生命力也都因恐怖統治，而不復存在！

這種「集權霸業」看似強大，但是人命損失慘重，人權也蕩然無存，而且純粹是以力服人，歷史經驗證明，完全不得人心，所以秦朝很快就被推翻！

韓非當時認為，只有中央專政，才能「四方來效」：

「事在四方，要在中央。聖人執要，四方來效。虛而待之，彼自以之。四海既藏，道陰見陽。左右既立，開門而當。勿變勿易，與二俱行；行之不已，是謂履理也。」（〈揚摧〉）

另外，韓非在〈南面〉又稱：

「人主使人臣雖有智能，不得背法而專制；雖有賢行，不得踰功而先勞；雖有忠信，不得釋法而不禁，此之謂明法。」

換句話說，「專制」只是人主享有權力，人臣不能專制，人臣就算忠信，也不能有解釋法令的空間。各種法令的解釋權，都只能控制在君主手上，這就成為典型的君主專制。

根據歷史經驗，如果任由一人專制，獨攬各種大權，甚至自行理解法令，而無任何監督制衡，怎能沒有腐化？

即使近代的民主法治，如果對根本大法（如憲法）的解釋權，都操在統治者一人手中，連大法官的解釋權，都要仰體上意，逢迎上位，則司法怎能獨立？法治哪來尊嚴？百姓更怎能有自由人權？

熊十力先生曾指出，韓非的動機，可以理解；因其「思振危亡之韓國，首以治吏為政本」❺❻，所以強調吏治的重要性，亦即吏治要能清明，方是治國之根本。

然而，「吏治」如果是在「為民服務」方面，要求官吏公正廉明，這是應當的；但若將一切教育文化，均以官吏為師，形成「官大學問大」，甚至認為教育部長學問最大，那只要看民進黨的教育部長杜正勝，如何硬拗強辯，如何扭曲「罄竹難書」以逢迎陳水扁，如何醜化「大中至正」，便知「以吏為師」是如何荒謬！

熊先生曾經舉民國以來吏治為例，強調「訓政」必先官吏奉法，能率民眾以奉法，「吏治成則民治成」，本來立意為佳，但四十年來（指當時而言），吏治「唯承上意，嚴行搜括，藉以分贓而

---

❺❻　同❶，頁48。

已。」因此，形成很多亂象：

「訓政不能，適以訓亂，訓亡，袁氏迄今，相繼崩潰，夫豈偶然？」㊼

由此可見，吏治如果本身沉淪，瞞上欺下，對上奉承、對下打壓，只有加速文官系統的崩潰！熊先生這種觀察非常中肯。

因此熊先生強調，真正理想的吏治精神，「古之循吏，必身親民間疾苦，與之痛癢相關，又深知人民心情，養之而後教，教之不率，而後有刑。」

然後他進一步指出：

「親近民眾，與扶導民眾者，必有慈祥之心、精明之識、通達之學，幹練之材、貞廉之守，勤勞之習。更其教，而必合於人道，修其政，而必切於民生。」㊽

這些精神原則，至今對公務員的訓練，仍然深具啟發性！

雖然韓非表面上，也容許個人「修行義、習文學」，但仍規定其最後目的，在投效君主、擔任官吏；所以仍在君主箝制之下，並無任何獨立思考可言，更無任何直言批評的空間。

此所以韓非嚴厲批評：「儒以文亂法」，然後又說：

「然則為匹夫計者，莫如修仁義而習文學。仁義修則見信，見信則受事，文學習則為明師，為明師則顯榮，此匹夫之美也。」

換句話說，韓非所稱的「匹夫之美」，仍然必須經由君主肯定，其「修仁義」必須由官方公證「見信」，並且「受事」於官

方，亦即受用於君主；而習文學的目的，只在做官或助吏為師。

韓非既然主張「以吏為師」，則師的來源仍為吏；所以，只有官方認定才算顯學，一切的學問，也必需籠罩在統治者的肯定之下，符合統治者的利益，才能推廣。

從今天看來，這種教育，只能稱為奴化教育。這種「明主」，只能稱為「奴主」。

近代例子，正如同日本殖民主義中，被殖民的臺灣人民，無論文化界或學術界，必須仰體上意、仰人鼻息，才可「見信」、才能「受事」、才稱「顯學」；凡有人格、有尊嚴、有獨立思考，能頂天立地的人格，怎能忍受與接受？

秦始皇統一天下後，李斯曾根據韓非上述思想正式提議：

「臣請史官非《秦紀》皆燒之；非博士官所職，天下敢有藏《詩》《書》百家語者，悉令守尉燒之；有敢偶《詩》《書》者棄市；以古非今者族。吏見知不舉者，與同罪。」

他並具體指出：

「令下三十日不燒，黥為城旦。所不去者，醫藥、卜筮、種樹之者，若有欲學法令，以吏為師。」

事實上，李斯在秦王統一之前，本來還曾在〈諫逐客疏〉中，勸阻秦王逐客，可見原先還沒如此偏激。當時他強調：

「泰山不讓土壤，故能成其大；河海不擇細流，故能就其深，王者不卻眾庶，故能明其德。」

秦王深深同意他的胸襟，所以撤銷逐客令，很多客卿後來也幫助其統一。

2007 年臺灣的大學入學考試中，國文試題即以此文，做為白

話翻譯；很多老師認為弦外之音很清楚，即在勸阻民進黨，不要排斥外省人與客家人，可見出題者的苦心。

但秦王到後來，卻變成焚書坑儒的暴政，正如同日本殖民主義對臺灣的統治，打壓異議人士，也如同納粹法西斯主義的暴政，焚毀各種人文書籍，並大肆滅絕猶太人！

因為他們都太殘暴，所以只能曇花一現；秦始皇暴政也一樣，很快就被時代巨流與人心怒吼所吞沒；並且留給後人，永恆的歷史教訓——凡是「以吏為師」的統治者，必定敗亡；凡是不施仁政者，必定敗亡；凡是違背人性者，更會必定敗亡！

(七)循名責實

韓非用人之術中，特重「循名責實」，用在考核人事，亦即強調「權責相符」，倒有其一定的現代意義。

例如，他在〈定法〉中指出：

「術者，因任而授官，循名而責實，操殺生之柄，課群臣之能者也，此人主之所執也。」

從現代人事管理，與權責區分來看，這段內容，很具有重要的啟發性。

在〈顯學〉中，他更強調：「試之官職，課其功伐」，前者在給其實權，後者則在課其責任；必使有權者負其責，負責者有其權；即使今天民主政治，也不脫此基本道理。

所以他在〈二柄〉中，特別舉韓昭侯的例子，深入分析。

韓昭侯有天喝醉了，在睡覺中，掌管帽子的官員怕他著涼，為他加衣。

等他醒了之後，問左右，「誰加的衣？」左右回答，「典冠者」。韓昭侯便處分了典衣，而殺了典冠的官員。

為什麼呢？韓非分析，因為：

「其罪典衣，以為失其事也；其罪典冠，以為越其職也。非不惡寒也，以為侵官之害甚於寒。」

韓非特別指出，該管衣的人沒管，這是嚴重失職；不該管衣的人卻管，這則是越權。越權與失職的危害，更甚於著涼的為害。

所以韓非結論：

「故明主之畜臣，臣不得越官而有功，不得陳言而不當。越官則死，不當則罪。守業其官，所言者貞也，則群臣不得朋黨相為矣。」（〈二柄〉）

換句話說，韓非強調，「明法以任官，循名實，而定是非，因參驗而審言辭」。熊十力稱此為「萬世不易之論」，並且感嘆：

「中國不由此道，而欲救亡為治，是猶以足搔頂、愈不幾也。」❺❾

熊十力先生認為，中國政治如果不從這個角度改革，不讓百官分工合作，分權負責，則無法救亡；確實相當中肯。

只是，韓非上述結論，其實也有過當之處，並且還有邏輯跳躍之嫌。

因為，如果上級嚴格要求，眾官不得越權，「越官則死」，採用如此不成比例的重刑，眾官必定只掃自己門前雪，不管他人瓦上霜，心態寧可保守，但求無過。民眾若有急難求助，以為政府本屬

---

❺❾　同❶，頁 57。

一體，但會只見眾官愛莫能助，導致民眾受損，那又該誰負責？

由此可見，分工固然重要，但卻也應合情合理，不能太過偏激。

另外，韓非非常重視用法來評量，也非常重視法令的解釋權。他稱前者為「讎法」，即審議核定之意；對於後者則稱「明法」，亦即闡明解釋之意。

所以，韓非在〈有度〉中稱：

「名主使法擇人，不自舉也。使法量功，不自度也。能者不可弊，敗者不能飾，譽者不能進，非者弗能退；則君臣之間，明辯而易治。故主讎法則可也。」

這種「讎法」，固然有其客觀性，君主可以用「法」來衡量用人的功過獎懲，就形式而言，有其必要性；但重要的是，法的內容是否公道？是否以民至上、或是以君至上？是符合統治者的利益，或是符合人民的利益？

尤其，韓非強調「不得陳言而不當」，否則「不當則罪」；請問，什麼叫做「陳言不當」？誰來決定是否「不當」？這種規定，只有更增加臣子的恐怖心理。如此一來，大家心存顧慮，誰還敢講真話？誰還敢犯顏進諫？

真正民主或明君，都應百般虛心求諫，怎能如此態度凶狠，用「寒蟬」政策，明白緊縮言論尺度？如此必定產生恐怖統治，怎麼可能「所言者貞」？

由此可見，韓非主張「循名責實」，可從二方面看，一方面對於分工制度，與責任政治，很有啟發作用，對於現代文官制度，各盡其能，各主所司，也很有相通之處。

　　問題在於另一方面，如果只見分工，未見統合，而且一切獎懲標準仍由上意決定，只重上意、不重民意，那就仍然只為一人，而並非為全民，仍然應該檢討改進。

㈧加強考核

　　韓非在〈八經〉「立道中」，曾經指出：

　　「參伍之道：行參以謀多，揆伍以責失。行參必折，揆伍必怒。」

　　也就是說，韓非考核群臣，必須多方打聽，此即「行參」；另外，必須多方考察，此即「揆伍」。

　　既然多方打聽，就要反覆詰問，此即「行參必折」；若要多方考察，必須嚴厲怒責，此即「揆伍必怒」。

　　換句話說，韓非在此，等於警示君主，要與群臣鬥智與鬥法，從而能讓群臣懾於君威，不敢產生二心。

　　韓非在此所列勾心鬥角、錯綜複雜之術極多，令人嘆為觀止，難怪韓非被稱為陰謀家或權謀家。

　　例如，韓非指出，如果「參言以知其誠」，經過多方打聽，雖然證明大臣的忠誠，但仍不能放心，還要故意冷淡，改變恩澤，換個方式以考驗，此即「易視以改其澤」。

　　另外，等君主掌握到相關的情資，便可察知其潛在的陰私隱情，此即「執見以得非常」。

　　還有，對於外放的大臣，要用重話讓他害怕，讓他恐懼疑慮，而不敢作亂，此即「重言以懼遠使」。

　　對於疏遠之臣，反而叫他親近，以利就近查知其內心，這叫

「即邇以知其內」。

除此之外，對於明明親近之臣，也要故意跟他疏遠，以便觀察其在外表現，這叫「疏置以知其外」。

還有，明明自己已經掌握情報，還要向大臣詢問，以獲未知之事，此即「握明以問所聞」；甚至還要「詭使以絕黷泄」，運用詭道與權術，以杜絕冒犯、或輕慢的行為。

另外，還要「倒言以嘗所疑」，故意用反話，以試探所懷疑的人；並且「論反以得陰姦」，從反面論述，以得陰私奸情。

此外，韓非還要君主「卑適以觀直諂」，也就是故意謙卑，適應群臣，以觀正直或諂媚；並且「宣聞以通未見」，也就是宣布手中情報，以洞悉其他未聞之事。

更惡劣的，是韓非鼓勵君王，要能分化群臣，讓他們之間彼此鬥爭，以削減朋黨，此即所謂「作鬥以散朋黨」。

然後韓非又強調，要「深一以警眾心」，也就是深知某事的細節詳情，以警惕群臣，讓他們心生畏懼；並且還要「泄異以易其慮」，故意洩漏不同情報，讓群臣改變思慮，而心中更生恐懼。

凡此種種，均與儒家之道正好相反。

例如，諸葛孔明強調，君臣之間要能「開誠心，佈公道」；唐太宗《貞觀政要》中，有大臣建議他佯裝生氣，以試探大臣，他更明白拒絕，並稱如果自己不誠，怎能以誠要求他人？

歷史經驗證明，這種「以誠制偽」的政治哲學，才是真正可大可久之道！

尤其，韓非還進一步主張，君主應暗中監控群臣，「陰使時循以省衰」，並且派人私底監控，以考察忠誠度。這在今天，就是動

用國家安全系統，做為個人監聽監控工具，並且要分化群臣朋黨，
使他們不致坐大結合，此即「漸更以離通此」。

甚至韓非強調，君王要暗中約見部屬，以牽制與削減其上級權
力，此即「下約以侵其上」。他並明確舉例：

「相室約其廷臣，廷臣約其官屬，軍吏約其兵士，遣使約其行
介，縣令約其辟吏，郎中約其左右，后姬約其宮媛。」

換句話說，韓非主張，對於宰相，要陰結其下面大臣；對於大
臣，要陰結其下面部屬；對於軍中武官，要陰約其士兵；對於文官
封疆大吏，要陰結其隨從；對於縣令，要陰結其下吏；對於近臣郎
中，也要陰結其左右，甚至對於皇后妃姬，也要陰結其身邊宮女！

這就形成天羅地網一般的監視網，如同「老大哥正在監看你」
的小說情節；等於明白鼓勵下級，可以越級密告上級，士兵可以越
級密告長官，甚至宮女可以越級密告皇后，令人真正不寒而慄！

但韓非卻認為：「此之謂條達之道。」亦即條條管道，均可通
到君主，形成網路細密的監控網；君權也就如同茂密樹枝，可向各
方平均伸展。如此一來，君權至上的權威，便可真正做到無遠弗
屆，而且無微不至！

問題是，如此君權至上、便會人權至下，所有大小群臣、內外
百官、甚至大小后姬，都會毫無尊嚴！結果必定導致君主的極端自
大，與絕對的自我膨脹！

此所以韓非也知道，這種事情一旦洩漏出去，便會令人反感，
甚至逼人造反，反而無效。因而他在最後強調：

「言通事洩，則術不行！」

但是歷史經驗證明，凡是迷信這種集權控制的君主術，無論古

今中外，最後都會失敗，並且會因人民反感，而快速潰敗！史蹟斑斑，毫無例外！

甚至韓非本人，雖然很令秦始皇欣賞，但秦始皇轉念一想，這套權謀若是為他國所用，必成禍害，所以反而將其殺害。以致韓非果真印證了「言通事洩，則術不行」！他自己洩漏了這套秘密，反而遭到殺身之禍，這與義大利馬其維利，竟成為同樣的命運！

所以，熊十力曾從根本評論：

「細玩韓非思想之全體系，並無人民參政機關。其求言之法，似仍師商鞅，設告坐而責其實，連什伍而同其罰。」**❻⓿**

另外，他又指出，商鞅之法「用今俗語表之，可謂偵探政治（亦云特務政治）」**❻❶**堪稱一針見血之論，若用更現代的俗語，即是「恐怖統治」！

因此，熊十力先生評論：

「秦法，偶語者棄市。其為偵探政治無疑。韓非之說，不用於韓，而用於秦……然秦之元氣，亦自此大傷。十五年而秦亡，猶不足惜。其害之中於國家民族者，二三千而未拔也。」**❻❷**

秦亡之後看似漢興，但太史公寫得很正確：「漢承秦弊」，漢代只是用另一種方式禁錮思想，以致民族創新精神仍受箝制。

事實上，二千多年帝制，均有此項問題——帝王用恐怖手段，控制民本思想，對民族元氣均為大傷。

---

❻⓿　同**❶**，頁 57。

❻❶　同**❶**，頁 57。

❻❷　同**❶**，頁 57。

只不過，熊先生當時尚未看到，英國大師李約瑟傾畢生心血所寫的《中國科技文明史》，所以誤以為中國科學「自秦執政毀棄一切，而永不可復」❻這與事實不符，論斷明顯太滿。

只是從大局而論，熊先生仍肯定：

「六藝，經孔子之手，遂為哲學思想界之大經，其言高遠。玄悟極於窮神知化（大易），俗道究於太平大同（春秋及禮經），吉凶與民同患（易繫傳），其於勞工勞農，共休戚可知也。」❻

熊先生在此將孔子與韓非對比，盛讚孔子能夠真正與民同甘共苦的民本精神，反對專制極權的恐怖統治，其苦心與遠見，深深值得重視。

㈨集權用勢

韓非除了重「法」、重「術」，另外一個特色，便是很重權勢。

「勢」即今日所稱的權勢、威勢，就國家而言，即主權及治權；就君主而言，即統治工具，操生殺大權，也掌握獎懲大權。

所以他在〈八經〉中說：

「君執柄以處勢，故令行禁止。柄者，殺生之制也；勢者，勝眾之資也。」

另外他也強調：

「彼民之所以為我用者，非以吾愛之為我用者也，以吾勢之為

---

❻ 同❶，頁 12。
❻ 同❶，頁 12。

我用者也。」（〈外儲說〉）

　　他曾比喻，馬何以能任重致遠？即因其有筋力。君主的筋力，可以利天下而征諸侯，即因其有「威勢」。

　　此其在〈人主〉中強調：

　　「夫馬之所以能任重、引車、致遠道者，以筋力也。萬乘之主，千乘之君，所以制天下而征諸侯者，以其威勢也。威勢者，人主之筋力也。」

　　另外，他在〈顯學〉中也指出：

　　「吾以此知威勢之足以禁暴，而德厚之不足止亂也。」

　　韓非在此論點，強調「威勢」的重要性，亦即以「力」服人；力可代表「勢力」，也可代表「實力」，更可代表「財力」，包括了威嚇，也包括了收買。

　　然而歷史經驗證明，這種以力服人，只能服一時，不能服長久，而且只能服部分，絕不能服全民。

　　這正如同梁任公批評袁世凱，一手執「白刃」，一手執「黃金」，企圖以力服人，強行恢復帝制，但最後仍然失敗。

　　這就證明，縱然統治者有權有勢，一手拿劍恐嚇，一手拿錢收買，如同韓非所說，能執「二柄」，但仍然不能得民心。而不得民心者，永遠無法真正成功！

　　秦始皇時代如此，袁世凱時代如此，日本侵華如此，從前白色恐怖、當今綠色恐怖，均為如此！

　　歷史證明，只有「以理服人」、「以德服人」，才能真正讓人心服口服，也才能真正可大可久！

　　熊十力先生在此曾指出：

「韓非主獨裁,主極權,其持論亦推本於道。」⑥

然後熊先生又引韓非說:「道無雙,故曰一,又云,明君貴獨道之容,此則於本體論上,尋得極權或獨裁之依據。」⑥

因此,熊先生強調:「極權之治,人主不可無術;無術,則不能督率臣下,使之各舉其職。」

然後他指出:「故人主能術者,欲修其治,莫如形名參同。」⑥

總而言之,韓非的政治哲學,一言以蔽之,即為「君主集權」。所以他在〈內儲說〉中明確說:「權勢不可以借人」。

另外,他在〈備內〉中也強調:

「有主名而無實,臣專法而行之,周天子是也。偏借其權勢,則上下易位矣。此言人臣之不可借權勢也。」

他並明白指出,「君主不可有名而無實,更不可將權勢旁落他人,否則就不成其為君主,甚至上下易位,終會導致篡位,走向亡國。」

此即他在〈亡徵〉中所說:

「凡人主之國小而家大,權輕而臣重者,可亡也。」

另外他在〈人主〉中,更曾分析:

「人主之所以身危國亡者,大臣太貴,左右太威也。所謂貴者,無法而擅行,操國柄而便私者也。所謂威者,擅權勢而輕重者也。此二者不可不察也。」

---

⑥　同❶,頁38。
⑥　同❶,頁38。
⑥　同❶,頁38。

除此之外，他在〈喻老〉中，還特別警告君主：

「勢重者，人君之淵也。君人者，勢重於人臣之間，失則不可復得也。」

凡此種種，均可看出，韓非眼中，對權與勢的重視。所以他才特別指出，君權要集中，而且要能任勢借勢，才能鞏固政權！

另外韓非曾謂：

「為人君者，數披其木，毋使木枝扶疏；數披其木，毋使木枝外拒，數披其木，毋使林大本小。」

這就成為典型的極權獨裁，防止一切異己坐大，為了防止異己，自須動用整體國家機器，因而必定形成恐怖統治。

由此可見，獨裁極權與恐怖統治互為因果，自古皆然，但畢竟不可能長久，也是自古必然，由秦朝即為例證。

所以熊十力先生批評：

「韓非數披其木之術，徒為秦政輦教猱升木，而禍害中於國家民族，永不可拔也。」⑱

另外他也分析：「韓非數披其木之說，不獨非治道，實非人道也。中國經秦政之暴虐，迄今不振，韓非不得避作俑之愆也。」⑲

熊先生並且曾舉明太祖為例；他行獨裁之政，殺人很多，但天下人仍多反叛，心中很擔憂，後來讀到老子所稱「民不畏死，奈何以死懼之？」⑳他才頓然感悟，開始修訂政策，不以殺人為治術，

---

⑱　同❶，頁40。
⑲　同❶，頁40。
⑳　同❶，頁40。

才能保固神州，的確發人深省。

在所有「權」中，韓非特重賞罰權，並稱之為「二柄」：

「明主之所道制其臣者，二柄而已矣。」

他並指出：

「二柄者，刑德也。何謂刑德？曰殺戮之謂刑，慶賞之謂德。為人臣者，畏誅罰而利慶賞，故人主自用其刑德，則群臣畏其威而歸其利矣。」（〈二柄〉）

所以，韓非在此特別強調：

「賞罰者，邦之利器也；在君則制臣，在臣則勝君。」（〈喻老〉）

另外，韓非認為君臣之間，經常會有對立，在下者想侵位，上想保位，所以「上下一日百戰」（〈楊摧〉），甚至「知臣主之異利者王，以為同者劫，與共事者殺。」（〈八經〉）

在他看來，能真正洞悉君臣利益相異者，才能成王，以為利益相同者，會被劫位；以為可以共事者，則會被殺害。由此可見其論點相當偏頗，甚至到偏激的程度。

因此韓非曾經強調：

「夫賞罰之為道，利器也。君固握之，不可以示人。」（〈內儲說〉上）

根據韓非，賞罰必須集中於君權，不能下分，也不能均分。此即所謂：「賞罰下，則其威分。」（〈八經〉）而且，「賞罰共，則禁令不行。」（〈外儲說〉右下）

由此可知，韓非政治哲學，除了強調嚴刑峻法，並且強調重賞重罰。此其在〈五蠹〉中所說：

「賞莫如厚而信，使民利之，罰莫如重而必，使民畏之。」

　　究其思想根源，仍因戰國時代，韓國積弱，所以會有此極端之說，只強調如何使民「畏之」；然而，這正如同一帖猛藥，或可救一時，卻無法救一世。

　　真正長久治國之道，仍應使民「敬之」，使民「愛之」，所以仍需儒家、法家並重──此處所稱法家，應以管仲為主──才有可能長治久安。如韓非走偏鋒，名為法家，實為法術家，縱可參酌部分，但絕非可大可久之道。

㈩責成有術

　　熊十力先生批評，韓非實以「術」為先；可稱一針見血之論：

　　「術之神變無窮也，揭其究要，則『術不欲見』一語盡之矣。」

　　此所以韓非子在〈難三〉中曾說：

　　「術者藏之於胸中，以偶萬端，而潛御群臣者也。」

　　他並明白指出：「術不欲見」，「用術，則親愛近習，莫之得聞也。」

　　固然，「術」有其重要性，韓非在〈八說〉中所述，也有其道理：「任人以事，存亡治亂之機也。無術以任人，無所任而不敗。」而且，「無術以任人，任智則君欺，任修則事亂。此無術之患也。」

　　然而，「術」只能是中性的「方法論」，如同治國，除了有正確「方向」之外，還應有「方法」，「術」即為此方法。但若暗藏胸中，謂之為術，實際上成為陰謀權術治國，不能開誠布公，怎能

長久成功？

　　姚蒸民比喻韓非所說的「術」，「相當於人事管理或人事制度」，似在淡化其權謀色彩，他認為「理論上亦可釋之為『領導統馭學與人事管理學之混合物』。」更未免過份美化。

　　然而，他也無法否認：「所不同者，今之公務員為國家之官吏，為人民之公僕，其運用管理有法定之制度可循，非若韓非時代之一任君之獨持而已。」

　　換句話說，韓非因為擔心「君臣異利」、「君臣異心」（見〈飾邪〉、〈八經〉），所以為了穩固君權，防止篡奪，才強調需要有御臣之術。

　　這正如同義大利馬其維利所說，君王必須同時具有「獅子」與「狐狸」的特性：要如獅子，才能讓臣害怕；要如狐狸，才能比奸臣更狡猾。這如果只從「一人天下」來看，或不為大過，但在民主時代，則不足為訓。

　　因此，韓非才指出，人臣成姦有「八術」，如「同床」、「在旁」、「父兄」、「養殃」（〈八姦〉第九）；他並曾分析如後：

　　「何謂同床？曰：貴夫人，愛孺子，便僻好色，此人主之所惑也。」

　　「何謂在旁？曰：優笑侏儒，左右近習，此人主未命而唯唯，未使而諾諾，先意承旨，觀貌察色，以先主心者也。」

　　「何謂父兄？曰：側室公子，人主之所親愛也，大臣廷吏，人主之所與度計也。此皆盡力畢議，人主之所必聽也。」

　　「何謂養殃？曰：人主樂美宮室臺池，好飾子女狗馬，以娛其心，此人主之殃也。」

另外，他又強調，奸臣都想逢迎上意，以謀私利：

「凡姦臣皆欲順人主之心，以取信悻之勢者也。是以主有所善，臣從而譽之；主有所憎，臣因而毀之。」（〈姦劫弒臣〉）

甚至，他把姦臣佞臣當成「國狗」、「社鼠」：

「『國狗』、『社鼠』並為除害。」（〈外儲說〉右上）

因此，他的結論就是：

「毋專信一人，而失其都國焉。」（〈揚榷〉）

問題是，同時的儒家與道家，都已肯定，天下為天下之天下，並非一人之天下；莊子更已明講，「藏天下於天下」，這才是永恆之道，但韓非子仍為一人之天下謀，心胸與境界實在相差太遠。

到了近代民主時代，國家更以人民為主，既非一姓之天下，也非一黨之天下，既非「家天下」，也非「黨天下」，而應以廓然大公為號君，以「天下為公」為目標，因而更不能只以術治天下！

當然，韓非在〈外儲說右下〉也提到：

「人主者，守法責成以立功者也。聞右吏雖亂而有獨善之民，不聞有民亂而有獨治之吏，故明主治吏不治民。」

這段話代表，「明主」，最重要工作是駕御百官，而不在駕御人民，有其道理在內；然其重點，仍然只從鞏固君權的角度著想，只從防止百官奪權的立場出發，所以用「守法責成」為其方法（術）；固然有其一定意義，但畢竟不是根本之道。

根本之道，仍應體認「民為邦本」，本要能固，邦才能寧。所以韓非頂多只看到百官「分工」，而未看到百姓民本。

此中務本之道，只有從理念上，將「明主」改成「民主」，才能真正鞏固國家，利益人民！

然而，韓非為了統御群臣，提出後列方法，以免眾臣矇蔽，仍然可供領導人參考。

首先，韓非強調「眾端參觀」，即是「張儀欲以秦、韓與魏之勢伐齊、荊，而惠施欲以齊、荊偃兵。二人爭之。群臣左右皆為張子言。」（〈內儲說〉上）

惠子曰：「凡謀者，疑也。疑也者，誠疑，以為可者半，以為不可者半。今一國盡以為可，是王亡半也。劫主者固亡其半者也。」

第二，韓非強調「疑昭詭使」，即是：「商太宰使少庶子之市，顧反而問之曰：『何見於市？』對曰：『無見也。』太宰曰：『雖然何見也？』

對曰：『市南門之外甚眾牛車，僅可以行耳。』太宰因誡使者無敢告人吾所問於女，因召市吏而誚之曰：『市門之外何多牛屎？』市吏甚怪太宰知之疾也，乃悚懼其所也。」（〈內儲說〉上）

第三，韓非強調「挾知而問」即是「韓昭侯握爪而佯亡一爪，求之甚急，左右因割其爪而效之，昭侯以此察左右之誠不。」

第四，韓非強調「倒言反事」，即是：「有相與訟者，子產離之而無使得通辭，倒其言以告而知之。衛嗣公使人為客過關市，關市苛難之，因事關市以金，關吏乃舍之，嗣公為關吏曰：『某時有客過而所，與汝金，而汝因遣之。』

關市乃大恐，而以嗣公為明察。」

根據蕭公權的看法，韓非用術之方，「最要之點為明察臣下之姦、消滅私門之勢，前者根本防止侵奪，後者則與權臣以直接之打

擊。」❼也可說相當中肯此即韓非所說：

「明主之國，有貴臣無重臣。貴臣者，爵尊而官大也；重臣者，言聽而力多者也。」

凡此種種，對於君主駕馭眾臣，純就「治道」而言，仍然有其啟發性，還值得重視，但仍應注意：用之太過，只有反效果。

四、韓非的統治術

綜合而論，韓非傾向集權專制，容易淪於恐怖統治，民主人士對此應予警惕並加批評，但其統治術，也偶有精闢之處，值得重視。

例如，韓非強調：

「聖人執要，四方來效；虛而待之，彼自以之。」（〈揚權〉）

用今天術語來說，就是領導者的執政，要能提綱挈領，抓住要領，把握重點。

這在儒家，稱為分清本末、輕重、先後，亦即西方政治哲學所稱「優先順序」（priority），至今仍有其重要的功能。

因為身為人主，如果事必躬親，必定窮於奔命，也不一定保證有用；人主既無法管到很多基層，也無法兼顧所有下情，加上很多部屬容易揣摩上意，刻意粉飾，因此君主必須要有一套辦法考核，這根本之道就在「執要」。

所以，韓非在〈有度〉中強調：

「夫為人主而身察百官,則日不足,力不給。且上用目,則下飾觀;上用耳,則下飾聲;上用慮,則下繁辭。」

他並指出:

「先王以三者為不足,故舍己能,而因法數,審賞罰。先王之所守要,故法省而不侵。」

韓非對此解決之道,就在「守要」。

然而,韓非子在此所稱「執要」,仍以中央集權為前提。此即其在〈揚擢〉中所稱,「事在四方,要在中央」,仍然並未同時去考量地方分權。

所以,他所稱執要之術,仍以君主專制為主,甚至有功歸於中央,有過均歸地方:

「有功則君有其賢,有過則臣任其罪,故君不窮於名。」

這樣一來,君變成永遠沒有錯:「臣有其勞,君有其成功,此之謂賢主之經也。」(〈主道〉)

上述這段聽起來似有理,其實完全是維護君主專制的權術,事實上有違「責任政治」的基本道理;本質上並非「賢主之經」,而是「昏主之經」。

另外,韓非預設臣子均有二心,天天可能心存造反,或者每日忙於觀察上意、逢迎拍馬,因此特別強調,君主所重權術,首先即應天威莫測,勿讓眾臣瞭解自己的好惡、心情與所欲。

所以他在〈主道〉中說:

「君無見其所欲;君見其所欲,臣將自雕琢。君無見其意,君見其意,臣將自表異。故曰,去好去惡,臣乃見素;去智去舊,臣乃自備。」

　　因而他主張，君主在上，一定要讓臣子摸不透、猜不著、想不到；無論人事佈局，或重大政策，都讓群臣無法揣摩，「明君無為於上」。要能如此天威莫測，才能「群臣竦懼乎下」。

　　他這裡所說的「無為」，明顯並非老莊所說「無為」之意，而是因權謀而「無為」，這是狹意的無為，並非道家「無為而無不為」的廣意內容。因權謀而無為，不是因貴民而無為。

　　在韓非看來，為了防止群臣作亂，君主必須如此陰沈，才能夠洞悉群臣：

　　「故君見惡，則群臣沉匿端；君見好，則群臣誣能。人主欲見，則群臣知情態得其資矣。」（〈二柄〉）

　　這段內容，對於君威固然有利，但若長久行之，只有更增君臣間的猜忌，成為貌合神離，更害君臣互相勾心鬥角，遠不如「貞觀之治」所說的真誠相待、上下一心。

　　所以蕭公權對此分析：

　　「欲毋專信，則消極之術為無所信任，而不與臣下以逢近窺伺之機，積極之術為君心獨斷，而不令臣下有專權窮勢之機。」⓲

　　另外，蕭公權也指出，人主的心態，在於擔心被篡位：

　　「人主之患在於信人，信人則制於人。人臣之於其君，非有骨肉之親也，縛於勢而不得不事也。故為人臣者，窺覘其君心也無須臾之休，而人主怠傲處其上，此世所以有劫君弒主也。」

　　因此，人主當以「七術」駕御臣下：

　　「一曰眾端參觀，二曰必罰明威，三曰信賞盡能，四曰一聽責

⓲　同⓫，頁 259。

下，五日疑詔詭使，六日挾知而問，七日倒言反事。」（〈內儲說〉上）

其中，第一、二、三、四項為「法」，五、六、七項均為「術」，但其中「術」比「法」更重要。

然而，韓非子所說的「君王術」中，特別有一項，強調「聽言」有術，提醒君王，如何從眾言之中，分辨好壞正邪，又如何在眾諫之中，去蕪存菁；這對於領導人，倒有一定的參考作用。

在〈八經〉中，韓非特別強調：

「聽不參，則無以責下；言不督乎用，則邪說當上。」

本段指出，君主如果只聽言，而不參驗實際效用，則無從分辨好壞正邪，也無從糾正屬下，這是強調以實驗檢驗的重要性。

另外他又指出，臣子經常會有積非成是、眾口鑠金、以訛傳訛等情形，所以不能只憑人多，就誤為可信，否則就會被矇蔽。此其所說：

「言之為物也，以多信；不然之物，十人共疑，百人然乎，千人不可解也。」

還有，有些人拙於言辭，有些人卻擅長花言巧語，所以也不能以口才為判斷，否則「訥者言之疑，辯者言之信。」可能反而並不正確。

韓非在〈說難〉中，有段名言，特別提醒臣子，龍有「逆鱗」，攖之必殺人：

「龍之為蟲也，可柔狎而騎也，然其喉下有逆鱗徑尺，若人有嬰（觸）之者，則必殺人。」

這個「逆鱗」，相當於今天英文所說的「不能碰的按鈕」

（untouchable button）；韓非提醒臣子，進言時要小心，結果本身卻因進言而犧牲，恐其始料未及。韓非並不是因為批「逆鱗」，而引龍怒，他是順著龍鱗，引發龍心大悅，結果卻被龍旁惡犬嫉害。足證教人陰功，終會自食惡果，引禍上身！

商鞅「作法自斃」，成為千古遺憾，韓非也形同焚香引魔，玩火自焚，結果「權術自斃」，同樣令人惋惜！

所以司馬遷很感嘆，提到韓非「為〈說難〉，而不能自脫耳！」（《史記·老子韓非列傳》）堪稱千古遺恨！

另外，韓非也曾指出，很多奸臣，會借助民眾造勢，矇蔽君上，或借由辯士說客，為其助威，以掩藏私心。此其所謂：

「姦之食上，取資乎眾，藉信乎辯，而以類飾其私。」

今天民主國家，很多法案背後，均有利益團體推動，也都有遊說者進言，更有公關公司包裝真正動機，所以明主均應慎重考察其內容真相，才不會被矇蔽。

根據韓非，考察之道，則在「督其用，課其功」，也就是督察其用意為何？是否真實？再以賞罰相課；對於「說大而誇」之言，「無故而不當」之論，均應處分。如此一來，結黨營私「朋黨之言」，才不敢上奏。

另外，韓非也強調：

「凡聽之道，人臣忠論以聞姦，博論以納一，人主不知，則姦得資。」

換句話說，君主聽臣言，要能瞭解部屬是否忠實直言，對傳聞內容有沒有隱瞞，是否只把眾說紛紜一併雜陳，不加分析評論，以逃避自己責任。如果君主對此不知，就會讓奸臣得逞。

所以韓非指出：

「明主之道，已喜則求其所納，已怒則察其所構；論於已變之後，以得毀譽公私之徵。」

真正英明君主，在聽取諫言時，應先知其虛實；在聞言動怒後，也應察其是非。唯有如此，在心平氣和之後，再決定是否接納，才能明辨公私。

因此，韓非也強調：

「明主之道，臣不得兩諫，必任其一。語不得擅行，必合於參，故姦無道進矣。」

換句話說，韓非認為，明主聽言，不能任由群臣滑頑的兩邊說話，不表立場，而應言必有據，必有所本，並且足以驗證。唯有如此，奸人妄言才不能得逞。

所以韓非在〈揚搉〉中也說：「聽言之道，容若甚醉」，「是非轉湊，上不與構。」

也就是說，君主聽言，如同醉時，對是非不表態，以便說者暢所欲言，然後再用事實與效果考核，才能真正集思廣益，並且切實有利。

馬基維利也說過：

「在君主的宮廷中，諂媚者無所不見，因為人都是自高自大的，而且喜歡別人奉承，因此要躲避諂媚這種瘟疫，很難。」❼❸

那麼，君主如何防備諂媚者？

馬氏在此所說非常中肯，「君主除了表明自己樂意聽真話，別

---

❼❸　同❶❾。

無他法。」**❼**

　　然而，如果人人都說真話，眾人都可直言批評，馬氏認為，君主威嚴也就不復存在；所以馬氏提議：

　　「在國中選出一些賢良之才，讓他們有權對君主說真話，而且只說他想知道的事情。」**❼**

　　馬氏主張：「除了這些人，君主就不再聽其他人的話」，而且「已經決定了的事情，也要始終如一的去做，決不更改。」**❼**這就類似中國御史或言官功能，可見東西方相通之處。

　　韓非曾經又指出，對於很多「非愚即誣」之學，必須加以警覺：

　　「無參驗而必之者，愚也；弗能必而據之者，誣也。故明據先王，必定堯、舜者，非愚則誣也。愚誣之學，雜反之行，明主弗受也。」（〈顯學〉）

　　只不過，他在此將先王之道，堯舜之學，稱為「非愚即誣」，明顯背離孔孟之道，足證因為心中激憤，而失和平中正之道。

　　所以，在《中國古代治國要論》中，作者也稱韓非：

　　「法家治國思想的顯著文化特徵之一，是以泯滅人格，禁錮思想為宗旨的獨斷主義，他也是法家治國思想中最令人詬議，受到嚴屬指斥的主張」**❼**，堪稱相當持平之論。

　　然而，蕭公權認為：「韓非為『法家學術之總匯』」，反稱管

---

❼　同**⑲**，頁95。
❼　同**⑲**，頁95。
❼　同**⑲**，頁95。
❼　《中國古代治國要論》，頁112。

子「考其內容，復多駁雜，不足以為開宗為代表」，明顯並不公平。

因為，他忽略了，法家如管仲，還有理想性，但到韓非，沉淪於現實政治中，只重勾心鬥角，毫無理想性可言。

尤其蕭公權在此，將「法家」與「法術」混淆，並未看出管子理想性，才會稱管仲「不足以為法家宗師」，反而誤將韓非的法術家，當成「法家學術之總匯」。⑱

他籠統稱韓非為「法家治國思想」，其實應更明確的稱之為「法術家」，或熊十力所稱「霸術」，才夠標準嚴謹。

因此，今天研究韓非的現代意義，重要的是，一方面應該警惕韓非政治哲學產生的副作用，二方面也應注意，他從人心陰暗面所觀察的預防之道，三方面「害人之心不可有」，但「防人之心不可無」，也應防範現實政治黑暗面，所產生的種種流弊。

唯有如此，心生警惕，擷取韓非部份精華，截長補短，才能避免流弊，成為民主政治的正面成份，從而為民主憲政注入更多元的養分，讓民主政治前程更見遠大與光明。

尤其，美國 1774 年的〈獨立宣言〉，其中多項重要理念，足以防範統治者的濫權，並且保障人民天賦人權，對於落實民本，克服韓非與秦政式的專制暴君，很有啟發作用，值得特別重視：

第一，「人人生而平等，造物賦與人人的種種不可剝奪之權利，諸如生存、自由及追求幸福等是。」⑲

---

⑱　同⑪，頁 240。

⑲　〈美國獨立宣言〉，鄺文海譯，國民大會憲政研討會編印，第二冊。

　　本段強調「人人」「生而平等」，形成中華民國憲法所稱：
「無分男女、宗教、種族、階級、黨派在法律上一律平等」，堪稱
相當完備。

　　另外，文中用列舉式，強調「生存、自由、及追求幸福」的天
賦人權，充實了「民本」的內容，進入了「民享」的時代。

　　第二，「政府之正當權力，乃經人民同意而產生，任何方式的
政府，人為破壞此種目的，人民即有權將之改變成廢除，重建一新
政府。」

　　本段明顯確定了「主權在民」，人民有權建立政府，形成「民
有」的時代，不再是「君有」的時代；堪稱真正落實莊子「藏下於
天下」，不再是「朕即天下」的時代。

　　尤其文中指出，如果政府施行暴政，「人民乃有權利並有義務
推翻此一政府，而為將來安全另建一堡壘。」[80]就中國武王伐紂的
精神，以及孟子民貴的哲學，賦予「人民有權利與義務」的法制基
礎，具有劃時代的啟發意義！文中並曾痛斥英王錯誤：

　　「英君王統治的歷史，實一殘賤篡奪之歷史，彼之大欲，乃於
十三州建立絕對專制之制度耳。」[81]

　　本段內容酷似中國討伐檄文，但多數均以英王破壞法治為訴
求，列舉英王拒絕批准「完善而切合公眾福利之法律」、拒絕通過
「便利廣大地區人民的法律」、「屢次解散議院」、「久久拒絕另
行選舉」、「拒絕批准建立司法制度」、「彼使法官不獲獨立地

---

[80]　同上，鄒文海譯，國民大會憲政研討會編印，第二冊。
[81]　同上，鄒文海譯，國民大會憲政研討會編印，第二冊。

主」，舉凡任期及薪給，無不隨其意旨而定」……等等。

　　尤其文中指出，「彼引用無賴，置我人於不合憲法及法律之統治下，並批准其領袖」，「剝奪我人陪審之權利」、「誣指我人犯罪而押運海外受審」、「廢止我最有價值的法律及根本改變我政治制度」、「解散我立法機構並聲言彼輩享有為我人立法之一切權力」……等，用了大量篇幅，論述公正法制的重要性，以及人民參與的必要性，對於民主法治的建立，很有啟發意義！

　　另外，文中並曾嚴厲譴責英王，「不仁不義，遠勝最野蠻之時代，殊不足以為文明國家之首領」，然後呼籲全民奮起抵抗；因為「人主暴戾如此，誠不足以統馭自由人民」，更況英王對於美國人民的「正義哀鳴」，一直「充耳不聞」，人民只有被迫革命，建立自由而獨立的國家！

　　凡此種種，均可看出人民挺身抗暴的精神，中外古今都能相通，要求仁政公義的心情，本質也都完全相同！

　　尤其，文中評述人民應有的法律保障，對於今後如何建立完備法制，真正邁向「民有、民治、民享」的民主法治理想，深具重大的啟發性，深深值得兩岸領導當局，共同重視與力行！

　　綜上所論，足證韓非政治哲學，因為身處亂世，提倡尊君權術，企圖快速稱霸，結果形同飲酖止渴，走向專制集權霸道，對民主、人權、法治均造成莫大傷害，在今天民主時代，特別具有警惕性！

　　尤其，「人人平等」以及「司法獨立」，堪稱民主法治兩大支柱，如同人的兩腳，鳥的兩翼，缺一不可；即使管子時代，也都深予尊重；但到了韓非，卻為尊君，均予犧牲，這是最為可議之處！

英國政治哲學家彌爾頓，曾經明確指出：

「聖經裡找不出可以免除法律約束的證據。如果說，『國王可以為所欲為而無禁』，或『國王不受人民懲罰』，甚至還因此而斷言，『上帝把懲罰國王的權利，保留在自己的法庭裡』，這些話都是毫無根據的，毫無理性和完全虛偽的。」[82]

本段明白強調，國王也要守法，不可以為所欲為而無禁，如果違法，也要受人民的懲罰。換句話說，國王絕不能自命法外特權，更不能用政治權勢干預司法獨立！

連國王都要如此，更何況民主時代的總統？

孟德斯鳩在《論法的精神》中，講得更清楚：

「如果司法權同行政權合而為一，法官便將握有壓迫者的力量。」[83]

因此，如果總統透過行政權，指令法官，等於將政權與司法權合而為一，法官即成為行政領袖的工具，如此一來，法律的公平性便蕩然無存，司法的獨立性也完全被葬送！

令人惋惜的是，臺灣目前情形，正是如此，令人深深憂心！

西方法律哲學家羅伯斯比爾在《革命法制與審判》中，也曾明白指出：

「如果國王犯罪可以不受懲罰，就意味著他自己對於法律已經表示反對，他怎樣能號召公民服從法律呢？」[84]

---

[82]　彌爾頓：《為英國人民聲辯》（商務印書館，1958 年），頁 62。
[83]　同[39]，頁 56。
[84]　羅伯斯比爾：《革命法制和審判》（商務印書館，1986 年），頁 77。

因此，他大聲呼籲：「必須使法律，對執行法律的人特別嚴格。」❽亦即如果國王犯法，便應該依法追究，並且嚴懲！❽

如今，如果領導人犯罪，可以逍遙法外，甚至玩弄司法，干預司法，則民主法治哪裡還有前望？

所以展望未來，建立民主法治，必須真正人人平等，並且百分百的尊重司法獨立，人人均需以追求公平正義為己任，唯有如此，才是人民與國家之幸！

---

❽　同上，頁 175。

❽　同上。